U0147476

## “汉学大系”学术委员会

**学术委员会主任**

傅　刚

**学术委员**

卜　键　左东岭　朱青生　刘玉才

刘跃进　汪小洋　周绚隆　赵化成

赵宪章　党圣元　高建平　常绍民

傅　刚　詹福瑞　锺宗宪　魏崇新

## “汉学大系”编辑委员会

**编辑委员会主任**

曹新平

**副主任**

任　平　徐放鸣　华桂宏　周汝光

**编辑委员会**

王　健　冯其谱　任　平　朱存明

华桂宏　岑　红　张文德　周汝光

郑元林　赵明奇　徐放鸣　曹新平

黄德志

**主编**

朱存明

汉学大系丛书

# 天象之维

## 汉画像中的天文与人文

朱存明 主编

生活·讀書·新知 三联书店

Copyright © 2024 by SDX Joint Publishing Company.
All Rights Reserved.
本作品版权由生活·读书·新知三联书店所有。
未经许可，不得翻印。

图书在版编目(CIP)数据

天象之维：汉画像中的天文与人文/朱存明主编.
—北京：生活·读书·新知三联书店，2024.1
(汉学大系)
ISBN 978-7-108-07656-4

Ⅰ.①天… Ⅱ.①朱… Ⅲ.①画像石—研究—中国—汉代 Ⅳ.①K879.424

中国国家版本馆CIP数据核字(2023)第079825号

责任编辑 成 华
封面设计 米 兰
责任印制 洪江龙
出版发行 生活·讀書·新知 三联书店
(北京市东城区美术馆东街22号)
邮 编 100010
印 刷 江苏苏中印刷有限公司
版 次 2024年1月第1版
2024年1月第1次印刷
开 本 720mm×965mm 1/16 印张 19.5
字 数 280千字
定 价 89.00元

# 《汉学大系》总序

世界总是在不断地变化。历史上，有些文明消失了，有些文明则不断壮大，逐步形成了现代世界的格局。进入21世纪，世界格局面临新的调整，美国人塞缪尔·亨廷顿的《文明的冲突与世界秩序的重建》认为，不同文明的冲突将导致未来社会的对抗。这个观点值得警惕，也值得研究。做好中国自己的事，勇敢面对挑战是我们面临的任务。

中国文明发展了几千年，历史上曾经有过自己的辉煌，但是清朝后期，由于没有科学民主的现代理念，曾经落后挨打，令多少志士仁人痛心疾首。新中国成立后，经过一个甲子年的现代发展，中国又迎来了一个快速崛起的历史新时期。

中国文化现代性的发展，一方面要学习国外的先进经验，促进科学技术的发展与社会的进步；另一方面要不断回溯历史，在历史的记忆中寻求民族之根。当今世界的寻根与怀旧实际上都有现实的基础，它是民族凝聚力的根源。在回溯历史的新的阐释中，一个新的历史轴心期即将来临。

编纂《汉学大系》丛书就是为了探求中华文化的历史起源、学术源流、基因谱系、思维模式、道德价值等，为实现中华文化的历史复兴奠定基础。

"汉学"，是一个历史的概念，因时间与空间的不同而发生变化。究其变化之因，皆因对"汉"字的理解与运用不同所致。"汉"字既可指汉代，也可指汉族，还可以作为中华民族的代称。"汉文化"可以指两汉文化，也可以代指中国传统文化。所以"汉学"一词在不同的语境中有不同的内涵，可以指两汉的学术文化，可以指清代的汉学流派，也可以指中国及海外关于中国文化的研究。具体来看，汉学研究范围以经学为中心，而衍及小学、音韵、史学、天算、水地、典章制度、金石、校勘、辑佚等，引证取材多集于两汉。“汉学”一词在南宋就已出现，专指两汉时期的学术思想。清朝汉学有复兴之势，江藩著《汉学师承记》，自居为汉学宗传。汉学又称“朴学”，意为朴质之学。“朴学”重考据，推崇汉儒朴实学风，反对宋儒空谈义理。现代“汉学”或称作“中国学”，自20世纪80年代以来，或称“海外汉学”，是国外的学者对有关中国方方面面进行研究的一门学科。

梁启超在《清代学术概论》中提出清代汉学的复兴是对当时理学思潮的反动，其学术动力就是来源于复汉学之古；钱穆在《清儒学案》中认为，汉学的兴起是继承与发展传统的结果；侯外庐在《中国思想通史》等著作中认为，清代汉学思想的发展动力是“早期启蒙思想”。

在国外，相关的研究称为Sinology（汉学），有的称为Chinese Studies（中国学）。Sinology或Chinese Studies是国外研究中国的学术总称，它们具有跨学科、跨文化的特征，反映着世界范围内的学术变化及学术发展趋势。

在西方，主要是欧洲，严格意义上的汉学研究已经有400多年的历史。这一学科的形成，表明了中国文化所具有的世界历史性意义。从汉学发展的历史和研究成果看，其研究对象不仅仅是中国汉民族的历史和文化，它实际上是研究包括中国少数民族历史和文化的整个中国的学问。由于汉民族是中华民族的主体，而且汉学最初发轫于汉语文领域，因而学术界一直将汉学的名称沿用下来。汉学只是一个命名方式，丝毫没有轻视中国其他民族的含义。经过几百年的发展，西方汉学已经形成三大地域，就是美国汉学、欧洲汉学和东亚汉学。

21世纪以来，随着全球一体化的进程，国内外汉学的研究，又形成了一个热潮。在新的历史条件下，中国学术界也需要发出自己的呼声。海外汉学与中国本土学术只有进行跨文化对话，才能洞悉中国文化的深层奥秘；中国学人向世界敞开自己，才能进一步激活古老的传统和思想的底蕴。

因此，汉学是继承先秦诸子文化在汉代统一性国家建立基础上形成的中华民族的学术。“汉学”的研究中心是以中华民族统一性的价值观为主体，以汉语言为基础，以汉字为符号载体的文化共同体。汉文化是融合了不同民族、不同区域文化而形成的一个文化统一体。从人类文明发展史来看，这个文化与基督教文化、佛教文化、伊斯兰教文化有着不同的发展模式与价值体系。“汉学”作为中国传统学术流派的称谓，常常与“国学”“经学”相混，也有人赋予“汉学”以新内涵，将国内的中国学研究也称为“汉学”，这可以称为“新汉学”。汉民族是历史上多民族长期交流融合的结果，历史上形成的汉语、汉字及独特的汉文化对中国文明以至世界文明都产生了巨大影响。汉学就是对建立在汉语、汉字、汉文化基础之上的中华民族的学术传统的学理性探讨。

中华文化在历史上就对世界产生过影响，中外文化交流一直是世界历史的一部分，16 世纪以来，中华文化进一步引起了西方的注意，西方汉学研究也随之兴起。西方人的汉学研究是基于他们的文化立场，研究虽然取得了一些成果，但是也有一些误读。目前，时代赋予了我们新的历史使命，本课题就是基于目前中国的现实需要对“汉学”学术内涵进行的基础研究。

由于历史原因，一段时间内汉学研究在国外得到发展，国内研究反而滞后，国内外有些研究机构因此把汉学仅仅看成外国人对中国的研究，这无疑缩小了汉学的视域。西方有些国家从自身战略利益出发，正在通过各种渠道争夺中国的学术资源。今天我们有责任对民族文化进行深入系统的研究，为中华民族的现代复兴打下深刻的话语基础。文化是一个民族生存的基础，保护民族文化基因就是我们面临的一个重要的历史任务。

《汉学大系》丛书的编纂意在促进汉学的历史回归，它既是对汉学内涵的理论建构，也是对汉文化研究成果的学术汇编；既是对“国学”基因谱系的深度描述与重新阐释，也是对国外汉学研究历史的重新定位，更是在新的历史形势下对中国传统文化价值进行的一次新发掘。

目前中国的发展到了一个历史的转折点。过去我们大量翻译了西方的学术著作，促进了中国对国外的了解，也给新中国的建设奠定了基础；但是，长期以来，我们对传统文化否定破坏的多，肯定继承的少，中国传统学术在西学的影响下逐渐式微。现在中国面临一个新的发展机遇，就像西方的文艺复兴时代回归古希腊罗马文明一样，中国新的历史复兴将在恢复传统文化的基础上，指向科学民主繁荣昌盛的未来。

《汉学大系》丛书是关于汉文化学术成果的集约创新，既是对"汉学"内容的研究，又是对"汉学"内容的确定；既有深入的学术探讨，又有普泛性的知识体系；既有现代性的学科划分与学术视野，又有现代性的学术理念与学术规范。《汉学大系》旨在恢复汉代经学的原典传统，对经典进行现代性的阐释，从经学原著中深入挖掘对现代社会普遍有效的思想资源；明确中国汉学的智慧传统，为中国文化的复兴寻找历史的深度；以汉代汉学为正统，以清代朴学与海外汉学为两翼，深入探讨汉文化之源。

丛书将对汉学的内涵进行发掘、整理、探讨。将汉学历史的考据与研究同步进行；经典阐释与主题研究并重；历史的考据与新出土的文物相互发明；古典文献与出土简牍对应解读。以汉代的现实生活与原典为基础，兼及汉代以后的发展，参以海外汉学的不同阐释，通过比较来探讨汉学的真正内涵，寻求中华文化的话语模式，进而形成自己的话语权。同时，发掘中国的智慧，促进新观念的变革，促进社会进步，最终实现大同世界的美梦。

朱存明

2014年7月8日

# 目录

# 导言

人必须生活在世界之中而不是世界之外。世界就是人们一生下来就遇到的天地之间。

人们仰望星空，我们看到的就是天，天上有日月星辰，祥云缭绕；我们俯察大地，大地化育万物，滋养无数生灵。

在神话传说中，仰观俯察是创造文化的肇始。

天是神秘的，无人知道它从何而来到何处去。天是无穷的，它没有开始，自然也没有结束。天是高远的，它生出无限的空间，只可观看，但高不可及。天是变化的，白天黑夜永恒交替；天又是不变的，日复一日，年复一年，以至无穷。

天有日月交替，故有白昼变化，日有阴阳对转，故有时间的流逝。中国文化，实际上就是崇天敬祖的文化。从汉画像中我们看到，当“日月同辉”，汉代人便以为是天降祥瑞；当“五星连珠”，汉人认为是祥瑞之图。太阳被三足神鸟驮着，飞过蔚蓝的天际，向下洒下无数的光辉。月中有蟾蜍、玉兔，缺了又圆，预示一个月相的交接，象征生命的轮回，死而复生，以至永恒。缺了又圆，圆了又缺，堕入轮回。斗转星移，四方分野，二十八宿，仪象万千。伏羲女娲，人文始祖，规矩施张，阴阳有度。

中国人史前就开始“天地”的信仰了。天实际上就是创造万物的自然之神，神不是别的，就是人们无法掌握的自然力量，秘不可测谓之“神”。

人们很早就开始谈天说地了。屈原作《天问》,开物之圣,以问天而问人。天从何来?无中生有,元气化生;天有多高?高不可攀,龙穿九璧,星列九层;地从何来?浊者凝滞,化而成陆。天为何形?浑如鸡子,宛若锅盖。天为何造?玉砌天成。天分四野,"四灵"象征,龙、凤、麟、龟,各领一隅,阴阳和谐,生生不息。

司马迁作《史记》,历史才有了真正的开端。司马迁要"究天人之际,通古今之变,成一家之言"。这是汉代精神的典型代表,是所有知识分子要追求的目标。

西汉早期,崇黄老之学,老子之道,即天地自然之道,任自然而轻人为。庄子曰:"原天地之美而达万物之理。"孔子曰:"天何言哉,四时行焉,百物生焉。"汉代人推崇《易经》,《易》列群经之首,日月为易,不易为易,变易为易,都是指天的时空属性。"太极生两仪,两仪生四象,四象生八卦",于是天地生成。

中国传统上是一个农耕社会,靠天吃饭,"春耕、夏耘、秋收、冬藏,四者不失时,故五谷不绝"。云行雨施,品物流行,观天道而知人事,察地理而晓物性,神道设教而天下服。

《易经》提倡天尊地卑,动静有常,方以类聚,物以群分,在天成象,在地成形,将"天人合一"视为人生的理想。夫大人者,与天地合其德,与日月合其明,与四时合其序,与鬼神合其吉凶,先天而天弗违,后天而奉天时。

知天之道,即识人世之美。人间的美在于合乎天道。天地有大美而不言,四时有明法而不议,万物有成理而不说。原天地之美,就可达万物之理。天行健,君子以自强不息。

中国自古就观察天象,却没有产生现代科学的"天文学",中国的天文学只是"占星术"的别称,或者是"星占政治学"。天上一颗星,地上一个人。君主帝王都是太阳神的子孙,故像太阳一样照耀着黎民百姓;地上的大臣,都是天上的星官下凡,像万物朝向北斗。天无所私,唯德是辅。天最公平,养育万物。

天高高在上,给人以无限的遐想。举目远眺,银河灿烂,两岸养育多少神仙羽人；牛郎织女，暗示了农耕时代的爱情，带给人们多少无限的感慨；嫦娥奔月，表达了人类对月宫的想象，孕育了多少飞天之梦。

汉画像中的天文图像，向我们生动、形象、具体地描绘了汉代人心目中的天。它是有神性的，充满各路神灵；它是有威力的，充满风雨雷电；它是有活性的，元气在不停地创造；天上是有生命的，神龙、翼虎、天马、飞鱼、羽人、凤鸟都在天界自由自在地生活。

汉画像中的天文与人文的理想图画，已经向我们展示了人与自然和谐相处的现代生态美学的民族之根。

观天之象，必须落实到人世之间。天文与人文是相通相感的，这构成了汉代文化的一大特色，也是中华民族文化特性的根本所在。

## 第一章

# 汉画像云气图的审美内涵

兰 芳

云气图是汉画像中的典型图像，它以各种形式出现在汉画像中。其作用不能单纯地理解为一种装饰效果，图像的象征意义是明显的。汉代人认为宇宙的生成是“元气”运行的结果，人的生命也是元气的结果，“气”是生命之原。那么艺术的生命力也自然依靠“气”的存在而存在。汉画像中大量的云气图无不体现了汉代人的这种艺术精神，它与中国传统艺术审美观一脉相承。中国传统艺术审美观在汉画像中通过云气图这一具象的图式来表现。汉画像艺术已经具有中国传统审美观气、神、意的思想雏形，它与中国传统绘画的“气韵论”有着千丝万缕的联系。本文从多个角度和层面分析汉画像中云气图的表现形式、配置规律，阐释云气图在汉画像艺术中的象征意义及其与汉代人宇宙观的联系；从根源上对云气图的形式、意义、内涵等做系统的分析和研究；试图运用图像学、美学、文化学等方法来探究汉画像中云气图的审美内涵，揭示这一图式是汉代气论哲学观在汉画像中的具象表现。

# 一、汉画像云气图研究的意义与方法

## （一）汉画像云气图研究的目的和意义

汉画像亦称汉画，包括汉画像石、画像砖、壁画、帛画、漆画、玉饰等图像资料。[1] 画像石、画像砖和帛画等是根据物质材料及制作方法的不同来进行划分的。画像石是在地下墓室、墓地祠堂、石阙、棺椁等物体表面上镌刻画像，画像砖是印模及窑烧的结果。汉画像是对汉代不同物质材料和形式表面图像的概括，其中，画像石、画像砖因特殊的物质载体，使它们比帛画、漆画更容易保存和流传下来。因此，汉画像研究的主要内容是画像石、画像砖上的图像。

汉画像艺术在中国美术史上占有重要的地位，它的艺术价值是毋庸置疑的。史学家翦伯赞先生非常重视汉画像的史料价值，他认为，“除了古人的遗物以外，再没有一种史料比绘画雕刻更能反映出历史上的社会之具体的形象。同时，在中国历史上，也再没有一个时代比汉代更好在石板上刻出当时现实生活的形式和流行的故事来”；“这些石刻画像假如把它们有系统的搜辑起来，几乎可以成为一部绣像的汉代史”。[2] 汉画像艺术反映了一个历史时期人们的信仰、习俗、观念。通过深入地研究其图像内涵，可以揭示出它隐含的文化与审美价值。我们现在能够看到的汉代画像大部分属于墓葬性艺术，由于制作环境的神秘而敬畏，创造者不会随意而为，必然通过特定图像赋予它们特定的观念意义。对我们来说，这些图像的观念意义变得神秘而模糊，我们不得不通过图像本身并凭借当时有关的文字材料来加以解读。

汉代墓室是按照“事死如事生”的观念建造的，整个空间是完整的，体现

---

[1] 朱存明：《汉画像的象征世界》，人民文学出版社，2005 年，第 1 页。

[2] 翦伯赞：《秦汉史》，北京大学出版社，1983 年，第 5 页。

了天地万物。从整体上说,汉代墓葬造型艺术包括石阙、祠堂、地下墓室、棺椁、随葬品及它们的装饰部分。每个小系统无不象征一个小宇宙,是整个墓葬环境的有机组成部分。因此,研究装饰图像部分,每类图像都有其象征内涵,它们构成了一个完整的宇宙空间。本文选取汉画像中的"云气图"作为研究对象,即通过一个典型的装饰图像,结合汉画像所蕴含的宇宙观与审美观,阐释此图像在汉画像艺术中的审美内涵,并对该图像自身的特性、文化内涵进行深入探究。

在汉代,云气作为最流行的图像,不仅出现在青铜器和漆器上,而且出现在衣服、家具、棺椁和墓室画像中。[1] 在云气纹中穿插各种瑞兽祥鸟纹样,是汉代十分常见的表现神话仙境的图像,如马王堆1号墓出土的内外套合的四重漆棺。在第二重和第三重漆棺上都绘有极富流动感的仙禽神兽云气纹图像。第三重漆棺的头部挡板画着一幅由两只奔腾在云气中的神鹿所扶持的尖顶仙山,应是昆仑山仙界的表现。漆棺的左侧壁板上,正中央是一座在云气中露出山顶的仙山,仙山左右两侧各有一条蟠曲飞舞的巨龙及各种仙鸟神兽。这也是描绘象征仙界的昆仑山场景。在汉代墓葬画像石中发现大量的此类描绘仙界的图像,云气图贯穿其中。

汉代墓葬画像石中的图像,因质料的不易腐朽,经两千余年的时间仍保存完好,成为反映那个时代的画卷。其中,许多图像在中国文化中有着原型意义,不少图像或抽象符号在中国的原始艺术中就已存在,不少怪异的图像可以追溯到神话巫术的时代,原始岩画、彩陶纹饰、青铜器装饰纹样,特别是先秦的祠堂壁画,都与汉画像石有着某种联系。[2] 有许多神话传说、人物形象与历史故事,能在《山海经》《史记》《汉书》等文字史料中找到其文化原型。因此,汉画像艺术学研究的焦点,应集中在视觉形象与文献资料相结合的基础之上。单从视觉形象的角度分析汉画像中的云气图,仅仅把它看作一种装饰纹样是不够的。如果结合中国传统气论美学观,以及汉代人的宇宙观来分

[1] 巫鸿:《礼仪中的美术》,郑岩等译,生活·读书·新知三联书店,2005年,第155页。
[2] 朱存明:《汉画像的象征世界》,第55页。

析研究，可以清晰地看出，汉画像中的云气图具有深厚的文化内涵与审美内涵。汉画像“云气图”实际上是生命力的象征。云气图屡屡出现在墓室画像中，不仅体现了汉代人对生命的渴求以及对死后升仙的向往，更可以看出，汉画像艺术已经具有中国传统审美观讲究气、神、意的思想雏形。汉代以后，“气”由具象的审美导向事物深层生命内涵的审美，由此形成中国传统审美观念讲究“气韵”“传神”“意境”的审美特征。

## （二）汉画像云气图方法论的研究

汉画像的研究最早始于宋代兴起的金石学。金石学家赵明诚“访求藏蓄凡二十年”[1]，著成《金石录》一书。南宋洪适《隶释》及《隶续》、清代黄易《小蓬莱阁金石文字》、翁方纲的《两汉金石记》、冯云鹏和冯云鹓兄弟的《金石索》等，都从金石学的角度涉及汉画像，著录或研究取得了一定的成果。随着汉画像研究的不断深入，仅从著录、考订来分析某一图像的金石学研究，脱离了对汉画像的整体理解，不能真正揭示汉画像的意义。考古学的出现与发展成为汉画像研究的重要方法。它的研究重实证的考据，这使汉画像石的研究开始“走出了金石学家的书斋，进入到考古科学的庭院”[2]。在考古研究资料的基础上，随着汉画像研究方法的改进，汉画像艺术的研究进入了一个全新的综合阶段。对单个画像母题的考证，对“画像程序”的构图规则的重构，以及在汉代社会和意识形态背景下解释画像的艺术表现，成为许多学者的研究焦点。[3] 这种研究焦点往往集中在视觉形象与文献史料的结合上。汉画像作为一种视觉艺术，其图像特点全面地反映了汉代的艺术精神与审美观念。从艺术学的角度研究汉画像，着眼点应集中在视觉图像与汉代人的审美观上。作为一种为丧葬服务的视觉图像，汉画像不是一种自由创造，它的形成和发展与汉代人的宇宙观、审美观及当时流行的道家与儒家思想息息相

---

[1] 转引自信立祥《汉代画像石综合研究》，文物出版社，2000 年，第 5 页。
[2] 信立祥：《汉代画像石综合研究》，第 6 页。
[3] 巫鸿：《礼仪中的美术》，郑岩等译，第 68 页。

关。像人类历史上所有的宗教艺术与祭祀艺术一样，汉画像石是一种传承性和因循性非常强的艺术，在其存在与发展的二百余年间，尽管其题材内容在种类和数量上始终不断增加，但从其本质意义和其所表现的宇宙范围来看，可以说从始至终绝少变化。[1] 因此，种类繁多的汉画像鲜明地表达了汉代人的宇宙观。

汉画像中大量的抽象图案、装饰性图像和各种怪异的画像都用其隐喻的方式向我们传达了汉代的丧葬观念及其审美内涵。认识汉画像中这些图式的审美内涵，必须深入到汉代人的宇宙观中去探究。汉代人认为，全部宇宙世界是由从高到低的四个部分构成的。首先是天上世界，这是由作为宇宙最高存在的天帝和诸多人格化的自然神组成的诸神世界。其次是西王母居住的昆仑山所代表的仙人世界。第三个宇宙层次是表现现实生活的人间世界，而第四个层次是地下的鬼魂世界。在汉代人的观念中，这四个宇宙构成部分互相关联，不可分割，共同构成一个统一的宇宙有机体。高处天穹的天帝和诸神，唯我独尊，公正无私地君临着整个宇宙，对万事万物实行着强有力的统治，维持着宇宙的正常运行秩序。生活在凡世间的人，尽管不能升天与诸神齐寿，但却能以“死”的形式摆脱苦难的现实世界，暂时栖身到地下的鬼魂世界，在那里获得升仙资格后，再飞升到昆仑山世界，在那里长生不老，永远过着无忧无虑的幸福生活。汉画像石的题材内容，完全是按照这种宇宙观念进行设计和配置的。正因为如此，汉画像石题材内容的分类，只能遵循这种宇宙观念，分为天上世界的内容、仙人世界的内容、人间现实世界的内容、地下鬼魂世界的内容等四大类。[2]

依照这种分类，汉画像中固定的图式有很多：象征仙人世界的西王母与东王公图像；表现天象的日月图、牛郎织女图；表示方位的四神图；象征阴阳的伏羲女娲图等。这些图像无疑都传达着汉代人的宇宙观念，如画像中经常出现的天象图，已经超出了所谓的天文知识的内涵，而具有汉代人文特色的

---

[1] 信立祥：《汉代画像石综合研究》，第 59 页。
[2] 信立祥：《汉代画像石综合研究》，第 62 页。

观念内涵。天象图中屡屡出现的牛郎织女图是汉代人宇宙观的一种特殊象征符号，表现的是促进阴阳和谐，天地交泰，从而风调雨顺，这样对农耕有利，从而达到人们安居乐业的理想境界。汉代阴阳哲学盛行，人们把宇宙的生成看成阴阳两气交感的结果。阴阳不相交，便会产生灾异，于是汉代人把这种观念移情到牛郎织女星上，让本来分属河汉两岸的牛郎织女能七夕相会。这种反映汉代人宇宙观念的象征图式在汉画像中随处可见。

汉画像中云气图像的表现形式、配置规律与汉代人的宇宙观、审美观有着内在的联系。中国传统哲学观认为，“气”范畴具有宇宙生命内涵，并与阴阳观念结合成为一种宇宙生命原质。同哲学领域一样，中国传统艺术深入到生命的根源处，再现生机勃勃的自然形态。中国传统艺术强调艺术的生命精神，这种艺术精神体现在汉代的绘画创作中，是通过“云气图”这一具象的图式来表现的。汉画像中的“云气图”实际是生命力的象征。

### （三）汉画像云气图图像学释读

艺术史家贡布里希认为，图像学的中心任务应该是重建艺术家本来的创作方案，以此寻找作品的本义。对汉画像云气图图像学层面的研究，就是阐释汉画像云气图的本来意义，也即通过历史与现实的材料，把图像置于当时的文化语境中来证明汉画像云气图像所从属的宇宙观。同时，从汉画像云气图的内在意义，追溯汉代整体的哲学背景。美国艺术史家潘诺夫斯基就图像学的意义曾经指出：“这就是一般意义上所说的文化象征史或是恩斯特·卡西尔所说的文化符号象征史。”在这一学科领域中，“艺术史学者必须尽可能多地运用与他所认为的某件艺术品或某组艺术品的内涵意义相关的文化史料，来检验他认为是该艺术品的内涵意义”。他还特别指出：“正是在寻求内在含义或内容时，人文科学的各学科在一个平等的水平上汇合，而不是相互充当奴仆。”[1]潘诺夫斯基在《图像志与图像学——文艺复兴艺术研究导言》

---

[1] [美]E·潘诺夫斯基：《视觉艺术的含义》，傅志强译，辽宁人民出版社，1987年，第47页。

一文中对图像学的方法进行了原则性的阐述，这个原则的基本点就是确认艺术品是从历史的长河中涌现出来，因此也只有放在历史的长河中才能得到解释。美术史的考察从艺术的自身语言开始，逐步进入一个历史的氛围，最后实现对意义的阐释。

潘诺夫斯基把这个过程分为三个层面，即前图像志(pre-iconography)描述、图像志(iconography)分析与图像学(iconology)阐释三个阶段。(1)前图像志阶段涉及一件艺术品基本的物理事实与视觉事实，即一件艺术品最基本的识别符号。它包括形式、线条、色彩、材料及技术手段。我们通过对这些事实的感觉反应，识别它的符号，才能进入对作品的研究和讨论。该阶段涉及的是"事实的"意义，也就是认识作品最"基本的"意义，如依照常识可以辨认的图像中的人物对象和母题等。这类似于中国早期金石学的阶段。本文对云气图前图像志的研究，将会把重心放在云气图像的表现形式及它在汉画像中的配置这一事实上。(2)图像志阶段涉及对艺术品图像所表现的故事、寓言等传统意义，即作品的特定主题和象征意义的解释。包括知识性解释，弄清楚人物身份、故事内容，以及某种表现方式的某种约定俗成的规范等。如果说前图像志阶段是美术史研究的准备阶段的话，图像志阶段则正式进入了对作品的分析。但这种分析仅限于作品直接涉及的内容以及它特定的含义，即它被规定在特定文化圈与传统中的识别方式。该阶段是发现和解释视觉图像的传统意义，也就是要考查画面形象所表现的特定主题。在现代的考古学中，对美术的考古，往往走这条道路，如各种汉画像发掘报告中对汉画像的著录。(3)图像学阐释则代表了美术史研究的最高层次。该阶段注重运用基本的文化原理来进行意义的分析。它的工作是解释视觉图像的内在意义或内容，在更深一层图像志的基础上，指向一种内在意义的独创性关联。就是要通过图像去发现形成这种图像的民族精神的根源和个人心理的特征，指示图像的深层意义世界。一旦对图像的阐释深入到内在意义上，就完成了从图像志分析到图像学分析的转换。在对图像的阐释中，符号和象征的方法起到重要的作用。由于图像的内在意义是一种"象征性"，它凝聚了问世时特定时代的意识形态诸方面的特征，因而相应的阐释就特别难。阐释者不仅要有文献方面的广博知识，了解和熟悉时代的精神气氛，而且应对艺术有敏锐的感受力和精细的分析思辨力。由于图像本质上是象征符号的，所以通过视觉图像的象征意义去解读汉画像中云气图的审美内涵，是以图像学方法研究汉画像云气图的中心和重点。

图像学在关注图像形式的同时，更多强调的是内容在艺术作品中的意义。图像学家认为，艺术作品的图像总是隐含一定的主题、观念或者象征意义，这就是艺术作品的内容。他们认为内容永远是艺术作品的决定因素。研究图像在特定时期的形成、演变及其所表达的内容，是艺术史学者的最重要任务。本文致力于在做好考据与义理结合、多角度思考与整体构架相结合的同时，从时间上对云气图像的发展演变过程作考察和比较，并挖掘其内在动力；从空间上试图考察不同地区的汉代壁画、帛画、画像石中云气图的风格及其审美内涵。

## 二、汉画像云气图的溯源与图像配置

汉画像中的云气图是从远古时期慢慢演化而来的。对汉画像云气图的溯源，本文主要从文化背景、图形的演变两方面来阐述，在此基础上，论述汉画像云气图的图像配置。

### （一）汉画像云气图的文化背景

#### 1. 汉画像升仙题材的云气图

汉画像中的许多图像与现实不能一一对应，在现实事物中不能找到其来源，要达到对其隐蔽的深层世界的理解，必须了解画像在墓室或祠堂中的配置意义与象征内涵。因为汉画像的内容题材与配置完全是按照当时占统治地位的思想观念及汉代人的宇宙观刻画在棺椁、墓室、祠堂上的。汉画像中的一系列图像、符号、语言都表现为一种“天地相通”的巫术观、“天人合一”的哲学观、“君权神授”的政治观、“不死升仙”的宗教观、“天遣祥瑞”的吉凶观、“天道自然”的审美观等。在汉代人的心目中，墓葬不仅仅用来安放死者的遗体，而且是供死者灵魂继续生存的空间。这一空间是汉代宇宙观鲜明的写照。人们幻想死者从这里出发，跨过天门，通往神仙居住的乐土。因此，表现不死升仙内容的图像数量占绝大多数。汉画像的题材种类中，表现神仙仙境与升仙类的题材也特别丰富，远多于其他各类题材。汉代人对死后升仙的追求达到了前所未有的高度，在许多墓室、祠堂和棺椁的装饰上经常可以见到反映升仙题材的画像。而这类画像大都有固定不变的图式，即周围伴随起伏缭绕的云气纹，如武氏祠前石室屋顶前坡东段画像（图 1-1）。整幅画面分为上下四层，第一层刻画神人左向出行：前有三翼龙、三马首异兽与一羽人骑牛首异兽，后面二神人乘云车、驾三鸟首异兽随行，左端一人执笏恭迎。第二层的右边刻伏羲、女娲相对，两侧有羽人侍奉；左边有形体各异的羽人和卷云。第三层是神人右向行：四羽人持幡骑翼龙在前做导引，一神人乘坐在云车上，御者驾二龙紧随，车后二羽人持幡相从；右端一羽人持幡，一羽人跪。画面下部弥漫着云气。第四层刻羽人和鸟首、龙首卷云及有翼左行的升仙人物。画面右边阴线刻羽人、白虎。整幅升仙画面刻画了形式各不相同的云气图：云车、卷云、龙首卷云。与其相对的是西段画像，同样也分为四层。第一层刻仙人出行，仙人乘云车、驾异兽左向行，前后有羽人骑异兽导从，左端一人恭迎，右端有风伯；第二层刻神兽出行图；第三层，右端有风伯左向吹动两列鸟首、兽首和羽人，空白处充满大量的云气图；第四层刻北斗星君出行图，画面显得饱满而充实，形式各异的云气图增加了画面的灵动感。

武氏祠左石室屋顶前坡西壁上刻画伴随大量云气图的升仙画像，是汉画像升仙题材的典型图式（图 1-1）。画面上下分三层，其中第一层，即锐顶部分，刻画西王母端坐榻上，周围及两侧有众多羽人、捣药的玉兔及鸟首卷云纹。左石室东段画像的内容，画面上下分为两层：上层刻仙人乘云车，驾三翼龙左向行，前有翼龙、羽人和羽人骑翼龙前导，后有羽人和羽人骑翼龙随从，左端一人执笏恭迎。下层右上刻西王母、东王公端坐于云上，周围有男女羽人侍奉，其下及左边各停一翼鸟驾辀车；中部卷云缭绕，云中有众多的羽人。下部右边刻三个圆形的坟冢，坟内有线刻的妇人和羽人，坟上飞云冉冉上升与上面的卷云相接，飞云旁有羽人，坟右有堂和阙及二人左向行，左边停立二马和一有屏轺车，车后二人持戟，一人执笏右向立。整幅画像似为灵魂升仙的情景。

1　　2　　3　　4

图 1-1　山东嘉祥武氏祠画像

1.武氏祠前石室屋顶前坡东段画像；2.武氏祠前石室屋顶前坡西段画像
3.武氏祠左石室屋顶前坡西段画像；4.武氏祠左石室屋顶前坡东段画像

这种升仙题材的云气画像，在陕北榆林、绥德、神木大保当的画像中也常见(图 1-2)。其画像围绕墓门展开，门上有日月星辰、神灵仙草，左右门柱上有奇禽异兽、仙草树木，有云气画缭绕其间，贯通天地。如陕西省米脂墓的画像：米脂墓门左右立柱画像相对称，分三层。两边各为卷云蔓草图。中格以流畅自如的卷云蔓草做背景，左边中间有一高大健壮的鹿，右边图中格画面主体为一羊。另外在墓的门楣、立柱上刻画大量贯通天地的云气图。又如柿园汉墓，其棺床室四壁及顶用泥涂平，在主室西三分之一部分顶部及南、西壁上绘有面积 30 平方米的彩色壁画，在壁画的四周边框及龙虎图像的周围绘有大量的云气纹、缭绕的装饰图案，被确定为《汉书》中记载的“云气画”。[1] 云气画像中这种比较固定的图式，与汉画像中始终不变的升仙主题相关。汉代的人对死后的世界充满了各种美好的想象，他们把墓室想象成死者灵魂生存的空间。各种奇禽异兽、仙草树木贯穿于整个画像中，是人们对神仙世界的想象。

图 1-2　陕西神木大保当汉墓门图像

## 2. 汉画像云气图的理论来源

汉代升仙思想的流行，实际上也说明人们对死亡的恐惧，对生命的向往。为了使死者灵魂所在的空间像现实生活中一样，到处充满生命力，象征生命的“云气图”在这里就显得特别重要。《淮南子 · 天文训》中明确指出气是天

[1] 河南省商丘市文物管理委员会等：《芒砀山西汉梁王墓地》，文物出版社，2001 年，第 356 页。

地生成之前的状态。《说文解字》土部说："地，元气初分，轻清阳为天，重浊阴为地，万物所陈列也。"即地是由气分化出来，轻者作为阳的性质上天，重者是阴的成分落地。世界万物都是如此。《太平经》中曰："夫物始于元气。"又曰："元气恍惚自然，共凝成一，名为天也。分而生阴而成地，名为二也。因为上天下地，阴阳相合施生人，名为三也。"意思是天地万物是由元气组成的，元气是原初的极细微的物质。由元气而后生天、生地、生人、生万物。这是在汉代普遍存在的宇宙观。汉代人认为，气为天地万物的本原，有"元气"才有万物。人的生命也来自元气，生与死的限定在汉代人的思想中便依据"气"来界定。气作为生死的决定因素起源早于汉代，《庄子·知北游》中记载："生也死之徒，死也生之始，孰知其纪。人之生，气之聚也；聚则为生，散则为死。若死生为徒，吾又何患，故万物一也。"《管子·内业》中载："精也者，气之精者也。气，道乃生，生乃思，思乃知，知乃止矣。"但是"气"的观念在思想史上扮演特别重要的角色则是在汉代。王充《论衡·论死》说："人之所以生者，精气也，死而精气灭。能为精气者，血脉也，人死血脉竭，竭而精气灭，灭而形体朽……气之生人，犹水之为冰也，水凝为冰，气凝为人，冰释为水，人死复神。"死乃是气散的观点在汉代的另一著作《白虎通》中也有所描述："死之为言澌，精气穷也。"这种用气解释生死的说法给汉代画像石中的云气图提供了理论基础。汉代人普遍把死看作精神离开躯体或生命由世间转到来世，汉代人视死亡为此世生命的终点，但他们相信生命在死后会依然延续。因为生命是由气构成的，可以通过增加死后世界的气来达到再生的目的。于是，不管在地下墓室中还是祠堂，云气图都是汉画像中十分重要的图像。

生和死可以说是人类思想上一个永恒的主题，对它的思考和态度促使了中国丧葬制度的发展。死者再现生者世界的做法在墓葬中得到了特别的运用。生总是令人愉悦和欣慰的，死总是令人痛苦和悲哀的。出于对死的本能的恐惧和对生的眷恋，延缓或超越死亡，长寿甚至不死成为汉代人们一种共同的理想和追求。在早期中国思想中"生"始终占据着主导地位。《易·系辞》曰："天地之大德曰生。"《吕氏春秋·贵生》："圣人深虑天下，莫贵于生。"对生的强调既包含着对宇宙万物生成力量的肯定，同时也包含着对个体生命及其生存状态的关注。

早期长生、不死的人生思想和哲学思考在以老庄为代表的先秦道家思想中得到了充分展现。《道德经》曰："盖闻善摄生者，陆行不遇兕虎，入军不被甲兵。兕无所投其角，虎无所措其爪，兵无所容其刃。夫何故？以其无死地。"在早期道家思想中，对养生和长生的追求仅仅是手段而非目的，肉体生命的泯灭是无法回避的，这一点道家也是非常明白的。因此，如何超越肉体的死亡，而达到精神的不朽，这一人生的终极问题就成为道家思考的核心。《庄子·大宗师》："古之真人，不知说生，不知恶死；其出不欣，其入不距；翛然而往，翛然而来而已矣。不忘其所始，不求其所终。受而喜之，忘而复之。""已外生矣，而后能朝彻；朝彻而后能见独；见独而后能无古今；无古今而后能入于不死不生。"《庄子·齐物论》："至人神矣：大泽焚而不能热，河汉沍而不能寒，疾雷破山飘风振海而不能惊。若然者，乘云气，骑日月，而游乎四海之外。"庄子"生死如一"的追求对汉代道家思想产生了重大影响。《淮南子·精神训》曰："所谓真人者也，性合于道也。故有而若无，实而若虚；处其一，不知其二；治其内，不识其外。明白太素，无为复朴，体本抱神，以游于天地之樊，芒然仿佯于尘垢之外，而消摇于无事之业。浩浩荡荡乎，机械之巧，弗载于心。是故死生亦大矣，而不为变。虽天地覆育，亦不与之抮抱矣。……居而无容，处而无所。其动无形，其静无体。存而若亡，生而若死。出入无间，役使鬼神。……故形有摩而神未尝化者，以不化应化，千变万抮而未始有极。化者复归于无形也，不化者与天地俱生也。……故生生者未尝死也，其所生则死矣；化物者未尝化也，其所化则化矣。"汉画像中云气图的兴盛发展，与中国古代这种神仙观念与信仰有着非常直接的关系。在棺椁、墓室、祠堂上画云气，其目的是为引魂升天。当时人们以为只要将死者灵魂居住的宫室布置得云烟缭绕、瑞兽丛生，就可以使死者更加接近神仙。

### 3. 汉画像升仙题材的理论来源

升仙内容一直是汉代丧葬艺术的主题。汉代人对升仙的热烈追求来自先秦时期。据司马迁记载，秦始皇统一大业完成后，许多相信仙的方士向他进言“仙”和“不死之药”。到汉武帝时，这种信仰得到极度的升温。《史记·孝武本纪》所记武帝祭祀鬼神、迷信神仙之类的事可说明这一点。由于汉武帝在位时间长达五十余年，因此他的行为对汉代社会不能不产生巨大影响。从西汉时期的很多文赋和一些重要的墓葬艺术看，升仙的信仰在当时社会已经流行开来。《淮南子·原道训》记载：“昔者冯夷、大丙之御也，乘云车，入云霓；游微雾，骛况忽；历远弥高以极往，经霜雪而无迹，照日光而无景；扶摇抮抱羊角而上，经纪山川，蹈腾昆仑；排阊阖，沦天门。”《淮南子·齐俗训》曰：“今夫王乔、赤诵子，吹呕呼吸，吐故内新，遗形去智，抱素反真，以游玄眇，上通云天。”

汉代的传说中，神仙居住在两个神秘之处：一个在海之东极，另一个在极西的昆仑山颠，那里是传说中西王母的住所。汉武帝早年求仙主要集中在海上。在公元前2世纪下半叶，随着张骞通西域，西方开始日益受到皇帝和神仙道士的重视。在海上找不到不死药，使得皇帝开始把求仙期望转向别处，于是从西王母那获得长生不老药，成为汉代人们普遍追求的一种信仰。西王母代表了神仙世界，到西王母身边即到神仙世界，这在汉画像中有明确表现。四川南溪长顺坡的一口石棺侧面，刻了一幅类似连环画的画面(图1-3)。从右至左刻：手拉手的一男一女、立于男女旁捧物的童子、一只备好鞍的神鹿和一只飞鸟、一个持节的方士、半开门和露出半个身子的仙童、坐在龙虎座上的西王母。就在画面最后的西王母身边，站着画面开始的一男一女中

图1-3　四川南溪2号石棺　升仙图

的女子。这是幅意思清楚的《升仙图》，从夫妻握别、乘鹿升仙、方士报信、仙童迎接，最后到西王母身边成仙。[1]

神仙思想的形成大概与早期巫觋观念有一定关系。闻一多对早期不死观念的发展、演变以及神仙思想起源作了一番分析，他认为："西方所谓不死本专指灵魂，并主张肉体毁尽，灵魂才得永生。这观念后来又演变为肉体与灵魂并生。齐人将这种观念带到东方以后，特别因为当地土著思想的影响，渐渐放弃了灵魂观念，于是又演变为纯粹的肉体不死……然而事实上，战国初年燕、齐一带突然出现了神仙传说，所谓神仙者，实即因灵魂不死观念逐渐具体化而产生出来的想象的或半想象的人物。"[2]在汉代，形体不朽成仙的观念在民间思想中扎下了深厚的根基。《左传·昭公七年》："人生始化曰魄，既生魄，阳曰魂。"孔颖达疏："人之生也，始变化为形，形之灵者，名之曰魄也，既生魄矣，魄内自有阳气，气之神者，名之曰魂也。魂魄，神灵之名，本从形气而有。形气既殊，魂魄亦异。附形之灵为魄，附气之神为魂也。附形之灵者，谓初生之时，耳目心识，手足运动，啼呼为声，此则魄之灵也。附气之神者，谓精神性识，渐有所知，此则附气之神也。"《淮南子·主术训》："天气为魂，地气为魄。"两汉时期人们不仅认为灵魂存在于活人身体内，主导着人的生命和思想，同时还相信灵魂是不朽的，它不随肉体的死亡而消失。当时文献中虽然对死后人的灵魂有不同称谓，如魂、魄、精神、魂灵等，但不论作何称呼，都承认人死后灵魂依然存在，厚葬、祭祀的盛行和鬼神信仰的泛滥，正是灵魂不灭观念的反映。所谓神仙信仰实际上不过是灵魂不死观念的延伸和世俗化的表现而已。

汉代人信仰羽化成仙。因此，表现昆仑山仙境的内容，西王母与东王公及诸如三足乌、玉兔等随行，各种仙人伴随其中。这是汉画像中表现神仙世界最常见的场景。汉代的元气论为仙人世界生生不息生命力状态，提供了理论依据。汉画像中缭绕的云气图，可以看作是汉代宇宙生存论在画像中的具

[1] 顾森：《中国绘画断代史——秦汉绘画》，人民美术出版社，2004 年，第 192 页。
[2] 闻一多：《闻一多神话与诗》，吉林人民出版社，2013 年，第 147 页。

象表现。汉代人信鬼神，认为人死后灵魂仍然存在乃至可以羽化升仙。于是作为为丧葬制度服务的汉画像艺术，它的形成与发展很大一部分因素是由于这种宇宙观的支撑。又根据宇宙生成论的观念，即宇宙的生成是元气运行的结果，天、地、人都是由气化而生的。于是，体现汉代元气论的云气图成为汉画像中不可缺少的一部分。

## （二）汉画像云气图的图形来源

### 1. 汉代云气图像的来源背景

在延绵数千年的中国装饰艺术中，云气图是个永恒的重要主题。作为一种装饰纹样，云气图在中国人的审美世界被给予了一种主观的意愿。“云者，天地之本也”与几千年来一直被中国传统哲学从宇宙生成论或本体论的高度加以阐释的气论思想是相统一的。宇宙是万物阴阳二气的交和，是中国哲学中的生命本原、原动力。因此，万物皆有其气数、气机、气运、气象和气质等。所以说万物的本体和生命就是气。[1] 在古人的观念中，“云”与“气”是义本贯通、关联统一的。《说文解字》：“云，山川气也。从雨云，象云回转形。”《周礼・春官》：“以五云之物，辨吉凶、水旱、降丰荒之祲象。”《汉书・天文志》：“庆云见，喜气也。”先民们认识到云与雨的必然关系，从卜辞上看，殷人对云的占卜很多是出于对雨水的关心。人类意识到云气变化跟雨的关系尤为密切，以及这种关系对人类乃至世间万物的生存意义。这种自然之气被先民视作统一宇宙、天地万物的生命本原。如此意义上的“云气”，凝聚了中华民族对宇宙创造本体的认识，形成了古代气论哲学思想。

云气图的产生和发展，与中华民族对“云”自然现象的认识和中国文化现象的一般规律、审美观念有千丝万缕的联系。“云纹”以它悠久的发展历史和鲜明的民族气息，使我们相信它渗透着中华民族文化理念的审美意识，以至于仪态万千地贯穿整个中国古代装饰艺术史。在汉代及先秦时期的艺术作

[1] 叶朗：《中国美学史大纲》，上海人民出版社，1985 年，第 27 页。

品中，以具体的云气图，反映中国传统气的审美特点。到魏晋南北朝以后，出现了由具象的云气向抽象的功能偏移的特征。气作为宇宙生命原质，成为艺术创作生命的本源。云气图装饰的开端与发展，在以“气”为生命哲学本原的中国，有着自身的历史背景和特殊规律。从商周的“云雷纹”、先秦的“卷云纹”、到楚汉的“云气纹”(图 1－4)，都源于特定的社会现实和审美取向。商周青铜器上的“雷纹”在形态上与“雷字”有相同之处，体现了原始先民对云、雷等自然现象的认识和形象特征的模拟。到了先秦和两汉，作为商周青铜器上典型的具有独立性装饰的雷纹被春秋战国时期的卷云纹所代替，较之前者它更具有回旋盘曲精神和不拘一格的多样性。这种侧重直觉动感和力势的散漫格式，成为汉代云气纹的先导。

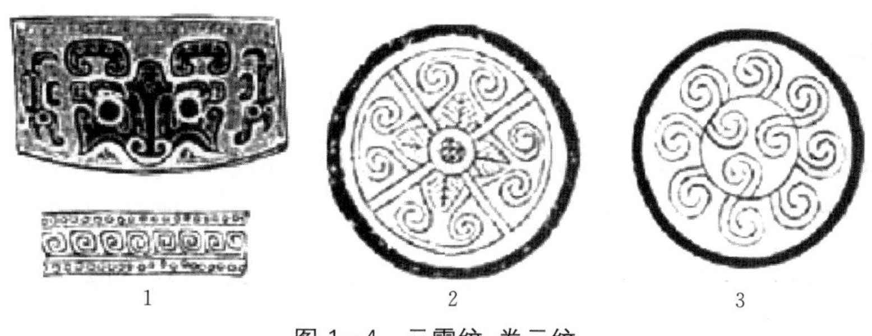


图 1－4　云雷纹、卷云纹

1. 商周青铜器的云雷纹；2. 战国瓦当上的卷云纹；
3. 秦汉瓦当上的卷云纹

## 2. 先秦云气纹的发展

在云纹的发展史中，云雷纹具有承上启下的重要意义。商周时期的云雷纹则具有较强的独立性，青铜器的装饰表现得尤其明显。云雷纹是以连续的回旋形线条构成的几何云纹或雷纹的总称。形态作圆形连续构图的称为“云纹”。云雷纹分为曲线形态和直线形态，直线形态以直线的取向而大体定型化，曲线的形态演绎，造就了春秋战国时期的卷云纹。

与云雷纹相比，卷云纹显示了“简化”和“打散”两种变化趋势。前者表现为多重回转的旋线被简化成洗练、单纯的勾卷形。简洁的勾卷形以宛如积云圆圈的图案化形态，成为云纹流变中最恒稳的基本构形元素之一。后者表现为结构模式既保持S形的回旋盘曲精神，又呈现不拘一格的多样性。在结构上，卷云纹大体有发散和内敛两种格式。发散式多沿用云雷纹的构形元素，以三角形、圆形相配合或以连接直线的延长等结构方式的变化，促成云纹形态的演绎。这种演绎，为春秋战国的装饰提供了一种刚柔相济、装饰感极强的典型纹样。内敛式显示了以勾卷形对称构成卷云纹的结构方式，有“相对内旋”的方式相接，以及“相反外旋”的方式相接。前一种结构方式，确立了如意云头的基本骨骼和主体形态。战国后期，一种削弱规矩结构模式而侧重视觉动感和力势的散漫格式，在漆器和青铜器装饰上得以发展，它成为汉代云气纹的先导。

### 3. 汉代云纹的发展

在战国后期散漫格式的基础上，经综合的形式演绎，汉代出现了极具时代感的云气纹。就构形元素而言，除依然作为主体的勾卷形外，云气纹中还出现了“云尾”的雏形。在纹样构成中起到加强力量感、运动感的作用。它亦以多样的形式，为云纹之“云尾”奠定了基础，曲弧的延长格式，向更为自由随意的形式演绎，加上云气纹的装饰格局往往铺天盖地、流溢满幅，在结构上自由散漫的云气纹，显示出一种遒劲的力量和狂放的气势回旋激荡其间。汉代云气纹形式演绎的新气象，还表现在云气纹与鸟兽、植物等形象相互嫁接。其中卷云鸟、云车的图像是汉画像石中比较常见的，如徐州白集汉墓墓室，中室四壁上方均刻画大小不一的卷云鸟（图1-5）。山东泰安市

图1-5　徐州白集汉墓卷云鸟画像

博物馆收藏的一幅“龙鸟铺首衔环画像”(图 1－6),刻画了典型的卷云鸟图像。画像主体从左至右分为三格:左格,上部为一长角龙;下部刻画二鸟。中格,铺首衔环。右格,中部为一圆璧,二龙左右对称绕璧。画像边栏内饰卷云鸟。山东省兰陵县城前村墓前室东壁门楣正面的画像上,也生动地刻画大量的卷云鸟图像(图 1－6)。画面左边是门亭;亭前一人捧盾躬迎,一导骑已到面前,后随两辆軿车;车骑上方有卷云鸟。山西省离石马茂庄墓门侧的画像是以云车形式出现的云气图。画面分为三格,左右格及中格上层为蔓草状勾连云气纹。下层上部有四虎驾华盖云车飞行。中部两羽人各骑天马、虎护卫。下部左为蟾蜍,右为羲和神。

图 1－6　卷云鸟、云车画像

1. 山东泰安市铺首衔环画像;2. 山东兰陵县城前村墓的云气图;3. 山西离石马茂庄墓门的云气图

## (三) 汉画像云气图的图像配置

### 1. 汉画像云气图的特殊表现形式

汉画像中卷云纹、卷云鸟、云车等形式的图像,在墓室中的配置有规律可寻。此类画像多与表现升仙与天界的场景相关。如山西离石马茂庄 3 号画像石墓(图 1-7),墓室前室东壁横额上刻两层画面,上层刻卷云纹,下层刻诸神出行图。在缭绕的云气中,从左到右依次刻画御虎导骑、虎车、雁车、狐车、龙车等,诸车都是车舆下有云气的云车。前室东壁左侧画像是一幅升仙图,画面上部是两位持幡骑兽的导引仙人,下方三头神兽牵拉着一辆云车向左飞驰,一人端坐在上有华盖的车舆中,车舆前部站着御车的仙人,一名有翼仙人乘坐巨龙随行在云车旁,另有两名有翼仙人站在云头上与一巨龙嬉戏。前室西壁右侧画像也刻一幅升仙图,画面刻画各种仙人神怪乘坐在云车之上。河南南阳英庄墓前室盖顶石的一幅"雷公车"画像(图 1-8),画像主体为雷公车,车与下云气簇拥,车由三头翼虎牵引。图像周围有缭绕不绝的云气图。汉武帝时,太一被奉为至尊神,画像石上的至尊神似为北斗大帝,乘坐北斗星座上的云车。

图 1-7 山西离石马茂庄 3 号墓云气图

1.3 号墓前室东壁横额画像;2.3 号墓前室东壁左侧画像;3.3 号墓前室西壁右侧画像

图 1-8 河南南阳英庄“雷公车”画像

武氏祠前石室屋顶前坡东段画像，画像中也有典型的云车、龙首云气图。画面分四层，第二层的画面中出现龙首状云气图。画面最左侧，是坐在雷车上的雷公形象，六名神人分两列作为雷车的向导，牵拉着雷车向右飞驰。两列神人之前，云气中奔行着三位头戴花冠、身着袍服的女神，三位女神的右方，一股两端成龙首状的云气从左侧的地面上向右缓缓升起。全国汉画像石墓的主要布区都有这类形式的云气图。表现天上世界与仙界的图像，是人们对天象与仙人的崇拜。中国古代人们还没有形成一种科学观去理解一些自然现象，他们把这些现象想象成是受控于天上神灵的结果。于是雷公、电神、风伯、雨师等自然神的形象经常出现在画像石中。常常以云车形式出现的“雷公出行图”即是他们想象的雷神出行的场景。汉代王充对雷公图像有形象的描写：“图画之工，图雷之状，累累如连鼓之形。又图一人，若力士之容，谓之雷公，使之左手引连鼓，右手推椎，若击之状。”[1]山东、江苏、河南汉画像中多有乘“云车”出行的雷神形象。山东汉画像中的力士因乘云气车、击鼓可视作雷公。河南南阳汉画像石中的乘三头翼虎拉云气车的二翼人亦可为雷公。

## 2. 汉画像云气图的典型图例

汉代墓室画像和祠堂画像中，更多的是以自由随意形式出现的云气图，

[1] 王充：《论衡》，中华书局，1985 年，第 70 页。

其装饰格局往往贯通天地，营造出一种充满动感的氛围（图1－9）。河南南阳十里铺“日·神灵”画像，位于墓室内前室东盖顶石。下刻神灵，上刻阳鸟。神灵虎身，肩生翼，身两端各有一人首，面相背；阳鸟身为圆形，表示日轮，翅尾伸展开来呈飞翔状。鸟的周围刻画大量的云气图，贯通整幅画面。南阳草店畋猎图，右刻画一骑手，张弓射猎一虎，虎回首吼叫，前一猎人持矛刺向虎首。左刻画二犬穷追一獐，獐仓皇奔逃，空间云气缭绕。

1

3

2

图1－9　河南南阳云气图

1.南阳十里铺画像；2.南阳草店画像；3.南阳英庄幻日画像

南阳英庄前室盖顶石的一幅幻日画像（图1－9）。一阳鸟背日轮展翅飞翔，象征太阳，周围云气缭绕，其间有八个小球，象征八个小太阳，我国古有“十日并出”的神话传说。南阳麒麟岗墓出土的由六块盖顶石组成的“神兽·仙人”画像（图1－10），画面中部为一神兽，二目圆瞪，巨嘴獠牙，长舌外伸，四肢狂舞。右边刻画一神人的形象，人首龙尾，四肢生有羽毛。画面右下角有一异兽，蛇头，鱼体，鱼尾，体生羽毛。画面的左下方有一兽，长嘴前伸。画面的空间布满云气。南阳石桥一幅“门兽”画像（图1-10），位于墓门南门楣上。左刻一兽，蹲地而坐。中间一兽昂首扬蹄做奔驰状。右边一人似戴面具，作门兽姿态，其间饰云气。南阳石桥北墓门南门扉的神灵画像（图1-10）。刻神灵头戴圆顶小帽，口衔一矢，双脚踏弩，两手控弦，背插二矢一剑，鼓目露齿，形象凶恶。上端饰一青龙及云气。

图1-10　河南南阳云气图

1. 南阳麒麟岗画像；2. 南阳石桥墓门门楣画像；3. 南阳石桥北墓门南门扉画像

以上汉代墓室、祠堂中画像石的云气图多与仙人神怪、西王母、各种天象、瑞兽相配置，反映了汉代人想象的天界与仙界。出于对死本能的恐惧和对生的眷恋，人们企图延缓或超越死亡。再生或者升仙成为汉代人共同的理想和追求。王充《论衡》曰：“图仙人之形，体生毛，臂变为翼，行于云。”《楚辞・远游》：“仍羽人于丹丘兮，留不死之旧乡。”[1]西汉时盛传西王母有不死之药，食后可成为与天地日月同寿的仙人，而后，西王母越来越受到崇拜，

[1] 洪兴祖：《楚辞补注》，中华书局，2000年，第167页。

并成为东方蓬莱、西方昆仑两大神仙体系的主神。西汉中期以后，所谓神仙思想或升仙思想，实际是对西王母的崇拜和对西王母为主的神仙体系的崇拜。[1]

天象图中包括日月图、四灵图等，这些图像用来装饰墓顶或墓室四壁上方，是汉代人死后所向往的另外一个世界天的象征。天象图周围的云气也称为庆云。“庆云见，喜气也。”古人认为庆云是阴阳聚合所产生的瑞应。

瑞兽图以龙、虎的画像为多。因为汉代升仙思想普遍存在，乘虎车、鹿车、龙车升仙的画像很多。《山海经》一书提到龙的地方有十二处之多。《淮南子·主术训》记载：“夫螣蛇游雾而动，应龙乘云而举。”《说文》曰：“龙，鳞虫之长，能幽能明，能细能巨，能短能长，春分而登天，秋分而潜渊。”龙被普遍认为可作升天乘骑，是一个受到崇拜的神物。

### 3. 汉画像云气图的配置规律

汉代人为灵魂所营造的世界是完整的，也是有层次的。总的来看，天上世界—仙界—人间世界—地下世界的图式是汉代人所信仰的天人宇宙模式。目前，能探究到汉代宇宙观念的最早的图像作品是西汉初期的帛画，其中最重要的是长沙马王堆1号墓出土的“T”形帛画。东汉时汉画像艺术所表现的宇宙模式与墓室构造是分不开的。东汉时期墓室基本上是砖石多室墓，有了大面积、整体性的装饰空间，墓室制造者有充分表达他们宇宙观念的客观条件。完整的墓葬图像系统为我们探究当时的宇宙模式提供了可靠的材料。从汉画像石墓的墓室结构及画像配置分析云气图的配置规律，可以更全面地剖析云气图的审美内涵。以河南南阳英庄画像石墓为例(图1-11)。该墓为砖石结构，由墓门、前室、南北两主室组成。墓门、门楣、中柱、门扉、前室、盖顶石均刻有画像。前室盖顶石两幅画像都是云气图相关的画像。有雷公车及幻日画像。

---

[1] 顾森：《渴望生命的图式——汉代西王母图像研究之一》，《中国汉画学会第十届年会论文集》，湖北人民出版社，2006年，第3页。

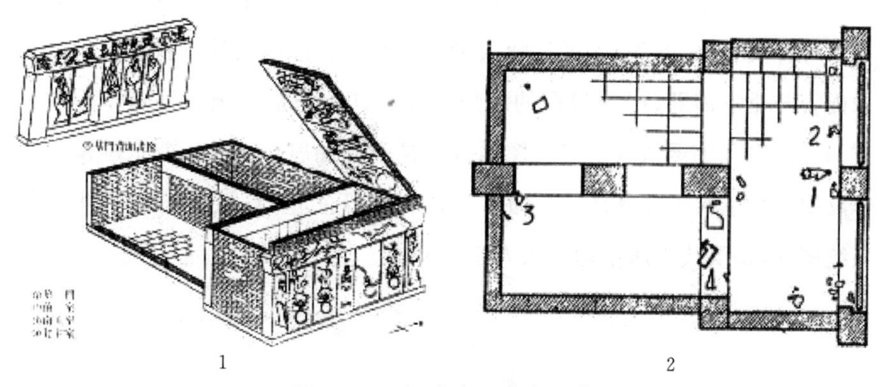

图 1－11　河南南阳英庄汉墓

1.南阳英庄汉墓　透视图;2.南阳英庄汉墓　平面图

河南新密打虎亭1号汉墓(图1－12),是规模较大的砖石混合结构墓,有墓门、甬道、前室、中室、后室、南耳室等几部分。墓门至前室甬道、前室、前室至中室甬道、南耳室及各室之间的7座石门均以线刻或线浮雕的画像石作为装饰。墓室顶部除前室为莲花及菱形图案组成的藻井外,其余多为云气图和鸟兽;墓室四壁是以人物为主的生活内容;石门上主要是鸟兽神异伴随的云气等。

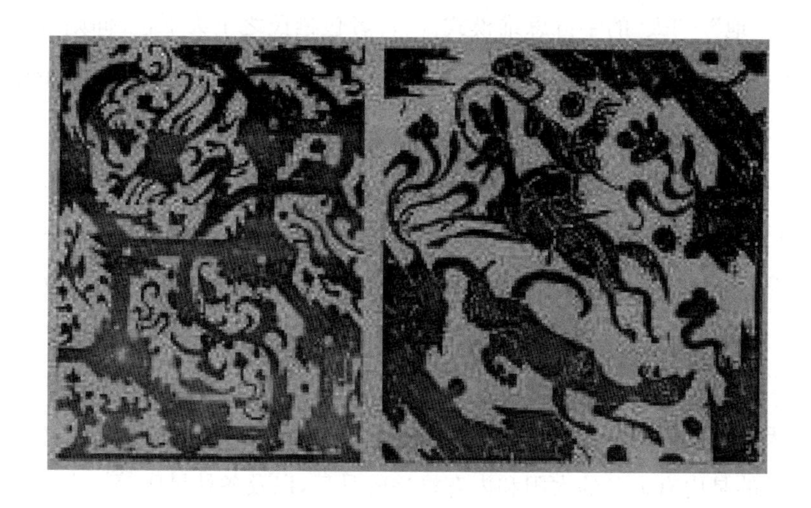

图 1－12　河南新密打虎亭墓云气图

大部分墓室顶部象征着天上世界。顶部的画像几乎毫无例外地刻画诸如各种神灵、天象图等，周围伴随大量的云气图。墓门门楣、门框、门扇的画像内容与驱疫辟邪、严守门户的思想有关。其上经常刻画有辟邪作用的铺首、青龙、白虎等图像。主室画像题材多是和升仙思想有关。前室画像的内容反映了墓主人生前的种种活动。总的来看，天上世界—仙界—日常生活的系统图式，是汉代人所信仰的天人宇宙模式。

## 三、汉画像云气图的审美内涵

### （一）汉画像的艺术表现形式

#### 1. 汉画像天人宇宙的图式

汉画像艺术中的天、地境界是中国传统文化精神的体现。我国传统文化是一种农耕文化，古人对自身所处的天地环境尤为重视，所以逐渐形成了“天”—“地”—“人”的宇宙思维模式。“古者包牺氏之王天下也，仰则观象于天，俯则观法于地，观鸟兽之文，与地之宜，近取诸身，远取诸物，于是始作八卦，以通神明之德，以类万物之情。”[1]通过“天”—“地”—“人”的贯通，实现“立象以尽意”的艺术理想。这种思想的集中表现便是董仲舒“天人感应”学说的出现。在汉画像中，天上世界图像是人间社会组织关系的反映，表达了“天人感应”的哲学思想；神仙世界图像表达的是当时人们升仙的愿望，象征了汉代人对死后世界的美好憧憬；人间世界图像具有浓厚的礼教色彩。

天上世界的图像往往是对天象的再现或对想象中神灵的表现。天象图最常见的是内有金乌的太阳和内有蟾蜍的月亮，以及各种星座等。在中国古

[1] 周振甫：《周易译注》，中华书局，1991 年，第 335 页。

人的宇宙观念中，天上的物象均为神灵。他们认为日、月可以在天空中运行，是由大鸟托载而行的缘故。汉画像中许多日、月神的形象均是人首鸟身，头戴冠，腹部有一圆轮。轮中分别有金乌和蟾蜍。天上世界的图像还多有各种神灵、祥瑞图像。这些图像反映董仲舒天人感应理论的思想。诸神是在天界俯视人间，起到维持社会正常秩序的作用。祥瑞图也有特定的意义：帝王德行纯洽，天地就会阴阳调和。万物有序，天地就会出现符瑞，如凤鸟、龙、神鼎、比目鱼、九尾狐这些都是汉画像中经常出现的表现祥瑞的图像。掌握不死之药的西王母，是汉代人最为崇敬、景仰的对象。东汉时期完成了以西王母为中心的神仙系统。其表现是西王母已经在图像系统中有了突出而固定的位置：西王母旁有三青鸟、三足乌、捣药玉兔、看门的开明兽等相伴。在早期的神话传说中，西王母是一位主刑杀的女神，居住在玉山，形象极为可怕，"戴胜，虎齿，有豹尾，穴处"。但到了汉代，通过画像我们可以看到西王母已经变成庄重大方的美丽形象。以人首蛇身出现的伏羲、女娲形象也是表现仙界的典型图式。汉画像石中的伏羲、女娲图像，或分刻在相对的两块石材上，或一块石面合刻。两条蛇躯尾端，往往紧紧地交缠在一起。伏羲、女娲分执规、矩，"规天""矩地"以定方圆。羽人形象是仙界的主要标志。在汉画像中经常出现羽人持仙草、羽人饲凤的图像。表现现实生活的图像亦是丰富多彩的，有表现农耕、纺织、牧场的生产劳动的；有表现乐舞、宴饮、讲学、庖厨等活动的。表现地下世界的画像内容主要意在驱鬼镇墓以保护死者灵魂不受侵犯，从而保佑死者早日升仙。

### 2. 汉画像天人宇宙图式的表现形式

表现天上世界的图像最常见的是天象图，如日月、星宿等。位于西安交通大学院内西汉壁画墓保存了中国迄今发现最完整的天象图。该墓主室壁画上部代表天空，下部代表大地。上部壁画以仙鹤、云气和日月星辰图为主，还绘有二十八宿星辰及青龙、白虎、朱雀、玄武图像。

在天人宇宙图式中表现仙境与升仙的画像占绝大多数。突出仙境的图式中，云气图是一种比较典型的图像。如洛阳卜千秋墓，其方形的门额砖上，画的是人首鸟身的句芒形象。在古代神话传说中，句芒是掌管人间寿命和祸福的东方之神。天井的脊顶上，绘着人首蛇身的伏羲、女娲，内有踆乌的日轮、蟾蜍的月轮。其中心图像是画在脊顶右侧的墓主夫妇升仙场面。在画面右端的日轮和伏羲左边，女墓主乘立在一只三头神鸟的背上，男墓主乘立在一条巨蛇身上，正在云气间向左飞驰，旁有蟾蜍和九尾狐伴行，前有持巨大仙草的玉兔为先导。男女墓主升仙行列的前方，头上戴胜的西王母在云气中正襟危坐。

表现现实生活的画像也是天人宇宙图式中比较重要的一部分。如内蒙古和林格尔1号汉墓。壁画绘有大面积的车马出行图，按出行的先后顺序，榜题有“举孝廉时”“郎”“西河长史出行”“行上郡属国都尉时”“繁阳令出行”“使持节护乌桓校尉”，描述了墓主生前由繁阳县赴宁城就任乌桓校尉时途经居庸关的情境，并且把生前生活所用的下级官僚、奴仆、住所、粮仓也刻画其上。这是对墓主生前社会生活的逼真再现。另外，历史故事也是人间现实题材的重要部分。以画像石中的历史故事较为典型，尤其以武梁祠及其周围地区的画像石为代表。

在汉画像墓室中，表现驱疫辟邪功能的画像最多见的是神荼、郁垒、方相氏等。卜千秋墓主室厅壁绘方相氏形象，猪首大耳，双目前视。

### 3. 汉画像云气图的表现形式

汉画像云气图的表现形式，与天人宇宙图式相一致，表现了天界、仙界与现实生活的场景。据史料记载：汉代人解释无边无际自然存在的现象就是气，气是天地生成之前的状态，是生成宇宙的虚无状态，万物都由气构成。宇宙的生成都是元气运行的结果。地是由气分化出来的，轻者作为阳的性质上天，重者是阴的成分落地，世界万物无不如此。汉画像云气图表现的内容与这种宇宙生成观相统一，在画像中表现为三种形式。

表现天上及仙界的云气图。汉代人认为：“气”分化出来的清气即是星宿之间填充着的云气及仙人世界中的云气。这类图像一般位于墓室的顶部或墓室四壁的上部。此类画像的例子很多，如山东省孝堂山石祠天井上的织女图。[1] 画面刻日月星辰图像，分为南北两段。南段刻一日轮，日中有金乌。日旁有织女坐于织机上，上有三星相连，应当是织女星座，织女后刻绘六星。日轮外侧有相连的南斗六星及一小星，南斗下有浮云和飞鸟。北段刻一月轮，轮中有玉兔和蟾蜍。此画像在祠堂处于屋顶的正中部位。另有河南南阳麒麟岗墓前室顶部的一幅天象图(图 1－13)，由九块石材组成。中部刻前朱雀后玄武，左青龙右白虎，天帝居中端坐，左刻日神人首蛇躯，胸部日轮内有阳乌；北斗七星相连，斗口斗柄分明。右刻月神亦人首蛇躯，胸前有一满月；南斗六星相连，与北斗遥遥相对，其间饰以云气。南阳西关画像石一幅嫦娥奔月图也比较典型(图 1－14)。左边刻画一内有蟾蜍的月亮。右一女子高髻广袖，人首蛇身，呈升腾状，周围云气缭绕，散布九星。《淮南子·览冥训》载：“譬若羿请不死之药于西王母，姮娥窃以奔月。”月中蟾蜍又名“月精”，是姮娥的化身。山东省安丘汉墓前室封顶石中段的天上诸神画像，刻雷神出行图(图 1－15)。左边，雷神肩有双翼，右向端坐于雷车上，车有翼，车上竖三建鼓，雷神执桴击鼓。车前二羽人拽绳牵引雷车，车下卷云缭绕。左端六神人执锤行走。车前上方一女执鞭，车后五女执鞭，应当是电母。车后有三人顶盆执壶，一人吹气，是雨师和风伯。右边，刻日轮，内有三足乌，日轮周围缠绕飞云，旁边刻五仙人。这幅画像显然是描绘天上的神仙世界，其中大量的云气属于“轻清”的气。

图 1－13　河南南阳麒麟岗天象图

[1] 蒋英炬主编：《中国画像石全集·第 1 卷》，河南美术出版社，2000 年，第 16 页。

图 1－14　河南南阳西关嫦娥奔月图

图 1－15　山东安丘汉墓前室封顶石画像

表现日月的云气图。《淮南子·天文训》说："天地之袭精为阴阳。"《释名·释天》说："阴，荫也，气在内奥荫也。"是说阴就是荫，气藏在其深奥处，还说："阳，扬也，气在外发扬也。"即阳与扬同意，指气在其外散发飞扬。阴阳以气的状态形成四时和万物以及日月。积阳之热气生火，火气之精者为日；积阴之寒气为水，水气之精者为月。从积聚的气中生成火，太阳则是由纯粹的火气形成。积聚了阴冷的气形成了水，纯粹的水气形成了月亮，日和月的状态是由纯粹的火气和冷气形成的。新莽时期洛阳金谷园壁画墓天井的日和月，月亮四周红色的凸字形的东西为形成日月的火气和水气，是日月散发出气体的表现。

表现现实生活的云气图。在《淮南子》对"气"的描述中：由气分离出来重浊的气凝聚为物体成为地。反映到汉画像中即是表现现实生活的云气图。这类画像也比较常见，如在云气中奔跑着的动物，云气可以看作很坚固的地面。山西省离石马茂庄左墓室门侧画像，画面分三格，左右格为蔓草状连线云气纹。中格自上而下有云气纹，拴于树旁喂养的尖角大犍牛，一骑吏执棨戟奔驰导引，一人牵牛车行进，四人在旁随之而行，一虎，两龙缠绕。陕西绥德墓门右立柱画像，画面生动地刻画了人物流云及各种飞禽走兽。左下角拥彗者头戴平顶冠，上身前倾站立。右边一猎手骑马张弓，马蹄腾空，马尾竖起，另一骑手持长矛向前行刺。整幅画面大量云气贯穿其间。

## （二）汉画像云气图的象征意义

### 1. 图像的象征内涵

通过分析汉画像中云气图的几种表现形式，不难发现，汉画像云气图形象地表现了天人宇宙图式并再现了文献资料中“气”的原型。完成这种再现，必须赋予汉画像艺术象征性使命。象征在文化中占有十分重要的地位。德国哲学家卡西尔在《人论》中提出，“人与其说是‘理性的动物’，不如说是‘象征的动物’”。[1] 象征一词源自古希腊语，原指一块木板分成两半，双方各执其一，是相互间的信物。后引申为凡能表现某种抽象概念或思想感情的具体形象或符号。象征最大的用处，就是用具体的事物来替代抽象的概念。象征的定义可以说是“寓理于象”。朱光潜认为，“‘拟人’和‘托物’都属于象征。”[2]艺术是从象征开始的，黑格尔说：“‘象征’无论就它的概念来说，还是就它在历史上出现的次第来说，都是艺术的开始。”[3]它指任何艺术形象都作为中介喻指了特定的抽象意蕴。狭义的象征是指一种具体的艺术把握方式，一种艺术表现方法。它以此物暗指彼物，借助感性形象联想、暗示传达形象自然性质之外的抽象的思想和情感。阿恩海姆曾经说过：“所有的艺术

[1] [德]恩斯特·卡西尔：《人论》，甘阳译，上海译文出版社，1985年，第46页。
[2] 朱光潜：《谈美》，《朱光潜全集》(第二卷)，安徽教育出版社，1998年，第64页。
[3] [德]黑格尔：《美学》(卷二)，朱光潜译，商务印书馆，1979年，第9页。

都是象征的。”[1]他是从人类的眼睛与思想能够认识他自身以及外部世界的角度而言的。如果从艺术发生学上看，不管是“摹仿”还是“表现”，都带有象征的色彩，如狩猎舞、求雨舞，既是模拟，又是象征。装扮成野兽的人故意落进网里，象征着第二天人们能真正打到猎物。谢林认为神话也是一个象征的体系。卡西尔还确信语言与神话都源于人类象征本能的冲动，宗教艺术则更多地利用象征，以象征来表征观念。

象征是用具体事物表现某些抽象的意义，它是不可见的某种物的可见标记，象征也有 representation 之意，即表示图像表征的内涵意义。本文发现和解释汉画像中云气图像的象征意义，目的是通过探究云气图像表征的内涵意义，揭示其审美内涵。“汉画像是由一系列的图像、符号、语言及其象征、隐喻的内容所组成的，其内在的结构可以从两个方面来理解。一是指世界的构造及其形式在人心中的呈现。人的生命存在总依附于自然环境，时间空间是其存在的基本形式，对世界的理解和形象的呈现，就构成人赖以存在的基础，所以汉民族从古到今都注重人在宇宙中的地位，并以此作为安身立命的根本。二是指作为有灵性的生命体，外在世界又必须转化为文化中的知识才能被人所理解和掌握，因此建立在自然之道上的知识体系，是人文创造的另一个世界，它表现为人的语言、符号、图式。世界与心灵相遇，通过人的直觉、符号、意识和无意识达成一种隐喻的象征表现，构成了中国文化的根基与审美的根基。汉画像是汉民族集体无意识的图像呈现，表现为一种宇宙象征主义的图式。”[2]汉画像中许多图像具有特殊的文化意义与审美意义，在宇宙象征主义的视觉图像中，它们各自承担着不同的角色。

汉画像审美的根源是符号性的隐喻象征。汉代画像石墓、祠堂、棺椁的形制及图像均体现宇宙象征主义。汉画像石墓中图像的选择和配置，是严格按照当时人们的宇宙观进行的。汉代人用墓室象征宇宙，主要墓室往往造成上圆下方，以象征宇宙的形态，以穹隆顶来象征天穹。按图像志的方法分析，

---

[1] [美]鲁道夫·阿恩海姆：《艺术与视知觉》，滕守尧、朱疆源译，中国社会科学出版社，1984 年，第 633 页。
[2] 朱存明：《汉画像的象征世界》，第 76 页。

墓室的上方多布置天象的图像和天神的形象。其次，表现墓主升仙愿望和刻画各种祭祀墓主活动的画像也占一定的比例。不同题材内容的画像，按当时的宇宙方位，有规律地配置在墓室内。表示生命力的云气，弥漫在墓室的顶部，有的从地下一直贯通到天际。门柱上分配仙人世界和沟通天地的奇禽异兽，横梁和门额上则配置祭祀墓主的场景，表现日常生活的画像被配置在后室。[1] 祠堂与棺椁的画像也是按照这种规律安排的。墓室、祠堂、棺椁中具体的画像同样承载着象征意义。汉画像中常用“四象图”象征天象，四象即青龙、白虎、朱雀、玄武。我国古代的天文学中有二十八宿之说，它是古人为了比较日、月、五星的运行而划分的二十八个星区，以此作为观测天象的标志。二十八宿又分成四组，每组七宿，分别以东、西、南、北四个方位，青、白、红、黑四种颜色，以及青龙、白虎、朱雀、玄武四种动物形象相匹配，称四象。它们刻于墓室画像中既是方位的象征，也是天界的象征。还有如西王母、伏羲、女娲、羽人等这些传说的诸神，与各种仙禽异兽、云气、星辰图像构成了一幅汉代人心目中的天穹画面。在画像石墓中作为天界象征的图像往往列于墓室券顶及四壁的最高层。河南唐河针织厂汉画像石墓在南北二室顶部均刻有天象图，有日、月、北斗、星宿、四灵、长虹等。墓室四壁中、下层表现天界之下的场面，包括乐舞百戏、狩猎捕鱼等现实生活或表现历史故事的画面。汉代新密打虎亭 1 号壁画墓，石门、藻井等处刻饰有怪兽纹及云纹等。前室四壁刻有侍奉的仆婢等人物画像。南耳室的顶部刻有鸟兽、云气图案。

### 2. 汉画像云气图的象征

本节分别从墓室壁画、帛画、画像石的内容论述云气图的象征意义。

洛阳卜千秋墓是一座典型的西汉后期壁画墓。墓室的后壁、脊顶和门内额上方分别绘有壁画。主室后壁山墙上方由不同形状的五块空心砖组成，画面呈梯形。上层中间绘一人身猪首怪物，两侧绘流云纹。下层两块长条形砖，一绘白虎，一绘青龙。墓顶为平脊斜坡，壁画绘于脊顶二十块砖上，从后

---

[1] 朱存明：《汉画像的象征世界》，第 199 页。

向前依次绘有半蛇半鱼的怪物、日、伏羲、乘凤乘蛇之人、九尾狐、蟾蜍、玉兔、人物、白虎、朱雀、怪兽、青龙、持节羽人、月、女娲、瑞云，中间穿插流云纹。墓门内额上方长方形空心砖上绘一人首鸟身神。

该墓壁画以阴阳五行为架构，展现了引魂升天、吉祥永生以及镇墓辟邪这三大内容。[1] 主室后壁的上层与幕顶部都分别绘了云气图，象征着吉祥永生与引魂升天的场景。主室后壁上的人身猪首怪，对此物的解释虽然还没有明确的答案，但从其所处墓室西山墙上的方位看，学术界普遍把它看作一种辟邪的瑞兽。汉代“云气”也称为“瑞云”“庆云”“卿云”等。瑞云者，祥瑞之云，是祥瑞云类的统称。因此，把瑞兽与瑞云安排在画像中，是祥瑞的象征，用以辟邪。脊顶长卷则展现了生生不息、循环往复的天堂仙界景象以及墓主夫妇之魂飞升其中的壮观场面。云气图是生命力的象征，汉代宇宙观认为：有气则生，无气则死。墓主希望死后灵魂飞升，进入充满活力的仙界，象征生命力的云气图成为此类画像中十分重要的一部分。

图 1－16　马王堆 1 号汉墓“T”形帛画

长沙马王堆 1 号汉墓“T”形帛画主题的中心，应是上部墓主升仙图和下部招魂图（图 1－16），这两个部分表现了人由死至复生的过程。画面上部绘有日、月、星辰和天上诸神的世界，及墓主向往的昆仑山仙界，并伴随大量的云气。下部是表现现实和阴间世界的图像。现实世界中，帛画以双龙穿璧为中心，龙首昂扬于天，龙尾垂揽于地，正是人们赋予龙上天入地神性的形象写照。这里以双龙连接地府与天界部分，大体旨在表明双龙乃引魂由地升天。在地界中，由圆璧向下垂悬的五彩羽纷披左右，仿佛两屏巨大的彩幔将地府与天界分开。戴璧垂羽之类图像绘于此处，意在为阴间

[1] 贺西林：《古墓丹青——汉代墓室壁画的发现与研究》，陕西人民美术出版社，2001 年，第 36 页。

招魂营造一个特殊空间，帛画招魂复魄仪式就是在这看似屋顶的玉磬下举行的。[1] 下部招魂图中的双龙周围，缭绕的云气正缓缓上升。云气图在此幅帛画中的意义很明显，即体现汉代人灵魂不灭的信仰。汉代人相信：生命是循环往复、生生不息的，肉体死去的人其灵魂将在另一个世界里继续生活。《庄子·知北游》曰："生也死之徒，死也生之始，孰知其纪！人之生，气之聚也，聚则为生，散则为死。若死生为徒，吾又何患！故万物一也，是其所美者为神奇，其所恶者为臭腐；臭腐复化为神奇，神奇复化为臭腐。故曰：'通天下一气耳。'"死后灵魂所在的另外一个世界是充满快乐和自由的神仙世界，汉代人把它想象成充满生气的天堂，那里必然有生机勃勃的生命力。有"气"才有生命，云气图成为汉画像中生命力的象征。

本文已经列举了很多汉画像石中云气图的例子，根据现有的资料，本段分析陕西省米脂县官庄东汉画像石墓上的云气画像(图 1 - 17)。该墓由墓道、墓门、甬道、前室，及前室东西两壁的左右耳室、后室组成。画像主要刻于墓门、前室四壁上。其中几乎每块画像石上都刻画大量的云气图，此处主要分析墓门上的画像。横楣石画面左右两端阳刻象征日月的两圆，边饰占整个画面的二分之一，刻有卷云、蔓草连续组合而成的图案。云、草勾连的空隙内，填刻象征吉祥、福禄的羊、鹿，象征不老、羽化升仙的羽人、仙鹤，象征祥瑞又供西王母役使的三青鸟、九尾狐。[2] 左右门柱石分三层。从上至下依次有：东王公、西王母和各种仙草瑞兽及云气纹；执彗门吏，最下刻玄武。左右门扇石内容相同：上刻朱雀，中间是铺首，下是独角兽，其间穿插卷云与仙草。

横楣石位于墓门的最上层。根据汉代人的宇宙观，整个世界可分为天上、仙界、人间、地下世界四部分。汉画像的图像按照这种宇宙观配置在墓室、祠堂、棺椁上。依照这一观点，并结合视觉图像的特征可以推论，横楣石上的图像即是天界的象征。其上刻有的日、月，是表现天象图常用的画像内

[1] 陈锽：《古代帛画》，文物出版社，2005 年，第 146 页。
[2] 朱青生编：《中国汉画研究》(卷二)，广西师范大学出版社，2006 年，第 5—6 页。

图 1-17　陕西米脂县官庄村画像石墓墓门画像

容之一。汉代的人们通常把天想象成诸神统治的神秘的世界，那里有天帝和诸神，有仙草和神树，有各种瑞兽，有生命存在的世界。于是象征生命的云气图必然会出现在那个神秘的世界中。

左右门柱上的西王母与东王公，是汉代典型的象征仙界的图像，是死者最理想的归宿。门扇上位于最上部的朱雀也可以看作凤凰，它是引导墓主升仙的祥瑞神鸟。《说文解字》："凤，神鸟也。……出于东方君子之国，翱翔四海之外，过昆仑，饮砥柱，濯羽弱水，莫宿风穴，见则天下大安宁。"作为引导墓主升仙的神鸟和象征仙界的西王母与东王公周围，在汉代人们的心目中是充满生命力的，自然会有大量的云气伴随。此处值得注意的是铺首与独角兽的周围刻画的是卷草纹。墓门是死者通往仙界的必经之地，其上往往会刻画一些如铺首之类的辟邪物，庇护墓主顺利升仙。这些辟邪物是墓主阴间的保护神，象征阴间世界。这里的世界是人们所畏惧的，远远没有像天界与仙界一样，处处生机勃勃，因此象征生命的云气图很少在这类画像中出现。

### 3. 汉画像云气图的象征意义

汉画像中云气图的普遍存在无疑与汉代元气论哲学观和灵魂不朽观念

有必然的联系。从汉代人的祥瑞观来看，云气图可以看作天降祥瑞的象征。所以通过分析汉代壁画、帛画、画像石中的云气图的配置，得出结论：云气图更多地贯穿于象征仙界与天界的图像中，充分地证明了画像中经常出现的云气图，是受到汉代元气论哲学观与灵魂不朽观念的影响，是生命的象征。汉代的元气论哲学认为，宇宙的生成是“阴”“阳”二气交感的结果。气可分为阴阳二气，《老子》：“万物负阴而抱阳，冲气以为和。”汉画像石墓室是死者灵魂继续生存的空间。在这个空间里，人们为死者准备了与现实世界相同甚至超越现实世界的一切。除此之外，为了体现这一宇宙空间与现实生活一样处处充满生命力，有大量云气图从上至下布满整幅画像，象征弥漫于宇宙间的真气。

汉画像云气图也表现了天界与仙界超旷空灵的意境，这种意境美在于体现了一种永恒的生命力，一种深入万物本原的宇宙境界。汉画像艺术的生命精神就体现在的充满生命的“云气图”之中。因为有“气”，所以艺术作品有生命。这是“气”能进入审美领域的关键之处。汉画像“云气图”的生命性特征与中国传统美学中的生命精神在“气韵生动”的命题中达到了最高境界的会通。它已不仅仅表现为一种装饰图像，而更是一种对生的体验。生命精神一直也是中国传统美学的主旨。在古代哲人眼中，生是万物的基本存在形式，一切活动都与生有关，人的活动与自然界的流动变化之间有生命精神在其中沟通，使得古人强调美的生命体验高于一切。汉画像云气图的象征意义蕴涵了这一美的生命体验。

## （三）汉画像云气图的审美内涵

### 1. 汉画像云气图的意象观

汉画像云气图形式虽然多样，但其象征意义及表达的内涵却极为一致，都赋予死气沉沉的丧葬艺术一种生机勃勃的生命力。两千多年前的汉画像艺术，可以说仍然处于艺术的不自觉状态中。它是附属于丧葬制度的，其内容题材及画像的配置具有因循性和传承性。汉画像艺术绝大多数不是自由创作的，而是严格按照当时宇宙观及占统治地位的道家及儒家思想创造的。因此，这种丧葬艺术的功利性大于审美性。但汉画像艺术所表现出的神秘的、浪漫的艺术特色，又不是它的功利性特色所及的。神秘与浪漫的艺术特色无疑增加了汉画像艺术的审美性。一些怪异的图像和抽象图案表现出的神秘色彩形成了所谓的艺术幻象。苏珊·朗格曾经说过："当某物呈现出来纯粹诉诸人的视觉即作为纯粹的视觉形式而与实物没有实际的或局部的关联时，它就变成了意象。如果我们完全看做直观物，我们就从它的物质存在抽取了它的表象。以这种方式所观察到的东西，也即成了纯粹的直观物——一种形式，即一种意象。"[1]苏珊·朗格的意思是，意象就是一种现实事物离开了现实背景的纯粹直观物，是一种纯粹的形式，它抽取了实际物质形式的表象。汉画像艺术中一些符号就突显了朗格所谓的意象。汉画像中云气图便属于这种意象典型，云气纹是汉代乃至先秦时期普遍流行的一种装饰纹样，在青铜器、家具、服装等物体的图案中，都可以找到它的影子。然而，同样的云气图伴随大量的神秘怪异的图像出现在汉代的丧葬艺术中，通过具象的艺术形式，传达了汉画像的一种生命精神。汉画像中表现的中国传统艺术的生命精神是通过"云气"图体现的。虽然汉画像中的云气图仍然是指一种直接呈现为物态的气体，但它却已经是隐态之气的一种雏形了。这种艺术的隐态之气是艺术生命力的象征。

"气"与宇宙间万物的生命力有关，"气"指生命之气势、生气、力度、节奏。中国古代元气论认为：人身之气与自然之气有着同源性，都是自然元气的一种表现，只是由于人与物所禀的元气的精粗不同，人与物便有了区别；人禀自然精华之气，故为万物之灵，可以代天地立德、立功、立言，而不同的人所禀之气不同，人也就有了先天气质之差别。[2] 孔子曰："君子有三戒：少之时，血气未定，戒之在色；及其壮也，血气方刚，戒之在斗；及其老也，血气既衰，戒之在得。"[3]说明中国古代对人身之气的认识是高度重视的。这种气的解释也

[1] [美]苏珊·朗格：《情感与形式》，刘大基等译，中国社会科学出版社，1986年，第57页。
[2] 蒲震元：《中国艺术意境论》，北京大学出版社，1999年，第123页。
[3] 郑汝谐：《论语意原》，中华书局，1985年，第85页。

可以说是一种精神。与世界其他民族一样，在早期中国思想和信仰中，灵魂是作为人的一种精神存在，《礼记·祭义》："宰我曰：'吾闻鬼神之名，不知其所谓。'子曰：'气也者，神之盛也。魄也者，鬼之盛也。合鬼与神，教之至也。'"《论衡·论死》："人死精神升天，骸骨归土，故谓之鬼。鬼者，归也。神者，荒忽无形者也。或说，鬼神，阴阳之名也。阴气逆物而归，故谓之鬼；阳气导物而生，故谓之神。神者，申也，申复无已，终而复始。人用神气生，其死复归神气。阴阳称鬼神，人死亦称鬼神。气之生人犹水之为冰也。"这种精神要素通常也被看成是"气"。生命性是"气"的功能进入审美领域的前提条件，也是审美境界能以生命之气为主旨的根由。有"气"才能有生命，才能有生气贯通。汉画像的云气图是汉代人崇尚生命的表现。

### 2. 汉画像云气图的文化内涵

在内容与题材上，汉画像艺术反映了当时浓厚礼教色彩和人们强烈的升仙愿望。可以说汉代"天界—仙界—人间"的图像系统把汉代儒家的礼教色彩和汉代道家的生命精神和谐地统一起来。如果说儒家文化重"礼"，那么道家文化更重"气"。反映儒家思想的画像大多数是对历史故事的描述。历史故事是人间现实题材的重要部分。在历史人物、故事传说中，往往寄寓了制造者一定的思想观念，蕴含了独特的礼教意义。神仙观念的盛行与东汉中期道教的形成基本上是同步的。汉画像云气图的普遍存在，与汉代的神仙观念有直接的联系。当超自然的一切被赋予人格化的解释时，神灵仙怪便腾云驾雾、遨游天宇；当人们设想神灵的非凡能力时，变幻莫测的行云为人们提供了直观而浪漫的想象依据。

云气图所具有的审美性，在于它的视觉形态特征体现了中国传统审美感觉或审美心理的普遍倾向；适应了中国传统审美观注重事物动态特征、流动美的审美习惯。人们把对自然之气的现实体验，对美丽仙境的浪漫理想，对升仙不老的热切渴望，化作抽象的云气图。作为气论哲学在美学思想上的体现，"生动"是中华民族始终追求的审美思想。纵观云气图演绎和发展的历史行迹，追求"生动"的审美意向十分显著。中国传统艺术强调的生命动势，不仅强调静态画面显示出动态，再现生机勃勃的自然形态，同时，还深入到生命的根源处，去发掘宇宙的奥秘和生命的底蕴。中国画的生命精神集中体现在对云烟的偏爱上。云烟缥缈、腾迁、似近若远、似有若无，将人带入特有的境界中。天地生命运转在气，气之化而为云烟雾霭，得云烟则得四时之真气。而且云烟雾霭使静止的物运动起来，有了云烟就有了活力。

### 3. 汉画像云气图的审美内涵

中国传统审美观认为，“神”或“气”是事物的生命本体所在，美的本质在事物的精神气韵，无精神和气韵便无生命。《淮南子·说山训》记载：“画西施之面，美而不可说；规孟贲之目，大而不可畏；君形者亡焉。”高诱注：“生气者，人形之君，规画人形，无有生气，故曰‘君形亡’。”汉代画像艺术中气的审美，是一种由有形悟入无形的表现。汉画像中的云气图极具时代感，给死气沉沉的丧葬艺术加强力量感、运动感。其特有的一种气势，亦以多样的形式，加上其格局往往铺天盖地、流溢满幅。云气纹有一种遒劲的力量和狂放的气势回旋激荡其间。其形其态亦此亦彼，另有种种羽人仙怪、飞禽走兽穿插其间，更呈迷离幻象。表现于汉代云气纹统摄全局的流动感和生机勃勃的雄浑气息。汉画像中的云气图通过丰富多样的形式表现了中国传统艺术精神。升仙内容的画像是各种形式中最多见的。如陕西绥德一幅流云狩猎画像（图1-18），将异兽、狩兽者等变形夸张，与流动的云气图相协调，像流云一样在天空飞快地流动，看起来充满速度和力量。江苏徐州市铜山洪楼村1号汉画像石墓中出土的一组祠堂画像石（图1-19），同样是一幅展现浪漫迷离的升仙画像。其中祠堂中部天井石上右侧面画像刻画这样一组场面：画面正中央是东王公，其左侧侍立着一位有翼仙人，右侧上方一条双角巨龙用嘴撑着一把曲柄华盖，巨龙下方刻一正在舞蹈的蟾蜍。东王公左边的画面，刻大量云气图，其间隐现着几位仙人。东王公的右边刻画三只神鹿牵拉的云车，车上坐一人。整幅图像处于亦动亦静的状态中，流动的云气图贯穿其中，使画面更为灵动，充满生气。

图 1－18　陕西绥德　狩猎流云纹

图 1－19　徐州铜山洪楼村出土祠堂隔梁右侧画像

汉画像中的云气图通过生动、形象的画面，展现出汉代艺术特有的力量、运动和速度；形成了汉代艺术的特殊气势和风格；表现了一种整体灵动、浪漫进取的时代精神。在确立我们民族以及民族精神的历史时期——汉代，生发出的这种“气”的审美取向，形成了一种“超以象外，得其环中”的审美特点。我们可以说，古代哲学的气论概念始终在云气图像中有所作用，尽管从对自然物中云气的描绘，到理解万物皆有气机，再到描绘事物时都开始表达“气韵生动”的意思有一个渐进的过程。汉画像艺术是这种转变过程中不可缺少的一个环节。它已经具有中国传统艺术讲究“气韵”“传神”的雏形。汉代的《淮南子》已从元气自然论的立场谈到了这一问题。这是在艺术学意义上的一个不小的进步，为云气图逐渐向抽象的精神形态或哲学思想层面的升华和发展奠定了深厚的实践基础。

## 四、汉画像云气图与中国气论美学观

### (一) 汉画像表现的中国气论美学观

#### 1. 中国传统哲学气的内涵

气字早在殷商时期就已出现，甲骨文写作三(《殷墟书契前编》《殷墟文字甲编》)，西周金文写作三(《大丰簋》)，东周金文写作三(《洹子孟姜壶》《齐侯壶》)。[1]《说文解字》说："气，云气也，象形。""云，山川气也，从雨云，象云回转形。"意思是说，气是象形字，其形象如云。云气的形态较轻微，并像流水一样流动，形象层层叠叠。所以气字以笔画弯曲象征其流动的形态，而以三画象征其多层重叠，三是表示多的意思。《说文》中把"气"字的意义解释为云气，而"云"字的意义，则解作"山川气也"。[2] 则山川初出者为气，升于天者为云；合观之，则气乃云之散蔓，云乃气之浓敛……其形叠三为文者，气之上出，层累而升，因从积画以象之。天地间这种升降聚散的氤氲之气，便是云气。云气是气的原始意义。而后把对气的理解逐步扩展为自然界各种氤氲之气，包括烟气、水气、风气等。"物经火烧而化为烟，水气升空而化为雨，雨水滋润养育万物，这种循环变化使人逐步认识到，似乎气是构成万物共同的本始物质。"[3]

我国现存史籍最早的气论见于《国语・周语》中的记载："夫天地之气，不失其序；若过其序，民乱之也。阳伏而不能出，阴迫而不能蒸，于是有地震。"这一思想，确认了气充斥天地之间，有阴阳之分，阴阳之气相互作用而充满秩序，对中国传统哲学气论的基本内涵影响深远。《老子》四十二章："道生一，

[1] 张立文主编：《气》，中国人民大学出版社，1990 年，第 19 页。
[2] [日]小野泽精一主编：《气的思想》，李庆译，上海人民出版社，1999 年，第 17 页。
[3] 张立文主编：《气》，第 19—21 页。

一生二，二生三，三生万物。万物负阴而抱阳，冲气以为和。”论述已确立了阴阳二气对立统一规律是存在于万物中的普遍规律。《庄子·则阳》：“是故天地者，形之大者也；阴阳者，气之大者也；道者为之公。”老庄的气论思想更为深刻地为中国气论哲学创造了理论基础。他们把“道”确立为哲学的最高范畴，道为宇宙万物的本原，道—气—万物—气—道是其循环运动规律。气与道在哲学上都成为宇宙本原的哲学范畴，气成为道的实质载体，气的运动规律正是道的充分体现。

《左传·昭公元年》：“六气曰阴、阳、风、雨、晦、明也。分为四时，序为五节。”这时的气已经演化为另一种含义，即构成天地自然的原始物质。《管子·内业》：“精也者，气之精者也。气道乃生，生乃思，思乃知，知乃止矣。”这里已经把气认为是构成人的精神的特殊物质了。《心术》篇云：“一气能变曰精。”先秦这种由天、地之气演变成阴阳离合转化中创生万物的哲学范畴之“气”，具有贯穿于天、地、人、万物、万象的特点，是一种极富生命活力、具有天人合一的生命内涵的哲学范畴。至汉代，气的范畴与中国古代日渐成熟的大宇宙生命理论体系结合得更为紧密。

《淮南子》一书提出了我国哲学史上第一个理论形态较为明晰的宇宙论体系，“虚廓生宇宙，宇宙生气，气有涯垠。清阳者薄靡而为天，重浊者凝滞而为地。清妙之合专易，重浊之凝竭难，故天先成而地后定。天地之袭精为阴阳，阴阳之专精为四时，四时之散精为万物”。董仲舒则将气作“天人感应”的中介，建立了一套服务于以君权神授为核心的宇宙生成模式。王充《论衡》进一步完整地论述了元气的一元论，提出“天地，含气之自然也”，“天地合气，物偶自生矣”。并将元气分为精粗之气、天地之气、五行之气、五常之气及各种性质、各种事物之气。在此已对元气进行分类，使其广泛展开，并进一步确认可以化生万物又可以由万物归一的元气，是天、地、人、万物乃至人类精神现象的本原。这一哲学观的产生及其发展对中国传统审美观产生了巨大影响。

### 2. 汉画像云气图与中国传统审美观

汉画像艺术的形式是具象的，具体可感的物象本身渗透着丰富的观念内容和审美内涵。汉画像在整体上是统一在沉雄、饱满、蓬勃的气象中；是朝气蓬勃、开拓进取的大汉时代精神在造型艺术中的自然流露。汉画像云气图把这种艺术形式的张力和物象的生命活力夸张到了极致，在整体上则呈现出一种雄浑博大的盛世气象和自由奔驰的浪漫气质，它具有汉画像艺术审美上的"范型"特点。作为美的形式，它具有飘逸飞扬、空灵洒脱的气质，其回转流动、可聚可散和循环往复的运动特性，总是表现出旺盛的生命力。作为审美意义上的云气图是自然之云的一种升华，是将观念的和有着现实意义的云气化作一种民族的审美理想，展现着生生不息的生命运动之美。

生命性是"气"的功能进入审美领域的前提条件，也是审美境界能以生命之气为主旨的根由，它们之间因为有生命而幻化为一。在中国古人的审美体验中，他们能将自己的生命自然化，将"气"的样态赋予自然万物以生命意识。在对自身的生存体验中，又将生命本质内化于各种活动之中，将生命的感性形式用美的方式呈现出来。感性的中国古人以生生不息作为宇宙的动力和源泉。而"气"的生命特征也是生而有之，这是"气"能进入审美领域的关键之处。

中国传统审美理论，"气"被看作是一种宇宙间万物各不相同又相互联系的生机活力与生命内涵的审美。它从精神领域拓展和丰富了中国哲学中"气"范畴的内涵。虽然艺术学上的气与哲学上的气一样，都可以指宇宙生命的本体、原质，但艺术学上的气概念具有深层性与内在性，表现于艺术作品中，则可以转化为作品的生命力、感染力、艺术风格。关于气的论述散见于各种美学和艺术学的审美论述中。最早将气论引入文学领域的是视文章为"经国之大业，不朽之盛事"的曹丕，他在《典论・论文》中提到："文以气为主，气之清浊有体，不可力强而致。"故作家在文章中体现的气质存在明显差异。刘勰《文心雕龙》进一步研究自然之气、人身之气、作品之气的关系，重点探讨了人身之气对审美创造的作用。刘勰提出了"清和其心，调畅其气""理融而情畅""神疲而气衰""神居胸臆而志气统其关键""情之含风犹形之包气""气以实志，志以定言"等论述，奠定了传统的关于"气"的审美理论的基础。而后钟嵘的《诗品》、谢赫的《画品》、王僧虔的《笔意赞》、庾肩吾的《书品》提出了滋味、气韵、神采的审美思想，将气的审美推向诗歌、绘画、书法领域，以致“气”成为艺术创作的本源。一个人的观念、感情、想象力必须通过他的“气”而始终表现于其作品之上。由哲学上气的范畴转向了美学与艺术学的审美范畴。

## （二）汉代气论美学观与汉画像

### 1. 汉代元气论的产生

汉代的共同信念是依据“气”来界定生死。“气”作为生死的决定因素这一观念，其起源早于汉代。先秦时期气范畴的形成和初步发展，为中国哲学气范畴的发展奠定了基础。先秦是中国哲学史上“气”范畴的产生和形成期，气范畴的基本含义得到了初步规定。气由一般概念被抽象为构成自然、人类及其思想精神的共同物质元素。蕴含着哲学意义，开始成为哲学范畴。中国哲学气范畴在汉代获得了新的发展，并且带有明显的时代特点，提出了“元气”概念，认为“元气”就是“气之始”，开辟了以气为万物本原的思维路向。代表这个时候“气”发展水平的是后来王充加以概括和总结的元气自然论。他认为天之所以自然无为，是因为元气自然无为，从而反对天是有为，有意志的，其实际意义是反对以有为干扰人民的休养生息。

中国政治运行机制，从诸侯并立到统一集权，从多元政治到一元政治转化。思想意识领域从百家争鸣向一家独尊转化，从多元意识向思想一元转变。在这个转化中，思想的选择服从于集权的取舍。秦始皇取用法家思想意识形态，在秦国实行变法改革，获得了富国强兵的效果，战胜六国统一了中国，建立了中央集权的君主专制制度。他用取天下所用的法家的严刑峻法治理国家，焚书坑儒，致使秦迅速覆亡。可以说以非规则向规则性转化有着内在规律性，人为的强制会适得其反。汉代很多有识之士在寻求、探索这个规律性，这就是不能以打天下之法来治天下。在长期的战争之后，人民要求休养生息，顺其自然。汉初60余年的黄老无为之治，为封建帝国的振兴奠定了基础。在政治经济强盛以后，汉武帝为了长治久安，而采取了董仲舒罢黜百家、独尊儒术的建议，思想的规则性被纳入了一尊化的框架。各家各派论

“气”都重阴阳之气的“中和”，以寻求统一国家长治久安的哲学根据。

### 2. 汉代元气论与汉画像

汉代元气论认为：元气就是“气之始”。气之所以能化生万物，是因为气内部包含着对立统一的阴阳两个方面。阴阳二气氤氲运动，对立交感，万物就在这个过程中产生。“古未有天地之时，惟象无形，窈窈冥冥，芒芠漠闵，澒濛鸿洞，莫知其门，有二神混生，经天营地，孔乎莫知其所终极，滔乎莫知其所止息。于是乃别为阴阳，离为八极，刚柔相成，万物乃形。”[1]气的阴阳交感是天地万物和人类发展变化的原因，也是事物变化的总规律。阴阳之气运动变化的根本趋向与最佳状态是“和”。“阴阳者，承天地之和，形万殊之体，含气化物，以成埒类，赢缩卷舒，沦于不测，终始虚满，转于无原。”[2]阴阳的气的变化，按照“和”的法则而伸缩卷舒，虚满盛衰。

《淮南子》以气及其阴阳调和的规律，把天、地、人与社会联成一个整体，并以此作为自然、社会和人类正常存在、运动和发展的共同基础和普遍规律。董仲舒进一步丰富了汉代的气论哲学，从天人感应的基本观念出发，综合了殷周以来的天命思想，阴阳五行思想，孔孟儒家思想以及秦汉的谶纬之学，形成了以阴阳中和之气为基本内容的气论思想。在董仲舒看来，元气分阴阳之气，四时之气。阴阳之气、天地之气、四时之气不仅在天，也在人和社会。阴阳之气的运动变化是天的感情意志的表现，天通过天地阴阳四时之气的变化来表达自己的喜怒哀乐和生杀予夺。“天地之气，合而为一，分为阴阳，判为四时，列为五行。”[3]“春气爱，秋气严，夏气乐，冬气哀。爱气以生物，严气以成功，乐气以养生，哀气以丧终，天之志也。是故春气暖者，天之所以爱而生之；秋气清者，天之所以严而成之；夏气温者，天之所以乐而养之；冬气寒者，天之所以哀而藏之。”[4]“凡养生者，莫精于气，是故春袭葛，夏居密阴，

---

[1] 何宁：《淮南子集释》(下)，中华书局，1998年，第503页。
[2] 何宁：《淮南子集释》(中)，第503页。
[3] [日]小野泽精一主编：《气的思想》，李庆译，第162页。
[4] 张立文主编：《气》，第59页。

秋避杀风，冬避重漯，就其和也。”[1]人在自己的思想行动中，必须遵循中和的法则，才能与天地赞育万物；在修身养性中，做到中和，便可以成为圣人君子；在治理国家中，做到中和，便可以实现长治久安。董仲舒的气论，是在天人感应的理论基础上展开的，具有浓厚的谶纬色彩。

东汉时期，元气思想逐步传播，扬雄、张衡和王符都以元气论气，尤其是王充的元气论。王充以为“元气”自然存在，元气产生天地万物以及人的道德精神，决定人的心性和命运，是宇宙万物的本原。“元气，天地之精微也。”[2]元气是天地万物的本原，也是智慧生灵的本原。元气按其不同的特性，具体表现为精气、天地之气、阴阳之气、五行之气、五常之气等。它们相应地产生各种不同的物类。如果说，董仲舒等人只是简括地将“元气”规定为本始之气，那么，王充的“元气”则从自然、社会和人的精神现象的唯一本原广泛展开。这样，王充更确立了元气本原论，气成为王充哲学逻辑结构的最高范畴。王充是中国哲学史上第一位以气为最高范畴来构建哲学思想体系的哲学家。他把中国哲学对气的认识推到了新的阶段，对气范畴的发展具有深远的影响。

汉代元气论的观点认为：“气”弥漫宇宙、充塞天地、无处不在，“通天下一气耳”。这种“气”的弥漫性、兼容性的生命特征反映到汉画像中，通过各种形式的云气图来表现。河南南阳麒麟岗汉代画像石墓的前室墓顶的巨幅天文画像，反映了汉代的元气论及阴阳五行的观念。画像中部是四神形象，上朱雀、下玄武，左白虎、右青龙。在四神的中央端坐一人，应是中央天神黄帝。青龙的右边刻画伏羲，白虎的左边刻画的是女娲。画像的最右边是由线相连为斗形的北斗七星；画像最左边刻南斗六星。整幅画像布满云气图。《淮南子·天文训》中称“五星”，即“东方，木也，其帝太皞，……其兽苍龙，……南方，火也，其帝炎帝……其兽朱鸟……中央，土也，其帝黄帝……其兽黄龙……西方，金也，其帝少昊……其兽白虎……北方，水也，其帝颛顼……其

[1] 张立文主编：《气》，第63页。
[2] 张立文主编：《气》，第77页。

兽玄武”。这一部分与象征阴阳的伏羲、女娲构成了“阴阳五行”思想的表达图式。弥漫的云气用来突出充满生命力的天上世界。云气图与天上诸神世界反映了董仲舒的天人感应理论。表现天上世界的画像除了有天象、天神、各种神仙瑞兽,云气图是一个不变的主题。

## (三)汉画像云气图与气韵论

### 1. 艺术创作中气的内涵

汉代的“元气论”把“气”作为宇宙生命原质。这种思想渗透到艺术领域从而形成“气”是艺术创作本原的观念。在艺术作品中,气常指宇宙万物内在的生机活力与深层生命内涵,具有内化特征。中国传统的气的审美,往往是一种在宇宙万物的生机活力与深层生命内涵的独特体悟中,实现对事物生命整体把握与深层体验。王充《论衡》将“气”看成生命之本原,与人的精神品质密切相关,提出系统的元气自然论。在汉代人论“气”的基础上,曹丕将其引入到文学理论领域,《典论·论文》中说:“文以气为主,气之清浊有体,不可力强而致。”认为“徐干时有齐气……应玚和而不壮,刘桢壮而不密,孔融体气高妙”。到刘勰、钟嵘的文学批评中,就既从“气”的物质属性言人的禀气而作,又从“气”的精神特点论作家的文气所说。如《文心雕龙·物色》的“写气图貌,既随物以宛转”。钟嵘《诗品》的“气之动物,物之感人,故摇荡性情,形诸舞咏”。又如《文心雕龙·神思》的“方其搦翰,气倍辞前”,《明诗》的“慷慨以任气”,《风骨》的“缀虑裁篇,务盈守气”等。谢赫受二人的影响将“气”的概念从文学批评引入绘画批评领域,以气论人物画,就兼顾物质与精神。

“气”能够进入审美领域主要在于“气”自身具有的特性与中国传统艺术讲究生命精神是不谋而合的。天地万物一气而生,一气相联。正如同哲学领域一样,中国艺术家也将天、地、自然看作彼此相联的气的世界,这一世界乃是艺术家取之不尽,用之不竭的生命源泉。

### 2. 气韵生动的含义

“气”的生命性特征与古典美学中的无限生命精神在“气韵生动”的命题中达到了最高境界的会通。它们表现为一种人生体验，即对生的体验，因为有“气”，所以艺术作品有生命。叶朗说：“‘气韵’的‘气’……应该理解为画面的元气。这种画面的元气来自宇宙的元气和艺术家本身的元气，是宇宙元气和艺术家本身的元气化合的产物。这种画面的元气是艺术的生命。”[1]“气韵”的根本在于“气”。“气”既是物质的，又是精神的，除了生命力之外，它的含义也包括通常所谓艺术创造力和艺术生命。“气”是艺术创造和审美实践的本原。李泽厚先生认为：“气势与古拙”为汉代艺术的基本美学风貌。以“气”为主的汉代艺术为“气韵”的形成打下了基础，因为“气韵”正是以“气”为根本。“‘气’不仅构成世界万物的本体和生命，不仅构成艺术家的生命力和创造力的整体，而且也构成艺术作品的生命。绘画‘六法’中的‘气韵生动’的命题，就表明‘气’的这种含义。”[2]谢赫《古画品录》在绘画六法中，首重“气韵生动”。奠定了中国传统绘画的理论基石。谢赫“六法论”中的“气韵生动”的“气韵”一词实际上是由“气”的概念分解而出的。“韵”是由“气”决定的，准确把握“气韵生动”的内涵，先从气的角度来进行分析。气论应用于艺术，最早当数形成于先秦时代的《乐记·乐礼》，其曰：“地气上齐，天气下降，阴阳相摩，天地相荡，鼓之以雷霆，奋之以风雨，动之以四时，暖之以日月，而百化兴焉。如此，则乐者天地之和也。”《乐记》是一部充满气论思想的音乐著作，它认为是天地之气的交合而产生了音乐。“气”之所以成为中国艺术理论中的一个重要范畴，同中国哲学把整个宇宙自然生命和谐发展看作是气的运动变化有关。用“气”来说明万物的产生是中国哲学中一个占据主导地位的基本观念。[3]

气为生命力的基础，气与韵相关联，有气才能谈得上韵，韵是在体现生机的元气中显现的。古人作诗很早就十分注重押韵的问题，如《诗经》之“关关

---

[1] 叶朗：《中国美学史大纲》，第220页。
[2] 叶朗：《中国美学史大纲》，第219页。
[3] 刘纲纪：《艺术哲学》，湖北人民出版社，1986年，第692页。

雎鸠，在河之洲。窈窕淑女，君子好逑”。到魏晋时，人们已经开始深入研究声韵，出现了《声类》《韵集》这样两部中国古代最早的韵书。魏晋名士崇尚玄学清议，言辞举动亦追求所谓“韵度”。刘宋时代《世说新语》的人物品藻中就有许多韵的提法，如“风韵遒迈”“雅正之韵”“风韵疏诞”“风气韵度”“思韵”“高韵”等。曹植《白鹤赋》的“聆雅琴之清韵”。可知韵的早期字义是针对音乐而言的。《广雅》曰：“韵，和也。”即和谐的意思，用于音乐指声音前后和所形成的和谐的韵调、韵味；用于人物品藻则指一个人内在精神与外在言行高度协调而形成的韵度、风范。《古画品录》的评语中多处提到韵，如：“神韵气力，不逮前贤”，“体韵遒举，风采飘然”，“力遒韵雅，超迈绝伦”，“情韵连绵，风趣巧拔”。这些评判似与《世说新语》中之人物品藻没有太明显的区别，可见，谢赫将对人物的品藻用语较为直接地应用到了绘画品鉴中，韵由此从诗词歌赋发展到人伦鉴识、绘画品评。一件艺术品只有气中有韵，有气韵，才能生动，才能体现艺术的生命精神。

再结合“生动”二字帮助更好地理解“气韵”。《说文》云：“生，进也，象草木生出土上。”可知生的本意为草木上长，后引申为生命力的生发与运动。“生生不穷，深远难尽”是艺术家对“生”的注解，而此语正是宇宙间阴阳两气对立交合运动、万物层出不穷的生成发展状态的描述。“动而不板，活泼迎人”其意则指生命运动给人的感受，“动”可释为灵动、感动。作为气论哲学在美学思想上的体现，“生动”是中华民族始终追求的审美理想。纵观云气图演绎和发展的历史形迹，追求“生动”的审美意向显著而执着。它的形态上对流动飘逸的曲线和回转交错的结构的一贯保持，与气论哲学的文化观念内涵是和谐一致的。因此，可以看出，“气韵生动”的内涵与汉代气论美学观是一脉相承的。以气为中心扩展为神、韵、势、动等的审美，无疑成为对宇宙间万物、万象、万态的深层生命内涵的理解，是对汉代乃至先秦气论哲学的一种回复。从云气图简洁、朴实、自然，将充满张力的追求化作审美创造的装饰特点，可以看出魏晋人开始从“气”“韵”“形”“神”的角度研读作品的内涵。表现在形象上，从重视形似发展到重视神似，从追求外貌的酷肖对象到追求内在的审美特征。

## 五、结语

汉画像艺术表现了一种恢宏博大的气派、浪漫热烈的情怀与广阔无垠的宇宙意识，它是汉代的气、阴阳、五行、万物互感互动的宇宙图式的体现。汉画像艺术产生在民族气质和生命本体强悍的时代。中国古代以天、地、人为本体的生命美学灌注进汉画像的图式中。云气图体现的文化内涵，是天、地、人宇宙生命律动的核心。云气图为汉画像艺术增添了蓬勃旺盛的生命气息。"气"是生命的本原和基础，汉代人认为万物都是"气"所生。作为丧葬艺术的汉画像，其图像内容大部分反映了汉代人对生的向往，特别是反映天界与仙界的画像内容，无不体现人们对死后再生的愿望。这部分画像内容中，云气图几乎成为不可缺少的图像。由此可以得出结论：云气图是汉代气论哲学观在汉画像中的具象表现。有生命的地方自然有"气"，生命的存在、发展、运动的根基就是"气"。同时，它也是汉画像艺术生命力的体现。汉画像中云气图所表现的生命力与中国传统绘画艺术讲究"气韵"的审美观是一致的。中国艺术极为重视气势、生命、力量。汉画像云气图通过生动、形象的画面，集中展现了汉代艺术所特有的力量、运动和速度，形成了特殊气势和生命精神。

中国传统艺术讲究"气韵""精神""意境"。汉代之前这种审美观可以说大部分是通过具象的图像不自觉地表现出来。绘画仍处于不自觉的状态中，多是为了表述某个故事，传达某种信息，达到"成教化，助人伦"的目的。即使如此，中国传统的审美观仍可以隐约地体现出来，如商周的青铜器，虽然是一种用来达到通天目的的礼器，但上面的神秘而诡怪的图案传达着一种浪漫而写意的色彩。这种艺术色彩不是当时的制造者刻意追求的结果，而是受中国古代哲学观影响的一种审美导向。自汉代以后，中国艺术的审美由具象的审美导向偏向事物深层的生命内涵。汉代正处于这种艺术审美观念的转折阶段。汉画像艺术既具有艺术功利性的特点，又不自觉地蕴涵着一种浪漫主义色彩。云气图成为展现汉画像艺术浪漫主义色彩、传达"气"的审美内涵的典型图式。

第二章

# 汉画像中的“日、月”图像

张爱美

“日、月”图像是汉画像表现较多的题材之一，本文从汉画像“日、月”图像的表现形式入手，分为四个类型进行描述，总结出不同地域“日、月”图像的风格特征。文章还试图从图像本身入手去探讨汉画像“日、月”图像的起源以及在汉代的新发展，以求更好地理解“日、月”图像的历史传承性和文化内涵。

汉画像中的“日、月”图像是汉代人对死后世界的一种有目的的理想建构。首先，“日、月”图像使坟墓成为一个小宇宙并赋予死后世界以秩序和意义。其次，日、月因自身周而复始的不死特性，具有引导和佑护死者遁入无限宇宙循环使其获得永生的功能。太阳和月亮还具有丰产、死亡、再生的含义，被人们认为是生殖能力的象征，汉画像中的“日、月”图像因而也具有生殖崇拜和祖先崇拜的功用。在汉代阴阳哲学思想影响下，汉画像中的“日、月”还被附会成阴、阳力量的代表，具有“阴阳交合、化育万物”的能力，是汉代人“生生不息”的生命意识的外露和体现。

## 一、汉画像“日、月”图像的类型与地域特征

### （一）汉画像“日、月”图像的类型

汉画像中的“日、月”图像表现形式多样、形态各异，有的以单纯的日轮月轮图像显现，有的以和动物或神仙结合的形式出现。根据其构图内容和组合形式，本文将“日、月”图像的表现形式分为以下四种：一、日轮、月轮；二、日与三足乌，月中蟾蜍、玉兔；三、伏羲日轮、女娲月轮；四、羽人日月。以上分类在具体的图像中也有很大的重合性，并不具有严格的界限。

#### 1. 日轮、月轮

单纯用圆轮象征日月天象的汉画像并不常见，一般是在和伏羲女娲或羽人的结合中来象征日月，但是在四川出土的汉画像砖上和陕西出土的汉画像石上，有不少是以单纯的圆轮来象征日月的。

四川剑阁县出土的一块画像砖上（图 2－1），画面中间一太阳正放射光芒。宝兴县出土的一块画像砖上（图 2－2），左侧为菱形纹，中间圆日和一弯月相对，右边似有一鱼一弓箭。

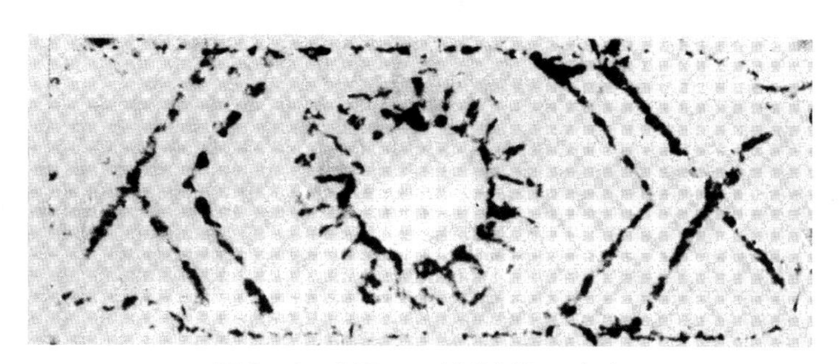

图 2－1　太阳　四川省剑阁县出土

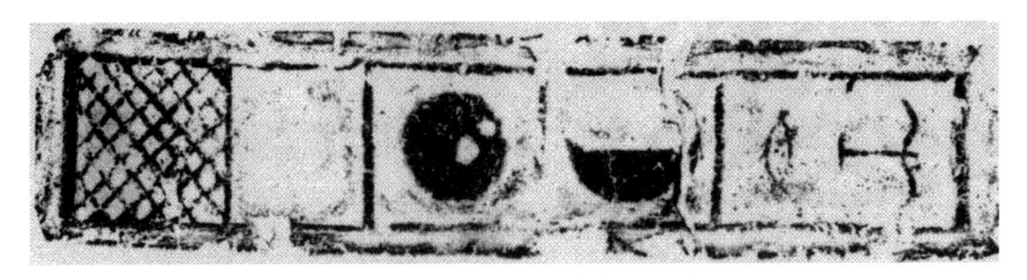

图2-2　日、月　四川省宝兴县出土

陕西汉墓出土的门楣画像石上，常在画像两端刻绘两圆轮以饰日、月。如陕西榆林古城滩墓门楣画像（图2-3），画面中间内容为迎宾、出行和狩猎，两端左右上角日月高悬。绥德墓门楣东汉画像石上左右两上角也以圆轮饰日、月（图2-4、图2-5）。此外，陕西还有很多门楣画像上有以圆轮象征日月的，这里不再赘述。

图2-3　榆林古城滩墓门楣画像　陕西省榆林市牛家梁乡古城滩村出土

图2-4　绥德墓门楣画像　陕西省绥德县出土

## 2. 日与三足乌和月中蟾蜍、玉兔

以动物形象和日月的搭配组合来象征日月天体的图像在汉代帛画、画像石、画像砖上都有表现。通常用三足乌和日轮的结合来表示日，其表现形式是日中三足乌和金乌负日，而月亮则用月中蟾蜍或玉兔来表示。

(1) 日中三足乌与月中蟾蜍、玉兔

以日中三足乌和月中蟾蜍、玉兔来表现日月天体的形式比较普遍，在全

图2-5　绥德墓门楣画像　陕西省绥德县出土

国各个重要的汉画像区都有发现。

长沙马王堆和临沂金雀山出土的汉代帛画上用以象征天上世界的部分就用内绘有三足乌的日轮和绘有蟾蜍的月轮来表示。

济南市博物馆藏的一块凿纹地浅浮雕画像石(图2-6),边栏饰垂幛纹,画面中部为一八瓣莲花,上边是月亮,中有蟾蜍;下边是太阳,中有金乌,左右有仙人起舞。淮北市博物馆藏一块东汉墓室顶盖画像石(图2-7),画面并列日月双轮,日中有金乌,月中有蟾蜍和玉兔捣药。

图2-6　莲花、日月画像　济南市大观园出土

图2-7　日、月画像　淮北市博物馆藏

南阳日月画像常和天文图像结合在一起，如图2－8，左为一昂首翘尾做奔驰状的白虎；右刻一日轮，内有三足乌。南阳汉画馆藏有一幅苍龙星座画像（图2－9），画面上一月轮，内有玉兔、蟾蜍，下刻苍龙星座，有角、亢、氐、房、心、尾、箕七个主要星宿。另有一幅日月同辉图（图2－10），图左刻一日轮，内雕金乌；右刻一满月，内雕蟾蜍，月亮前三星相连，日月间云气缭绕。

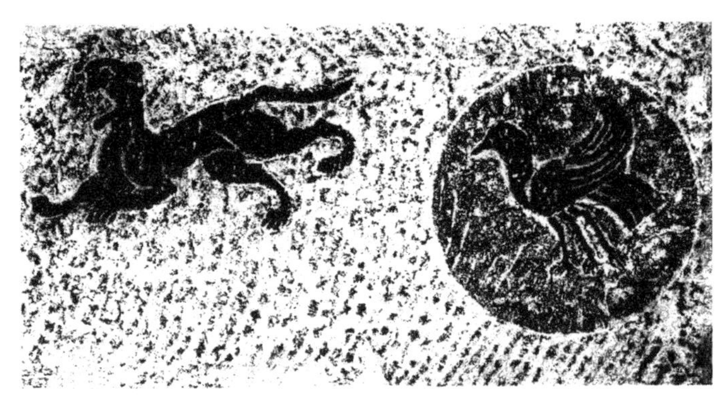

图2－8 白虎、三足乌 河南唐河针织厂墓出土

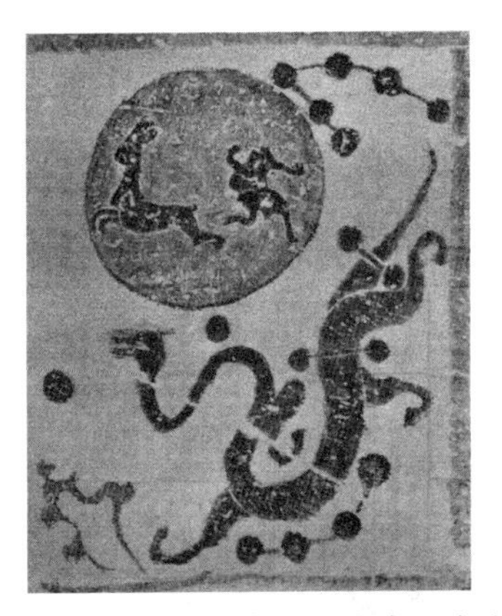

图2－9 苍龙星座 河南南阳出土

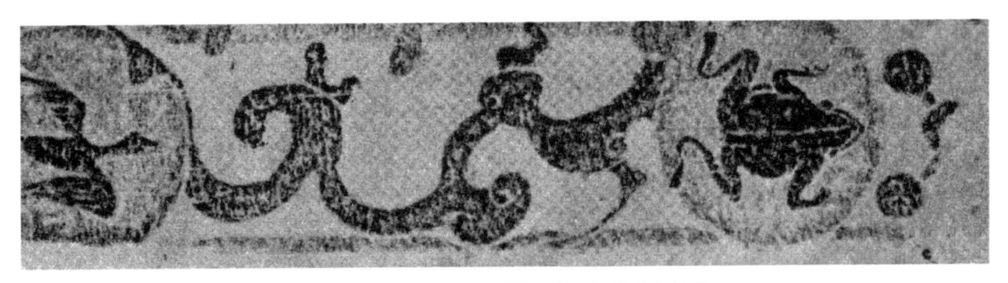

图2－10 日月同辉 河南南阳出土

陕西出土的墓门楣画像石上除了以单纯的圆轮来象征日月外，较多的是以日中三足乌和月中蟾蜍来表现，如米脂县出土的东汉墓门楣画像石（图2－11），画面分左右三格，左右格中分别为日月，日内有金乌，月中有蟾蜍。

图2－11　米脂墓门楣画像　陕西省米脂县出土

四川广元市出土的一块画像砖（图2－12），画面分两格，左格刻一日轮，轮中有金乌；右格刻一月轮，轮中有蟾蜍和桂树。

图2－12　日月神　四川省广元市出土

（2）金乌负日与月中蟾蜍、玉兔

日轮在金乌腹部的情景在山东和河南南阳的汉画像中都有发现，尤以南阳居多，此类图像一般是和星象图相结合。

南阳汉画馆藏的一块画像上（图2－13），左为背负日轮的金乌，金乌左一星为太白，鸟尾后为河鼓二、女宿及北斗星座。南阳宛城区英庄墓出土的前室盖顶石上（图2－14），一阳乌背负日轮展翅飞翔，周围云气缭绕，其间有八个小圆球，象征八个小太阳。金乌负日也常与内有蟾蜍的月轮共处一幅画面上，如图2－15，此图东刻背负一日轮的阳乌，西刻一满月，月内有蟾蜍，日月间有六星相连，月亮后也有相连六星，其左右各刻一彗星。南阳宛城区还出土一块比较特殊的日月星象画像石(图2－16),画面下刻苍龙星座和毕宿星座,上刻两金乌,右侧金乌背负日轮,左侧金乌背负内刻蟾蜍的月轮,日月重叠。

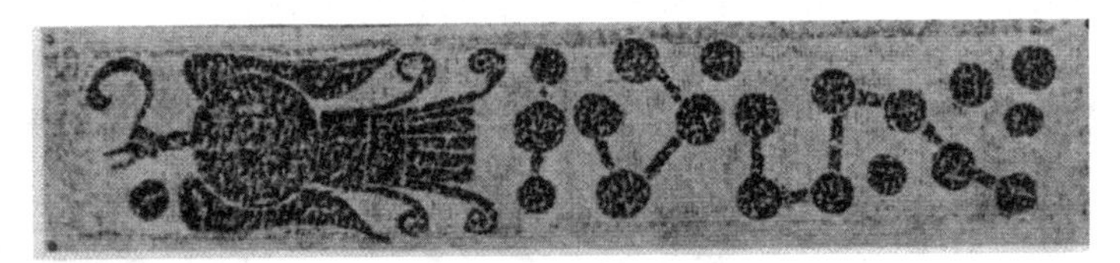

图2－13　金乌、星相

河南南阳卧龙区丁凤店出土

图2－14　金乌、星相

河南南阳宛城区英庄墓出土

图2－15　天象　河南南阳宛城区英庄墓出土

图 2-16　日月合璧　河南南阳宛城区出土

此外，山东滕州市博物馆藏的一块画像石也颇为特殊(图 2-17)，画面上刻一月轮，内有蟾蜍和玉兔，月轮外绕一龙；下刻一金乌背负日轮，而日内还有一只三足乌；日月轮外布满云气、群星和神鸟。

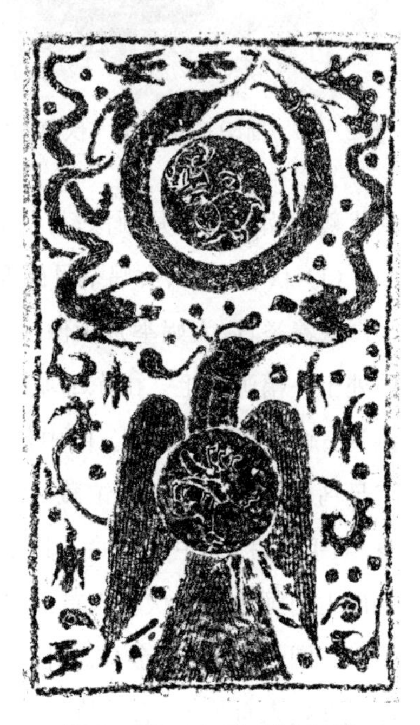

图 2-17　日、月、星象画像

滕州市官桥镇大康留庄出土

### 3. 伏羲日轮、女娲月轮

关于汉画像日月神的研究中，有一种观点把一些人首蛇躯，相对或交尾，手举日、月的画像命名为“羲和捧日、常羲捧月”，其依据主要是《山海经》中记载有羲和生日、常羲生月的神话。关于这一点，陈江风先生和陈峰先生都提出质疑并进行详细的考证，认为此类画像应为“伏羲主日、女娲主月”。笔者认同这一观点。汉代流行阴阳五行思想，尤其是在墓葬习俗中更注重阴阳交合，羲和、常羲皆为女性神[1]，不应交尾，所以，把它们命名为“羲和捧日、常羲捧月”是与汉代

[1]《山海经·大荒西经》载：“有女子方浴月，帝俊妻常羲，生月十有二，此始浴之。”《山海经·大荒南经》载：“羲和者，帝俊之妻，生十日。”可见羲和、常羲都是女性。

图2-18　简阳三号石棺　伏羲女娲玄武图

思想不符的。况四川简阳鬼头山崖墓三号石棺上（图2-18）把人首蛇身的形象题榜为“伏希”“女娃”，可见，在汉代，人首蛇身形象当为伏羲女娲，与日、月图像相结合的伏羲女娲画像应为“伏羲主日、女娲主月”画像。

“伏羲主日、女娲主月”画像按照日轮、月轮与伏羲、女娲的位置关系可以分为两类：一类为伏羲女娲手举日月画像；另一类为伏羲女娲怀抱日月画像。

（1）伏羲举日、女娲举月画像

伏羲举日、女娲举月画像根据在墓葬中的位置安排或单幅相对出现，或同处于一幅画像上。山东邹城市郭里乡高李村出土一块画像石，即为单幅伏羲举日画像（图2-19）。图中伏羲人首蛇身，头横仰，双手举日，日中阴线刻三足乌。河南南阳汉画馆藏一块墓室盖顶石（图2-20），图中女娲人首蛇身，双手举月，月中有蟾蜍。其左上刻三星相连，右下刻二星相连。四川新津县出土的画像砖上伏羲人首蛇身（图2-21），戴冠，肚缠腰带，左手执规，右手举一圆轮，轮中有金乌。此地还出土一块女娲举月画像砖（图2-22），画面上女娲人首蛇身，右手执钜，左手举一月轮，轮中有蟾蜍和桂树。从画面伏羲女娲的动作及位置看，这两块画像应处在相对位置。

处在同一幅画像上的伏羲举日、女娲举月画像在川渝画像石画像砖上较为常见，表现形式通常是两者相对或交尾。重庆江北区盘溪汉墓出土的一块画像（图2-23），图左侧有三重楼阁，右侧有二重楼阁，中有伏羲女娲各举日月相对，日中有金乌、月中有蟾蜍，伏羲女娲之间有一羽人。四川内江白马石棺右侧画像上（图2-24），右为一昂首展翅朱雀，左为伏羲女娲，伏羲戴山字形冠，举日轮，女娲高髻，举月轮。二者均双足，人首蛇身，长尾相对。四川成

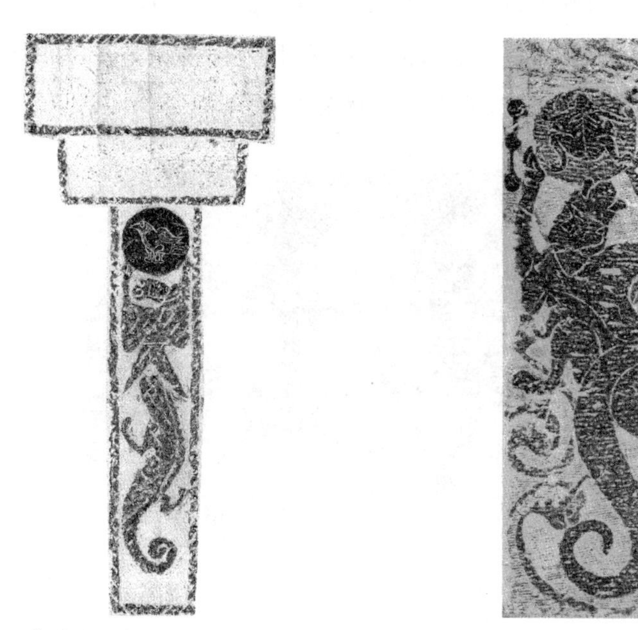

图2-19　伏羲举日画像　邹城市高李村出土　图2-20　女娲捧月　南阳王庄墓出土

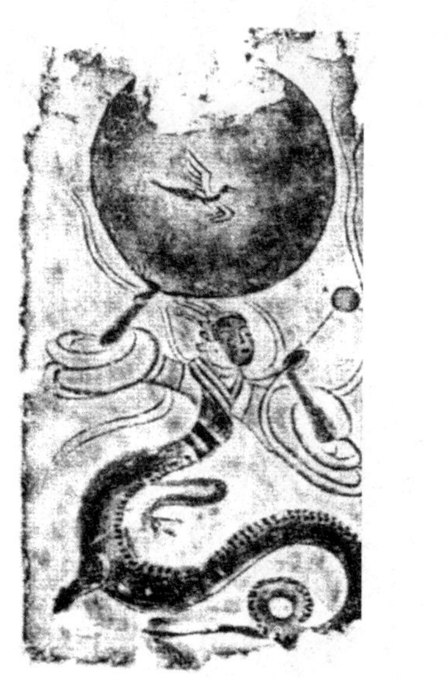

图2-21　伏羲举日　新津县出土　　图2-22　女娲举月　新津县出土

都市郊出土的画像砖上，伏羲、女娲人首蛇身（图2－25），伏羲右手举日，日中有金乌，左手执规；女娲头上双髻云鬓，右手持矩，左手举月，月中有蟾蜍、桂树。二者尾部蟠曲未交，风带飘举，优美异常。

图2－23　伏羲女娲　重庆江北区盘溪汉墓石刻

图2－24　内江白马石棺　伏羲女娲朱雀　四川内江白马镇关升店崖墓出土

图2－25　伏羲、女娲　成都市郊出土

伏羲举日女娲举月并交尾画像也较为普遍，在四川及河南等地都有发现。如图2－26（四川郫县一号石棺后挡），画面刻有人首蛇身双面相吻的伏羲女娲，左为伏羲举日，日中有金乌，右为女娲举月，月中有蟾蜍，尾部相交。四川新津崖墓石函也刻有人首蛇身的伏羲女娲（图2－27），图中伏羲女娲均长袖，各有两翼，伏羲手举日轮，轮中有乌，女娲举月轮，轮中有兔和桂树，二者尾部相交。

图2－26　郫县一号石棺　伏羲女娲

郫县新胜乡竹瓦铺出土

图2－27　新津崖墓石函　伏羲女娲

河南唐河出土的一块画像石上(图 2-28),图中两人皆人首蛇身,长尾相交,上为女娲,双手举月,月内有蟾蜍;下为伏羲,双手举日,日内有三足乌。

此外,山东邹城市孟庙藏一块颇为特殊的画像石(图 2-29),画像上部刻东王公,两侧为伏羲、女娲,尾部相交。这幅画像不同于其他伏羲举日、女娲举月画像,而是二者共举一日轮,轮中有三足乌。

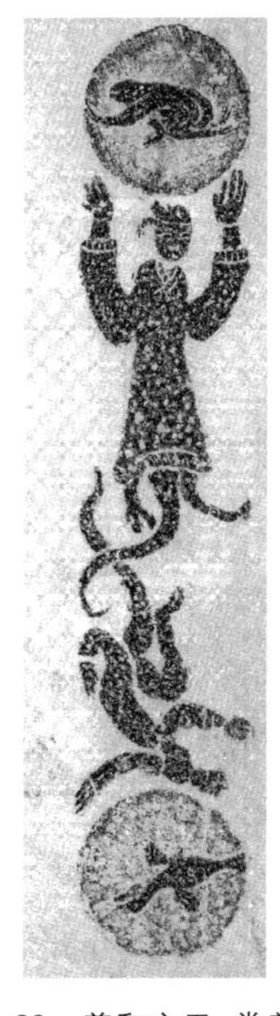

图 2-28　羲和主日、常羲主月

河南唐河湖阳出土

图 2-29　伏羲、女娲、东王公画像

邹城市郭里乡黄路屯村出土

(2) 伏羲抱日、女娲抱月画像

伏羲抱日、女娲抱月画像在今天的山东、河南至陕西一带都有发现。山东临沂白庄出土的东汉画像石上(图 2-30),图上部为女娲,腹部刻月轮,内有玉兔捣药和蟾蜍,左手执矩;下部有树,树顶二鸟衔鱼,树下左一人执杆捣鸟巢,右一人推树。与之相对的是伏羲抱日画像(图 2-31),画像上部为伏羲,右手执规,腹部刻一日轮,轮中有三足乌和九尾狐;下部为山形斗拱,拱间各有兽面图，柱两侧为相连蛇尾神人形象。

图2-30　女娲抱月

临沂市白庄出土

图2-31　伏羲抱日

临沂市白庄出土

河南南阳卧龙麒麟岗汉墓出土的两块东汉画像石，一块为女娲抱月（图2-32），一块为伏羲抱日（图2-33）。这两块画像四周各有边栏，伏羲女娲均人首蛇尾，体生羽毛。女娲头梳发髻，双手在胸前捧一月轮，伏羲头戴山形冠，双手于胸前捧一日轮。此地还出土一块前室顶部画像石（图2-34），画面中部刻四象，前朱雀后玄武，左青龙右白虎，天帝居中。左刻伏羲人首蛇身，胸部捧一日轮，内有金乌。再左是相连的北斗七星；右刻女娲人首蛇身，胸前抱有一月轮。再右是南斗六星相连，与北斗遥遥相对，其间云气缭绕。全画布局严谨，对称均衡，严格地遵循了阴阳五行哲学思想。

陕西省神木县大保当乡出土的彩绘墓门左、右立柱画像石（图2-35和图2-36），画面刻绘精美，色彩鲜艳。右立柱画像石画面分上下两部分，上部

图 2－32　女娲抱月

南阳麒麟岗汉墓出土

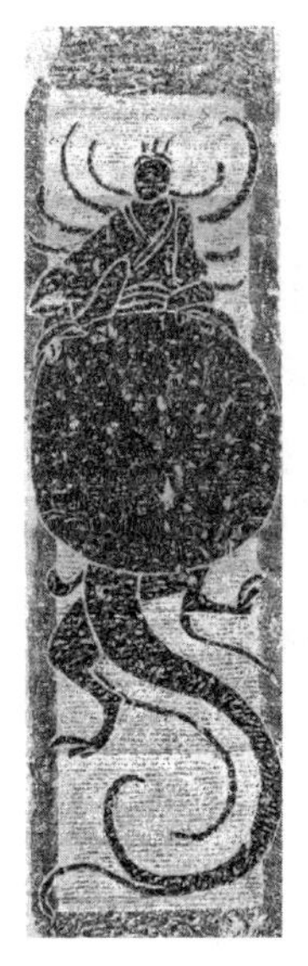

图 2－33　伏羲捧日

南阳麒麟岗汉墓出土

图 2－34　天象　南阳麒麟岗汉墓出土

为建筑、人物及凤鸟图。下部刻绘人面鸟身鸟腿的伏羲，长髯前飘，头戴羽冠，上着红色宽袖短衣，下穿羽裙，伏羲腹部有一日轮，日轮施红彩，内有墨绘三足乌。伏羲胯下绕一长尾，右侧及足下各刻绘一龙。而与之相对的左立柱画像上部残缺，下部画面为人面人身鸟腿足的女娲，梳双髻，上着宽袖短衣，下穿羽毛裙。胸前抱一墨彩清绘的月轮，内有蟾蜍用白彩绘出。女娲腿下有一长尾，身后和足下各刻绘一白虎。

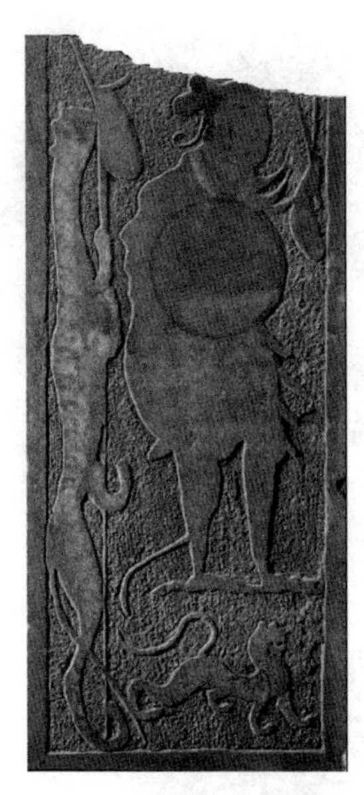

图 2－35　神木大保当墓门左立柱画像石(残)
陕西省神木县大保当乡出土

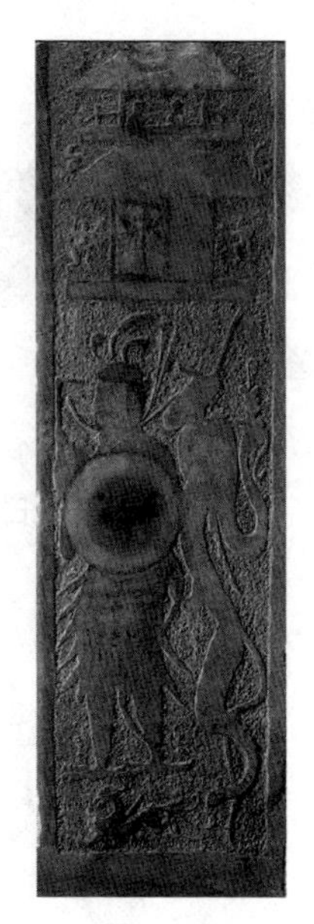

图 2－36　神木大保当墓门右立柱画像石
陕西省神木县大保当乡出土

## 4. 羽人日月

羽人负日负月画像主要集中在四川地区，在汉画像石棺和画像砖上都有发现。

四川简阳三号石棺左侧(图 2－37)和四号石棺的后挡上(图 2－38)都有羽人日月图。三号石棺左侧画面右上方刻二人对坐，戴长羽冠，背长羽毛，榜题曰“先人博”。其左一人骑马，双手高举。下部刻龙，龙上一鱼，中上方刻一车马，车马左刻两个人首鸟身的羽人，戴羽冠，腹部均有一圆轮，一轮中有金乌，一轮中有蟾蜍、桂树，象征日月，榜题曰“日月”，羽人下刻摇钱树。图左上部有一鸟，其下有一牛。四号石棺画面相对简单，左刻头上有双角的梅花鹿，右刻一人首鸟身的羽人，腹部有一日轮，内有三足乌。四川新津出土的一块画像石上有一幅比较优美的羽人画像(图 2－39)，画面上相对的两羽人均人首鸟身，戴长羽冠，腹部有圆轮。右侧羽人圆轮中有金乌，左侧羽人圆轮中有蟾蜍和桂树，两羽人之间有一三首神异。

图 2-37　日月、先人骑、先人博　简阳鬼头山崖墓出土

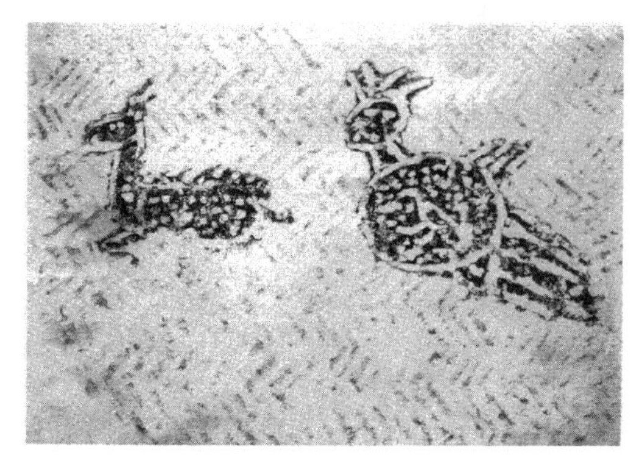
图 2-38　羽人、仙鹿　简阳鬼头山崖墓出土

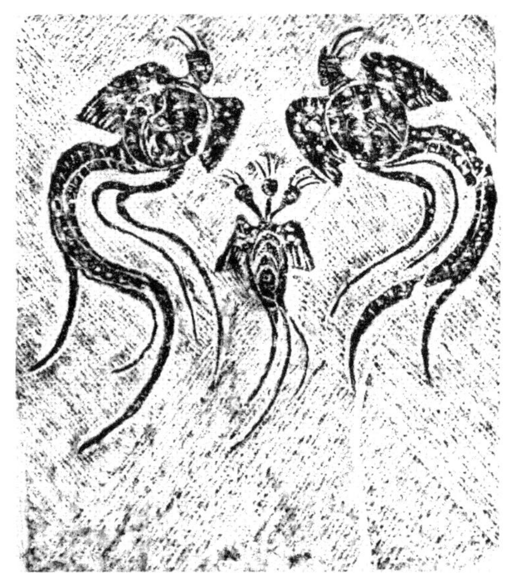
图 2-39　日、月、三首神异　四川新津出土

羽人日月图像在四川画像砖上发现的比较多。例如，成都市新都区新繁镇清白乡出土了两块画像砖，这两块画像砖分别砌于西王母砖的左右侧，其中右侧(图 2-40)画像砖上有一人首鸟身、戴山形冠的羽人，腹部有圆轮，轮中有金乌。左侧(图 2-41)画像砖上也有一人首鸟身的羽人，头梳髻，腹有圆轮，轮中图像不清。根据该砖的位置和图像特征，轮中应当为蟾蜍、桂树。四川大学博物馆藏的两块东汉画像砖，一块为羽人负日(图 2-42)，一块为羽人负月(图 2-43)。两幅画像上的羽人都人首鸟身，戴冠，腹部有圆轮。负日羽人圆轮中有三足乌，周围有七星环绕；负月羽人圆轮中有蟾蜍和桂树，周围有六星。

图 2-40　日神画像砖
成都市新都区新繁镇清白乡出土

图 2-41　月神画像砖
成都市新都区新繁镇清白乡出土

图 2-42　日神画像砖图　邛崃市花牌坊出土

图 2-43　月神画像砖图　邛崃市花牌坊出土

四川省昭觉县还出土一块画像石，如图(2-44)，画像分上下两格，各有一人首鸟身、戴冠的羽人，腹部都有一圆轮。上部羽人圆轮中有三足乌，下部羽人圆轮中有蟾蜍和桂树。成都市郊出土的一块画像石颇为特殊(图 2-45)，画面正中绘有一人首鸟身戴冠的羽人，在其左侧另有一人首鸟身戴冠执一杆的羽人，杆上栖一物，两羽人皆身负圆轮。此图与《山海经·大荒东经》中记载的“汤谷上有扶木，一日方至，一日方出，皆载于乌”的神话有些相符，二羽人可能是表现轮值的阳乌，杆上之乌或是休息的阳乌。[1]

[1] 高文、王锦生编著：《中国巴蜀汉代画像砖大全》，国际港澳出版社，2002 年，第 203 页。

图2-44　日月神　昭觉县出土

图2-45　二羽人　成都市郊出土

## （二）汉画像“日、月”图像的地域特征

按照汉画像的密集程度和形式特征，汉画像的分区基本上可分为四区，即山东至苏北、皖及相邻的豫、冀交界区；豫南及鄂北区；陕西与晋西北地区和川渝地区。汉画像中的日月神图像也因地区分布的不同而显示出明显的区域特征，各区汉画像中的“日、月”图像无论是在其构图类型，还是在表现技法上都表现出各自的风格特征。

### 1. 苏北、皖北及相邻的豫、冀交界区的“日、月”图像特征

此区地处黄河、淮河两大流域的下游，沃野千里，人口殷盛。本区的齐、鲁之地，自古以来就是“通鱼盐之利，而人物辐辏”的富庶之地。这一地区的冶铁、制盐、丝织等官营的手工业居全国之首，社会上出现大量的豪门望族，有着全国领先的经济基础。此区又是儒家文化的发祥地，人才荟萃，在“罢黜

百家、独尊儒术”的统治思想下，产生了大量的高级官僚，《汉书·地理志》记载：“汉兴以来，鲁东海多至卿相。”而此区的徐州历来就是全国的交通枢纽，又是汉代开国皇帝刘邦的家乡，是重要的诸侯分封地。两汉四百多年间，共十八代诸侯王及其荫封的子孙在这里留下了众多规模巨大的坟墓。这些都为汉画像石的兴盛创造了社会条件。

此区域文化发达，自春秋时期以来，诸子百家学说并起，邹鲁一带又是孔孟之乡，深受儒学思想影响。此处还是神仙方士活动和早期道教流行的区域，人们追求长生不老，升仙之风盛行。这些都对此区域汉画像石的发展产生影响，并为之提供了丰富的创作素材。汉画像石兴起后，又受到有如屈原《楚辞·天问》中所描述的那种古代庙堂壁画以及西汉早期建造的鲁灵光殿殿堂壁画的影响。《鲁灵光殿赋》中载：“图画天地，品类群生。杂物奇怪，山神海灵。写载其状，托之丹青。千变万化，事各缪形。随色象类，曲得其情。上纪开辟，遂古之初。五龙比翼，人皇九头。伏羲鳞身，女娲蛇躯。鸿荒朴略，厥状睢盱。焕炳可观，黄帝唐虞。轩冕以庸，衣裳有殊。下及三后，淫妃乱主。忠臣孝子，烈士贞女。贤愚成败，靡不载叙。恶以诫世，善以示后。”这些著名殿堂的壁画对此区画像石内容和形式的创作产生了重大影响。

雄厚的经济实力、儒家“孝悌”伦理思想道德影响、追求升仙的愿望及此地便于开采和适宜雕刻的石灰岩石料，使这一地区的画像石墓大量出现，此区也理所当然地成为我国画像石的第一主产区。

这一地区的画像石产生的时间比较早，发展周期也较长，数量众多，题材丰富，在墓室、祠堂、石阙上都有画像。此地的画像石囊括了平面阴线刻、凹面线刻、减地平面线刻、浅浮雕、高浮雕等主要的造型技法，画面相对完美，艺术风格呈现出百花齐放的局面。汉武帝时期至西汉末年是汉画像石的滥觞阶段，这一时期的日月图像内容简单，雕刻技法以阴线刻和凹面线刻为主，风格粗犷。王莽时期至东汉早期的日月图像风格细腻，形象生动，雕刻技法以凹面线刻、浅浮雕为主。东汉晚期的画像石发展最为繁盛，日月图像的雕刻技法以浅浮雕和减地平面线刻为主，画面构图复杂、饱满均衡、细腻繁缛。此区的汉画像石中的日月图像具有鲜明的地域特征，具体如下：

首先，从宏观来讲，相较于其他地区的日月图像，该区的日月图像最为庞杂，艺术风格也最为多样，或稚拙朴实，或庄重典雅，或精细繁密，或疏朗质朴。

其次，从微观来讲，在日轮、月轮和动植物的组合上，相对于其他地区的日中三足乌、月中蟾蜍或月中蟾蜍、桂树，该区有时以日中三足乌和九尾狐来象征日，也常以月中蟾蜍和玉兔来象征月。

再次，相较于其他地区的造型技法，该区的日月图像表现技法最为丰富，平面阴线刻、凹面线刻、减地平面线刻及浅浮雕都有运用。

最后，可能因为儒家思想的影响，使该区的汉画像承载了较多的教化功能，此地的日月图像，无论何种类型，都给人一种中规中矩、端庄严肃的感觉。

### 2. 豫南及鄂北区的“日、月”图像特征

河南南阳及相邻的鄂北地区在两汉时期为荆州刺史部的南阳郡辖地，地处南北交通要冲，为当时最大的南北经济贸易集散地。其郡治“宛”是当时著名的冶铁中心和工商业都会，是汉代全国五大城市之一，汉政府在这里设置了铁官、工官等官营手工业工场。南阳郡土地肥沃，物产丰富，加之西汉的召信臣、东汉的杜诗等人在任南阳太守期间，大规模兴修水利，使南阳农业发达、蓄积有余、户口倍增，富冠海内。

在政治上，南阳在西汉时期就是霍去病、张骞、王莽等人的封地，也是东汉的开国帝王光武帝刘秀的发迹之地。东汉王朝确立后，南阳有“帝乡”“帝都”“南都”之称。据不完全统计，两汉时仅分封在南阳的侯王就有四十七人之多，五位皇后、一个贵人出身南阳，封在南阳郡的公主有七人之多，皇亲国戚、开国功臣云集于此。《后汉书·刘隆传》中载：“河南（洛阳）帝城多近臣，南阳帝乡多近亲。”经济的繁荣、达官贵人的崇奢竞富和当时人们“事死如事生”的思想，使厚葬之风盛行，因此，南阳汉墓出现数量巨大、制作精美的画像石就不足为奇了。另外，南阳发达的冶铁业和当地盛产的砂岩石材为画像石的产生和发展提供了良好的物质条件。

南阳的画像石艺术在西汉末年开始兴盛起来，其出土的画像石全部来自

墓葬。西汉晚期此地画像石的雕刻技法主要以凿纹地阴线刻和凿纹地凹面线刻为主，图像简单，风格粗犷。王莽时期至东汉早期主要以凿纹地浅浮雕为主，个别部位用阴线刻和透雕技法表现。东汉中晚期以凿纹地浅浮雕为主，天象图与神鬼祥瑞图像成为此时最主要的内容。该区的日月画像在东汉早期即形成了相对规范的布局和固定的地域风格，画面简洁疏朗，主题突出，风格豪放，气势雄浑。

日月图像作为南阳汉画像中最为常见的题材，显示出强烈的地域特征：

首先，与其他地区的日月图像相比，南阳汉画像中的日月图像最大的特征是和其他星象图的结合用来表示天象。

其次，与其他地区用“乌”在日中来象征日的表现形式相比，南阳汉画像中的日图像通常用阳乌负日来表现。

再次，南阳汉画像中的日月图像在墓室中具有相对固定的位置，一般都绘制在墓室顶部。

还有，南阳汉画像中的日月图像造型技法比较单一，一般采用凿纹地浅浮雕的雕刻技法。其不拘小节、大刀阔斧的雕刻风格使图像自然、质朴，画面构图空灵、疏朗，极具韵味。

最后，南阳汉画像中的日月图像主题突出，形象生动、活泼，极富动感。

### 3. 晋西北地区的“日、月”图像特征

陕北与晋西北地区的黄河两岸区域，在秦汉时期属上郡和西河郡管辖。此区地处秦汉帝国的北部边陲，是秦汉帝国与匈奴等民族军事摩擦频繁的民族杂居之地，其经济、文化的发展程度自不能和中原腹地的其他地区相比。但这里是汉王朝抵御匈奴南侵和护卫关中的重镇，也是通往北方和西方的交通要塞。秦汉两朝的统治者们都很注重此地，秦始皇曾派大将蒙恬率大军驻扎此地。由于粮饷供给的困难和不便，西汉以来，国家实行戍边军队屯田政策，同时进行大规模的移民守边。多年的大量驻军和移民守边，不仅使边防力量壮大，而且为这一地区的农牧业发展提供了丰富的劳动力资源和先进的技术，加上这里水草丰美、沃野广阔，使之很快就出现“沃野千里，谷稼殷积”，

“水草丰美，土宜产牧，牛马衔尾，群羊塞道”的场景。

与此同时，各民族的经贸往来，不仅促进了当地工商业的发展，还丰富和发展了此地的文化和艺术。社会经济的发展和文化的融合，给此地富商、豪强地主以及驻军中的武将文臣提供了建造豪华的画像石墓的有利条件。汉代社会特别讲究“厚葬”，王充在《论衡・薄葬篇》记载当时的人们“谓死如生，闵死独葬，魂孤无副，丘墓闭藏，谷物乏匮，故作偶人以侍尸柩，多藏食物以歆精魂”。加之汉代“举孝廉”的选官制度等，都为汉画像石在这一地区的兴盛提供了基础。同时，陕北与晋西北地区盛产易于开采的页岩石材，也为汉画像石的产生和制作提供了便利的物质材料。

陕北及晋西北的汉画像石墓存在的时间不长，前后仅50年左右，但是却具有鲜明的地域风格，该区的画像石宣扬儒家伦理道德故事的并不多见，其题材内容突出地表现了当地的历史环境和农牧业的生产特点以及神仙世界的场景。构图上，该地区的画像有着极为精细和密集的装饰纹带。由于砖石砌筑的墓室结构的局限，墓室顶部没有绘制日月星辰的天象图，日月图像常刻于墓门楣两端。这一地区的日月画像石，在雕刻技法上以剔地平面刻和剔地平面线刻为主，然后在呈平面凸起的图像上施以墨线、彩绘，形成了陕北、晋西北画像石独特的艺术风格。

这一地区的日月图像，具体风格特征如下：

(1) 日月图像位置通常固定，一般是高悬在墓门楣画像石的左右两端以示天界。表现形式是以日中三足乌和月中蟾蜍相对，或者是以单纯的日轮月轮相对。

(2) 日月图像常施以彩绘，通常是日轮涂红彩，内中三足乌墨绘，月轮涂白彩，内中蟾蜍点蓝彩。

(3) 日月图像构图严谨、整齐、对称而规则，风格粗犷简洁。

### 4. 川渝地区的“日、月”图像特征

四川及重庆地区古称巴蜀，这里地形复杂、物产丰富、经济繁盛。秦、汉时，在此设郡县，并实行移民政策，中原文化大量传播到四川和云南等地，促

进了这一地区的繁荣。秦蜀守李冰在此兴修水利，建都江堰。《华阳国志·蜀志》载“灌溉三郡，开稻田，于是蜀沃野千里，号为陆海。旱则引水浸润，雨则杜塞水门。故记曰：水旱从人，不知饥馑，时无荒年，天下谓之天府也”。在手工业方面，汉代的成都是有名的商业、手工业中心，其冶铁业、制盐业和纺织业闻名天下，盛产的漆器、蜀锦畅销国内外，素有“锦官城”之称。地利上的优势和政府的休养生息政策，使这一地区成为全国最富庶的地区之一。《后汉书·第五伦传》记载：“蜀地肥饶，人吏富实，掾史家资多至千万，皆鲜车怒马，以财货自达。”良好的经济基础大大推动了巴蜀地区的文化发展，文翁为蜀郡太守时，开设学校，教民读书和学习法令，形成蜀中以文学相尚的风气。《汉书·文翁传》记载：“蜀地学于京师者比齐鲁焉。”此地的山石多砂岩易开凿，为当时人们开凿崖墓及造棺、建阙提供了便利的自然条件，再加上发达的经济和先进的文化艺术，丰富多彩的巴蜀地区汉画像石、画像砖艺术就在汉代流行的厚葬习俗下兴盛开来。

巴蜀地区的汉画像兴起较晚，所以，目前所能见到的日月图像的画像石、画像砖，除个别是东汉早期外，绝大多数是东汉晚期至蜀汉的作品。东汉晚期是此区画像石、画像砖的繁荣时期。本区的汉画像存在形式颇有其特点，因为直到目前，没有发现纯粹石室的画像石墓，所以日月画像一般见之于砖石混合结构墓和崖墓、石棺及石阙上。此区日月画像石的雕刻技法有平面阴线刻、剔地平面线刻、凿纹地浅浮雕、剔地浅浮雕、高浮雕和透雕。前期较早的日月画像，大抵有斜形或交错地纹，物象比例尚嫌失当而且比较呆板，东汉晚期至蜀汉时期以浅浮雕和高浮雕为主。在题材内容方面，此区受楚地巫风影响较深，神鬼祥瑞题材较多，所以日月图像常与伏羲女娲或羽人图像结合起来。因为材质不宜精雕细刻，此区日月画像与南阳汉画像风格近似，多用大刀阔斧的处理手法，边饰极少，细部一般不做修饰，画面简洁、主题突出。

在目前所看到的汉画像中，关于日月题材的图像在巴蜀地区发现最多，而且无论是在类型样式还是在具体的表现方式上，本区的日月图像都呈现出与众不同的风格特征。

首先，根据目前的资料显示，只有在巴蜀地区的汉画像中发现了羽人日月画像。羽人图像在全国其他地区的汉画像中较为常见，但都没有发现负日负月图像。画像砖上的羽人日月画像多以单幅出现，一般分布在西王母画像砖的两侧，也有同时出现在一块画像砖上的。画像石棺上的羽人日月画像一般出现在足部挡板和侧面。

其次，较之于其他地区，此一地区的伏羲日轮、女娲月轮画像大多同时置于一幅画像上，且一般是以伏羲举日、女娲举月相对或交尾的情景出现，多刻于石棺后挡或侧面及崖墓上。而伏羲抱日、女娲抱月图像在此区非常罕见。

再次，较之于其他地区以月中蟾蜍或玉兔，巴蜀地区的汉画像在表现月亮时常以月中蟾蜍和桂树来象征。

最后，巴蜀地区的日月图像风格潇洒飘逸，热情奔放，富有冲击力和感染力。

## 二、汉画像“日、月”图像的源起与发展

汉画像中大量“日、月”图像的出现不是偶然现象，它和上古时代普遍存在的日月崇拜有着密切的关系。世界上的很多民族几乎都出现过日月崇拜这种非常典型的文化现象。中国古代的这种文化现象也比较突出，无论是在原始的文化遗迹中还是古代的史籍文献、神话传说中，都发现了日月崇拜的例子，从某种意义上讲，汉画像中的日月图像其实是原始宗教思想在汉代的延续和发展。

### （一）画像“日”图像的源起

以太阳和月亮作为崇拜的对象，其中尤以太阳神为众神之主，这种现象可能在农业起源时就已出现。麦克斯·缪勒曾说“太阳是人类的缔造者，是

伟大的万有之父”。[1] 我国学者何新从新石器时代陶器图案、殷商时代青铜器纹饰和山东、四川、云南、内蒙古、新疆等地发现的新石器时代以来的大量岩画，以及文献、传说里发现“在中国上古时代，很可能曾存在过以崇拜和敬奉太阳为主神的一种原始宗教”。[2]

中国原始文化中留有许多太阳崇拜的痕迹。大量的古代岩画和文化遗址中都发现了太阳图像。连云港将军崖岩画、宁夏贺兰山和内蒙古阴山等地都发现了许多太阳纹饰。贺兰山岩画和阴山岩画的太阳图案经常用圆圈内有点或圆圈加光芒射线表示，将军崖上的太阳图案则和植物画在一起，表达人们对太阳的崇拜和对丰产的祈求（图 2 - 46）。广西花山岩画中有表现人们欢呼迎日仪式的图画。在出土的许多越族铜鼓上，其鼓心主体图案有很多是太阳光芒四射的纹饰。四川珙县发现的一幅岩画生动地描绘出古代人虔诚拜日的姿态，太阳下，画面上一人双手高举，两腿下跪。云南沧源岩画中，也有三个太阳神图案（图 2 - 47）。内蒙古阴山岩画上也刻有一人膜拜太阳的图像，此人直立身体，上举双臂，双手合十，双腿叉开。

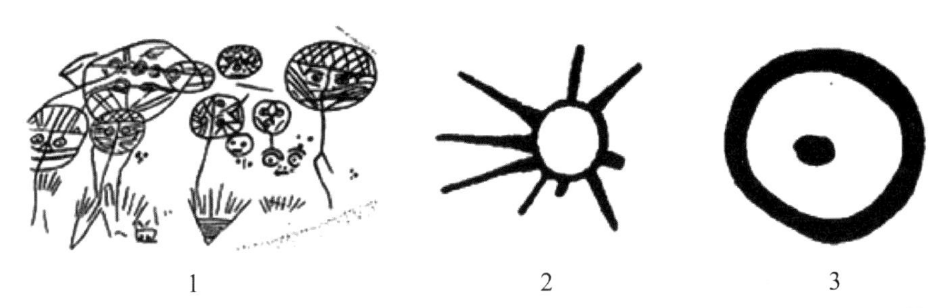


图 2 - 46　1 连云港将军崖岩画　2、3 宁夏贺兰山、新疆库鲁克山、内蒙古阴山、西藏阿里岩画太阳图像

河南舞阳贾湖裴李岗文化遗址、浙江余姚河姆渡文化遗址、河南仰韶文化遗址、内蒙古敖汉旗赵宝沟文化遗址、山东大汶口文化遗址、三星堆遗址及金沙遗址都发现了日月崇拜的遗迹。著名学者恩斯特·卡西尔认为，人是进

[1] [英]麦克斯·缪勒：《比较神话学》，金泽译，上海文艺出版社，1989 年，序言第 2 页。
[2] 何新：《诸神的起源》，生活·读书·新知三联书店，1986 年，第 14、16 页。

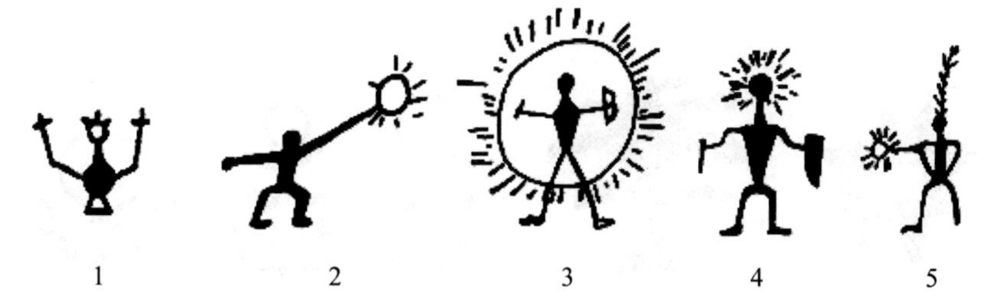

图2-47 1四川珙县岩画太阳图案 2广西花山岩画太阳图案 3、4、5云南沧源岩画

行符号活动的动物，早期人类在各种器物和岩石上留下的符号、图画可充分反映当时的信仰。太阳神在这些符号、岩画中的形象极为突出。[1]

有学者认为山东大汶口文化遗址的陶尊和莒县文化遗址的陶缸上刻画的日月符号，体现了远古先民的日崇拜和鸟崇拜(图2-48)；或者是表现了日月崇拜和山崇拜(图2-49)，并认为这些符号可能与祭天、祈年的活动有关。[2] 河姆渡遗址陶纺轮上的太阳火焰旋转图和以同心圆为中心的"十"字纹以及刻花豆盘上的以"卍"字为中心的四鸟相交旋转纹图案，都是太阳图案的变形(图2-50)。"纹章学家认为，'十''卍'均象征太阳(神)。"[3]丁山先生同样指出"十"字是太阳神的象征。[4] 此外，河姆渡遗址出土的骨制匕首和象牙上都雕刻有日、鸟图。骨制匕首上刻一对双鸟相交图，相交部分为放射光芒的太阳，象牙上雕刻一对双鸟朝阳图，图案的中心是四个同心圆组成的太阳纹，太阳的周围冒着火焰，太阳下部的左右两侧，伸出两个鸟头，鸟脖子伸长，相向回首而视(图2-51)。靳之林先生认为这些骨匕雕刻和象牙雕刻的双鸟相交图和陶器上的火焰纹旋转纺轮、"十"字轮和"卍"字纹实际上都是圜天旋转、生生不息的宇宙象征，它们形象地体现了宇宙万物生生不息的

[1] 高福进：《太阳崇拜与太阳神话》，上海人民出版社，2002年，第42页。
[2] 王守功：《考古所见中国古代的太阳崇拜》，《中原文物》2001年第6期。
[3] 高福进：《太阳崇拜与太阳神话》，第43页。
[4] 丁山：《中国古代宗教与神话考》，龙门联合书局，1961年，第490—492页。

哲学观念。[1]

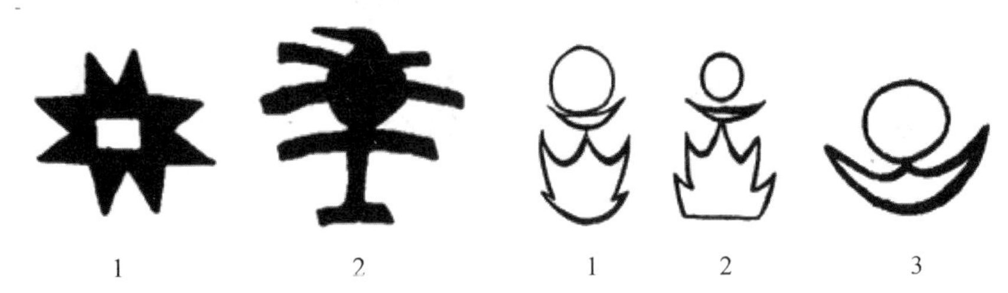


图2-48　山东大汶口遗址出土太阳图案　图2-49　山东莒县遗址中陶缸腹部刻符

图2-50　1浙江余姚河姆渡遗址出土太阳旋转纹纺轮　2浙江余姚河姆渡遗址出土四鸟(啄)旋转纹豆盘,盘中旋转鸟纹呈“卍”字纹　3浙江余姚河姆渡遗址出土“十”字太阳纹纺轮

图2-51　1浙江余姚河姆渡遗址出土骨制匕首(匕首上纹样为双鸟相交,相交部分为通天符号,象征阴阳通天,化生万物)　2河姆渡遗址象牙雕刻“双鸟朝阳图”

在中原地区的仰韶文化彩陶中,还发现了两种与太阳有关的图像,一种

---

[1] 靳之林:《绵绵瓜瓞与中国本原哲学的诞生》,广西师范大学出版社,2002年。

是圆圈(圈内加点)形成太阳纹样,一种是日、鸟相结合的图像(图2-52)。陕西泉护村遗址出土的图案上绘有一只展翅飞翔的鸟,鸟的背上有一圆圈表示太阳。晋西南大禹渡遗址出土的彩陶盆上,鸟呈正面飞翔的姿势,下有三足,上有一圆圈表示太阳。由此,我们可以看出汉画像中"日"图像尤其是"日"图像的动物形式(阳乌负日和日中三足乌)在这里找到了清晰的图像源起。

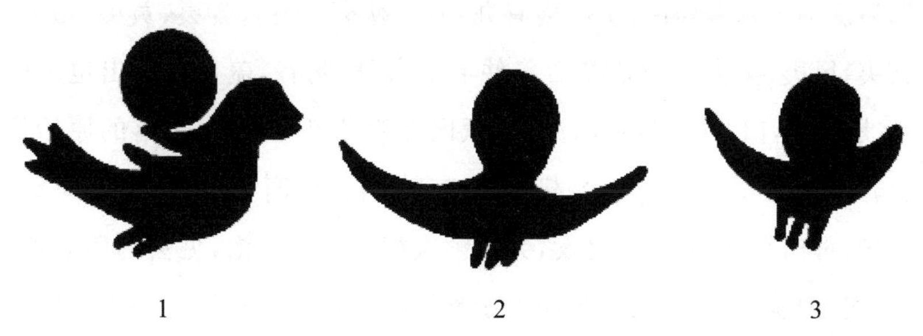


图2-52 1仰韶文化陕西华县泉护村遗址出土的日、鸟图像 2、3晋西南大禹渡遗址出土的日、鸟图像

太阳图像为什么和鸟图像结合在一起?汉画像中的日中之鸟和载日之鸟为什么是三足乌呢?关于这两个问题,在这里也有必要探讨一下。有学者指出"这种日载于乌,日中有乌,日中有三足乌的神话,是中原以日图腾为中心的炎帝部族的原始图腾崇拜与东方以鸟图腾为中心的东夷部族的原始崇拜结合杂糅的产物"[1]。"日神与动物的联系透射出人类早期的图腾信仰状况,甚至可以说日神信仰是自然崇拜与图腾崇拜相结合的产物。"[2]刘毓庆先生认为日中三足乌代表着鸟图腾部族。他说:"由于鸟图腾部族对于太阳的崇拜,在民族意识的运作中,创造出了日鸟合体的崇拜形象。"[3]考古发现,早在新石器时代,人们便以鸟形装饰陶器、骨器、玉石器,有的将整个器物表现为鸟形,如大汶口文化遗址出土的鸟形灰陶,河姆渡文化遗址出土的鸟

[1] 王子今:《史记的文化发掘》,湖北人民出版社,1997年。
[2] 高福进:《太阳崇拜与太阳神话》,第64页。
[3] 刘毓庆:《华夏日月神话文化意蕴之考察》,《民间文化论坛》1996年第2期。

形陶等。文献中也记载了东夷少昊族以凤鸟为祖先的故事。《左传》载“我高祖少昊挚之立也，凤鸟适至，故纪于鸟，为鸟师而鸟名”。可见，少昊族是以凤鸟为核心的鸟图腾氏族。同时，少昊族也是崇拜太阳的日族，居住于日出之地。《山海经·大荒东经》云：“大荒之中，有山……上有扶木，柱三百里，其叶如芥。有谷曰温源谷。汤谷上有扶木，一日方至，一日方出。”《淮南子》云：“日出于旸谷，浴于咸池，拂于扶桑，是谓晨明。登于扶桑，爰始将行，是谓朏明。”《后汉书·东夷列传》说：“夷有九种，曰畎夷、于夷、方夷、黄夷、白夷、赤夷、玄夷、风夷、阳夷……昔尧命羲仲宅嵎夷，曰旸谷，盖日之所出也……赞曰：宅是嵎夷，曰乃旸谷，巢山潜海，厥区九族。”可见，东夷部落的原始信仰既崇鸟又崇日。《诗经·商颂》载“天命玄鸟，降而生商”。《史记·殷本纪》也说“殷契，母曰简狄，有娀氏之女，为帝喾次妃。三人行浴，见玄鸟堕其卵，简狄取吞之，因孕生契”。商是黄河下游地区的古部落，可见，玄鸟也是商民族之祖。在上古神话中，商部落的始祖为太阳所生，而太阳又是帝俊的儿子。《山海经·大荒南经》说：“有女子名羲和，方浴日于甘渊。羲和者，帝俊之妻，生十日。”据王国维和郭沫若考证，帝俊即帝喾，被殷人尊为“高祖”。由此得知，原始人们把部落图腾“日”和祖先神“玄鸟”统一起来加以崇拜。所以这种崇鸟崇日的日神形象被刻画到具有强烈宗教色彩的汉画像中也就自然而然了。

关于和太阳结合的鸟为什么是三足乌，我国古代文献中也有颇多记载。《山海经·海外东经》云：“汤谷上有扶桑，十日所浴……九日居下枝，一日居上枝。”《淮南子·精神篇》：“日中有踆乌，而月中有蟾蜍。”《灵宪》：“日者，阳精之宗，积而成鸟，象乌而有三趾，阳之类，其数奇。”《春秋元命苞》：“日中有三足乌，乌者阳精。”上述文献从两个方面论述了三足乌与太阳的关系，一是三足乌是背负日轮的交通工具，二是“三足乌当日之精”。[1] 后世的人们在研究太阳和乌鸦的关系时提出了种种看法，有人认为“日中有乌”是基于原始先民对太阳黑子的认识，而乌鸦为黑色，于是构想出太阳和乌鸦的神话。也

---

[1] 袁珂：《中国神话传说词典》，上海辞书出版社，1985 年。

有学者指出，乌鸦晨来暮去的习性和太阳晨升暮落的规律相近，因而古人认为太阳是背负在乌鸦身上。笔者认为，太阳中有三足乌一方面与当时的日、鸟图腾融合有关系，一方面是因为古人的尚黑传统。东夷人崇尚黑色，他们不仅制作了大量黑色陶器，甚至用黑色来染牙齿及装饰身体。东夷人崇鸟崇日，而乌鸦又恰好是黑色的，所以在日中出现三足乌符合东夷族人的宗教感情和宗教心理。我国传统文化认为乌鸦是孝的化身，《格物论》云："长而反哺其母者，为慈乌。"汉代人又是非常提倡孝行的，所以关于汉画像中阳乌负日和日中三足乌图像，《春秋元命苞》里有明确的回答："乌在日中，从天，以昭孝也。"

### （二）汉画像"月"图像的源起

中国古代人的月神崇拜，常常与日神联系在一起。在谱系上月亮和太阳是同父而异母，《山海经·大荒南经》载："羲和者，帝俊之妻，生十日。"《山海经·大荒西经》："有女子方浴月，帝俊妻常羲，生月十有二，此始浴之。"太阳和月亮的二元对应关系是人类神话中的一个突出内容，人类最初对太阳加以神化的同时对月亮也加以神化。

从历史遗迹中，也发现了大量的月神崇拜迹象。连云港将军崖岩画及内蒙古阴山岩画上，都发现了月图像。阴山岩画中的月图像，左边为一轮新月，右边为一颗明星（图2-53）。上面提到的山东莒县文化遗址的陶缸上刻画的日月符号也是月崇拜的例证。河南陕县庙底沟、郑州大河村、西安半坡等文化遗址中出土的原始彩陶上，也常看到特殊的月亮纹饰。西安半坡遗址出土的彩陶上，有一组特殊的人面鱼纹彩绘（图2-54），陆思贤先生认为这组"人面鱼纹"绘画的"是月亮"，"是渭水流域远古渔猎民共同的徽号"，并据此进一步得出结论"从半坡遗址、姜寨遗址、庙底沟遗址的彩陶器上，都绘有蟾蜍纹图案考虑，蟾蜍就是月神'死则有育'的不死之药"，先民们存在晦朔救月的祭仪。[1]

---

[1] 陆思贤：《神话考古》，文物出版社，1995年，第122—126页。

图 2－53　阴山岩画中的新月图　　　　图 2－54　半坡人面鱼纹月相图

1.朏(新月始生)　2.上弦　3.既望　4.下弦　5.晦朔　6.满月

四川广汉三星堆出土的石蟾蜍和金沙遗址出土的太阳神鸟金箔和蛙形金箔也表明了古蜀人对日、月的崇拜(图 2－55、图 2－56)。三星堆遗址还出土一个石蟾蜍,该蟾蜍呈灰白色,石质较软,器身基本完好,仅一腿残断。蟾蜍姿势呈爬行状,头前伸,口微张,露齿,周身满布疙瘩。传说月宫中有三条腿的蟾蜍称为月神。此蟾蜍缺一腿,颇耐人寻味。金沙遗址太阳神鸟的出现历来被考古界认为寄托了古蜀人对太阳的崇拜。其实,薄薄的太阳神鸟并不是孤立存在的,它应是一个组合图案的一部分。在后来的考古发掘中,考古学家先后共发现了八个蛙形金箔,其中两个几乎完好无损。金箔成片状,外

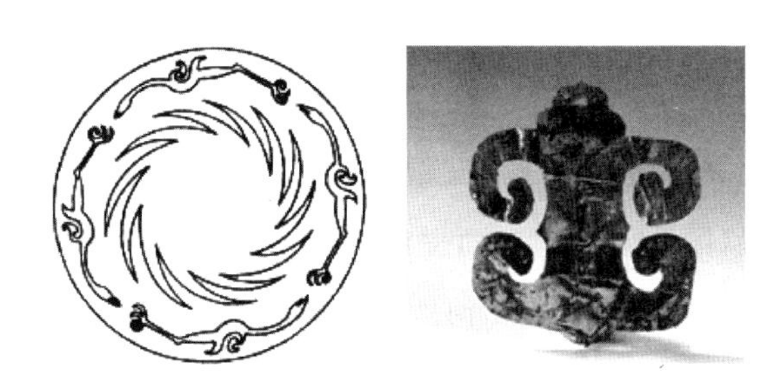

图 2－55　金沙遗址出土的太阳神鸟金箔和蛙形金箔

图 2－56　三星堆遗址出土的石蟾蜍

形如同一个变体的动物形象，从造型和特征看，应该是青蛙或蟾蜍。而在广西出土的铜鼓上，鼓面图案中心是十二芒的太阳纹，外圈是一圈美丽的翔鹭纹，最外围是四只立体的蟾蜍和两个骑士。考古学家相信，这个图案跟金沙遗址出土的太阳神鸟和蛙形金饰非常相似，由此也揭开了以太阳神鸟为中心的金沙遗址神秘拼图的谜底——太阳神鸟金箔位于中央，周围等距排列四只或更多蛙形金箔，它们镶嵌在某个器物上，寄托了古蜀人对日、月的崇拜。

另外，在三星堆遗址和金沙遗址中还发现了大量的象牙，尤其是金沙遗址中发现的象牙数以吨计，这些象牙被有序地埋在专门用于祭祀典礼用品的土坑内。有学者指出，这些象牙是被用来祭祀月亮的。在古蜀人的眼中，太阳是圆的，而月亮则是圆少缺多。从外形来看，天上的弯月与人间的象牙非常相似。世界各地考古发现中的“日”“月”图形和符号以及原始的象形文字中的“日”“月”的形状，无不是用圆形表示太阳，用新月形表示月亮，因为月亮毕竟是亏多盈少。新月一般被称为“月牙”。[1] 因此，古蜀人想到了用象牙祭祀月。也由此可见古蜀人对日月的崇拜有多么狂热。所以，四川汉代画像石、画像砖上出现如此多的日、月图像是有很深的渊源的。

而蟾蜍、兔何以会和月亮联系在一起并成为月亮的象征呢？关于这一问题，还要从原始人的自然崇拜和图腾崇拜谈起。在原始人心中，对月亮的敬仰来源于对自然天体的敬畏和对其规律的认识。在某个阶段，月亮等同于大地，被视为一切生命形式的源泉。“月亮以其存在模式而将无数的实体和命运‘捆绑’在一起。月亮的节律将和谐、对称、相似以及分享编织成一块无边的‘布’、一张由看不见线团组成的‘网’，同时也把人类、雨、植物、丰产、健康、动物、死亡、再生、死后生命以及其他更多事物‘捆绑’在一起。这就是为什么我们可以看到，在许多传说中月亮都被人格化为神灵，或者通过某个月亮动物而去‘织造’宇宙的帷幕或者人类的命运。”[2]而我国在母系氏族时期曾存在广泛的蛙崇拜现象。蛙纹是我国母系氏族社会文化遗存中的第二种

---

[1] 刘道军：《论古蜀人的月亮崇拜与历法》，《内蒙古社会科学(汉文版)》2006 年第 5 期。

[2] [美]米尔恰·伊利亚德：《神圣的存在——比较宗教的范型》，晏可佳、姚蓓琴译，广西师范大学出版社，2008 年，第 170 页。

基本纹样。它比鱼纹出现稍晚，分布更为广泛。东起河南省渑池著名的仰韶村、河南陕县庙底沟，中经陕西省华阴西关堡、临潼姜寨，西至甘肃马家窑、青海省乐都县柳湾，有众多数量的蛙纹彩陶出土（图2-57）。“在我国古代的神话传说中，有许多关于鸟和蛙的故事，其中许多可能和图腾崇拜有关。后来，鸟的形象逐渐演变为代表太阳的金乌，蛙的形象则逐渐演变为代表月亮的蟾蜍。”[1]蛙昼伏夜出的习性与月亮相近，它的形状和行为令人想到了月亮，月亮的圆缺跟蛙腹膨大或缩小相似，蛙本主司生殖，因此初民由此而引申出月亮里边有蛙的想象，蛙成为月亮的象征甚至月亮的“临在”。

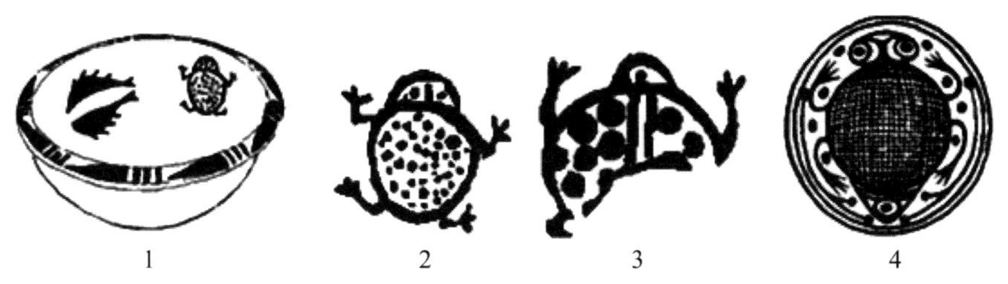


图2-57　1、2为临潼姜寨蛙纹　3为庙底沟蛙纹　4为甘肃马家窑彩陶盆（俯视）

汉画像中，兔与蟾蜍经常并置在月轮图像中。屈原在《天问》中就曾发问：“夜光何德，死则又育？厥利维何，而顾菟在腹？”对于这一现象，大致有以下几种观点：一是汉代阴阳哲学的影响，认为月中存在着蟾蜍和兔子能相制相依达到阴阳平衡。刘向《五经通义》说：“月中有兔与蟾蜍何？兔，阴也；蟾蜍，阳也，而与兔并，明阴系于阳也。”另一说是“阴影说”，在月亮由缺到圆的变化中，原始先民感到月亮里面有阴影。东汉天文学者张衡，在他所著《灵宪》里说：“月者，阴精，积而成兽，像蛤兔焉。”《太平御览》卷四引《诗推度灾》说：“月三日成魄，八日成光，蟾蜍体就，穴鼻始明。”（宋均注：“穴，决也；穴鼻，兔也。”）而闻一多先生在《天问释天》中认为“菟”与“蜍”音近，“顾菟”当是蟾蜍的音转。笔者认为汉画像“月中有兔”图像既是古代人观察月亮的产物，更是汉代人阴阳哲学的附会，以求阴阳制衡，万物化生。

---

[1] 严文明：《甘肃彩陶的源流》，《文物》1978年第10期。

### （三）汉画像"日、月"图像的发展

我国上古的日月崇拜发展到了汉代，受当时思想观念的影响，又有了新的表现形式，这就是中华民族的始祖神伏羲、女娲和日、月的结合以及神仙世界中羽人和日月的结合。

无论是华夏神话传说还是世界其他民族的神话信仰，日月神的诞生及其寓意均能折射出一种明确的二元对应关系，这种对应关系集中体现了自然生态和社会哲理的阴阳对应及对立统一的辩证联系。在汉代阴阳五行哲学的影响下，这种二元对立更为突出。其中，最为典型的便是把日、月性别化并和伏羲、女娲结合起来。"汉代的宇宙观视阴阳为对立统一的两极，任何具体事物——包括男女、禽兽、天地、日月、方位等等都可视为阴阳的具体表现。对汉代人来说，阴阳不是抽象的教条，而是万物内在的本质。不论在理论或是艺术中，他们对阴阳相克相生'模式'的追求都可以说是到了着迷的程度。对他们来说，整个宇宙之所以可以被理解，是因为阴阳对立和转化的模式是普遍的、可见的。他们把阴阳概念推而广之，运用到对所有社会和自然现象的解释中去，创造了许多具体的象征阴阳的物象，并用它们来阐发这一对概念。伏羲和女娲原本是两个互不相干的神祇，但在汉代神话中被配成一对，东王公的创造也出于相同的动机。"[1]这种附会和配对是中国古代民间信仰的一大特色。

汉代人认为，阴阳交合化育万物，阴阳最典型的代表莫过于日月。而日月自古以来就和生命、丰产有着密切的关系。伏羲、女娲之所以在汉代被配成对并附会成日月神，从另一方面来讲，恐怕还和他们的创世之功有关。

女娲在古代传说中是创世女神，其主要功绩在于造人和补天。《太平御览》卷七八引《风俗通》："俗说天地开辟，未有人民，女娲抟黄土作人，剧务，力

[1] [美]巫鸿：《武梁祠：中国古代画像艺术的思想性》，柳扬、岑河译，生活·读书·新知三联书店，2006年，第132、134页。

不暇供，乃引绳于泥中，举以为人。”《说文解字》云：“娲，古之神圣女，化万物者也。”《淮南子·览冥篇》中记载有女娲补天的神话：“往古之时，四极废，九州裂，天不兼覆，地不周载，火爁炎而不灭，水浩洋而不息，猛兽食颛民，鸷鸟攫老弱。于是，女娲炼五色石以补苍天，断鳌足以立四极，杀黑龙以济冀州，积芦灰以止淫水。”同时，女娲还是婚姻之神。《绎史》卷三引《风俗通》：“女娲祷祠神，祈而为女媒，因置婚姻。”常被后人附会成男欢女爱的乐器笙簧也相传为女娲所作。《博雅》引《世本》云：“女娲作笙簧。笙，生也，象物贯地而生，以匏为之，其中空以受簧也。”《帝王世纪》也载“女娲氏，风姓，承庖羲制度，始作笙簧”。

伏羲也是传说中人类文明的始祖，被尊为“三皇”之首。据《三皇本纪》记载，伏羲“有圣德，仰则观象于天，俯则观法于地，旁观鸟兽之文，与地之宜，近取诸身，远取诸物。始画八卦，以通神明之德，以类万物之情，造书契以代结绳之政。于是始制嫁娶，以俪皮为礼。结网罟以教佃渔……，养牺牲以庖厨”。伏羲通过俯仰观察，了解自然万物，对世界有了初步的认识和把握。有许多前辈学者还认为盘古就是伏羲。1941 年常任侠先生在《沙坪坝之石棺画像研究》一文中说：“伏羲一名，古无定书，或作伏戏、庖牺、宓羲、虑牺，同声俱可相假。伏羲与盘瓠为双声。伏羲、庖牺、盘古、瓠，声训可通，殆属一词。”闻一多先生在《伏羲考》第五部分“伏羲与葫芦”中，以大量古籍和民俗材料论证指出，盘瓠、伏羲乃一声之转，“明系出于同源”，伏羲与盘古都是葫芦所生，或者说伏羲、盘古均为葫芦的拟人化。[1] 传说盘古开天辟地，是一位创世大神，伏羲由此而成为人类的始祖。《绎史》卷一引《五运历年纪》云：“元气蒙鸿，萌芽兹始，遂分天地，肇立乾坤，启阴感阳，分布元气，乃孕中和，是为人也。首生盘古，垂死化身；气成风云，声为雷霆，左眼为日，右眼为月，四肢五体为四极五岳，血液为江河，筋脉为地里，肌肉为田土，发髭为星辰，皮毛为草木，齿骨为金石，精髓为珠玉，汗流为雨泽，身之诸虫，因风所感，化为黎氓。”

---

[1] 孙党伯、袁謇正主编：《闻一多全集》，湖北人民出版社，1993 年，第 110 页。

还有一种传说为伏羲、女娲本为兄妹，为了繁衍人类而结成夫妻。据《春秋世谱》《独异志》等记载，“华胥氏生男名伏羲，生女名女娲”；“昔宇宙初开之时，只有兄妹二人在昆仑山，……兄曰：‘天若遣我二人为夫妻而烟悉合；若不使，烟散。’于是烟即合，其妹即来就兄”。

由于阴阳观念的流行，在汉代，这两位始祖神自然而然地就被附会成一对对偶神，结婚生子、化育万物，并逐渐和最具阴阳特性的日月结合起来，最终成为日月神。汉画中出现数量众多的伏羲主日、女娲主月画像就是为了寄托人们对繁衍生殖的希望。

汉画像中的羽人日月图和汉代人的神仙信仰密切相关，汉代人追求长生不老，希望死后能升入仙境，而羽人则是生活在不死之乡的仙人。《山海经》有“羽民国在其东南，其为人长头，身生羽”，其民长头披羽，有如仙人。[1] 屈原《楚辞·远游》中有云：“闻至贵而遂徂兮，忽乎吾将行。仍羽人于丹丘兮，留不死之旧乡。”汉画像中，羽人犹如小精灵无处不在。汉代人深信羽人传说，东汉思想家王充《论衡·无形篇》：“图仙人之形，体生毛，臂变为翼，行于云，则年增矣，千岁不死。此虚图也。”王充虽认为羽人之说是虚言，但同时也证明了当时的人们深信羽人之说。日、月本来就是“天上”的象征，羽人则能自由地来往于天际人间，沟通仙界和凡间。因此，羽人与日月的结合其实是汉代人对于羽化登仙的向往，是汉人解脱死亡、升入天国的一种幻想。

## 三、汉画像“日、月”图像的内涵和功能

宗教感情浓烈是汉代文化的一个显著特征。两汉时，神仙之说盛行，巫术到处流行，对鬼怪神异力量的重视，无论是在政治思想中还是在社会日常生活中，都具有普遍性。鲁迅曾说：“中国本信巫，秦汉以来，神仙之说盛行，

[1] 袁珂：《山海经校注》，上海古籍出版社，1980年，第187页。

汉末又大畅巫风，而鬼道愈炽。”[1]汉代人事死如事生，认为人死了也应享受与活人一样的待遇，加之统治阶级对“孝”文化的提倡，社会各阶层大兴阴宅。丧葬活动和汉代人的生活密切相关，现实生活中的一切也被自然而然地搬到墓室中去。但汉代人的宗教信仰还不同于殷人的宗教迷狂，殷人的宗教多是出于对鬼神的恐惧，而汉代人的信仰则是人们将生活的价值和追求投射到彼岸世界的结果。曾有学者把汉武帝以至整个汉代社会对来世信仰的态度概括为四个字曰：“自做主宰。‘只是因为现世的东西和时空太渺小，根本不足以显示人们的力量，于是才想起了宗教。所以现世的自信越强大，宗教的喜剧也就越热闹，场面也就越大，直恨不得要把宇宙踩在脚下做舞台’。”[2]

汉代人的信仰呈现出典型的世俗性功利特征，墓葬生活中表现得尤其突出。“墓葬不只是为了死者，也是(或者更是)为了生者的福利。”“汉代一般民众对待死者及死后世界的想象，有相当大的部分是为了生者本身的利益而发展出来的。厚葬之风俗，也正是源于相同的心态。”[3]用于装饰墓室祠堂的汉画像砖石不是一种单纯的、专门性的艺术，更不是一件孤立的绘画、雕刻艺术品，而是一个特定历史阶段的产物和文化现象，是汉代为丧葬礼俗服务的功能艺术。[4]“汉画像石艺术反映了一个伟大的时代艺术精神和气质，它冲破和摆脱了商周宗教神秘艺术的禁锢，把眼光转向了人类社会生活的自身。”[5]不管是为了死者还是生者，汉代人对他们认为吉利的事物都加以崇拜和信仰，所以汉画像的题材内容丰富多样，传统的日月崇拜在汉代的墓葬生活中占据了一席之地并被赋予了新的意义。这些日月图像一方面是原始宗教思想的体现，一方面又寄寓了汉代人的美好愿望，具有典型的世俗性特征。

---

[1] 鲁迅：《中国小说史略》，团结出版社，2005年，第29页。
[2] 郭净：《中国面具文化》，上海人民出版社，1992年，第107页。
[3] 蒲慕州：《墓葬与生死：中国古代宗教之省思》，中华书局，2008年，第218页。
[4] 蒋英炬：《关于汉画像石产生背景与艺术功能的思考》，《考古》1998年第11期。
[5] 蒋英炬、杨爱国：《汉代画像石与画像砖》，文物出版社，2001年，第172页。

## (一) 宇宙象征功能

中国古代民间信仰的一大特色,是一种根深蒂固的对于机械性的天人相应的宇宙秩序的相信。[1] 所谓宇宙,《淮南子·原道训》曰"四方上下曰宇,古往今来曰宙,以喻天地"。宇宙即是天地万物的总称,包含着时间和空间。人是生活在宇宙之中的,"对人来说,人活着是所有问题的出发点,生命总是表现为宇宙中的生命,具体说人是生存在此天地之间。因此,对天地的认识就是人类一个永恒的话题"[2]。

日夜转换、四季交替,都与人的生命息息相关,对人类的生存至关重要。在古代人心中,宇宙对人类而言既神秘又神圣。人们总是想方设法去探索宇宙的神秘,接近或走进宇宙的神圣之中。这可从古代的房子、宫殿、庙宇、坟墓的建造都参照宇宙的范式而得到证明。"房子并不是一个物件,不是一个'用来居住的机器'。它是人类借助于对诸神的创世和宇宙生成模式的模仿而为自己创造的一个宇宙。"[3]古代中国的房屋、庙宇、宫殿、墓室都仿照宇宙时空的模式来建造。尤其在丧葬制度中,更是严格遵循宇宙模式,在墓室中再现生者世界,使墓穴呈现宇宙的模式是普遍的做法。《史记·秦始皇本纪》记载秦始皇陵"穿三泉,下铜而致椁,宫观百官,奇器珍怪徙藏满之。……以水银为百川江河大海,机相灌输。上具天文,下具地理,以人鱼膏为烛,度不灭者久之"。"汉代人常把作为宇宙之一的'天'看成是由天体星辰构成的物质实体。这种观念在墓葬艺术中的表现就是把坟墓内部布置成一个人造宇宙。"[4]汉画像就是建立在这样一种宇宙象征主义之上的功能性艺术,汉代人把对宇宙的认识外化为建筑的图式,在墓室、祠堂、石阙、棺椁上雕刻绘画各种能够象征宇宙的图像,以便墓主人能生活在一个稳定的时空中。那

---

[1] 蒲慕州:《追寻一己之福——中国古代的信仰世界》,上海古籍出版社,2007 年,第 235 页。
[2] 朱存明:《汉画像的象征世界》,第 95 页。
[3] [美]米尔恰·伊利亚德:《神圣与世俗》,王建光译,华夏出版社,2002 年,第 25 页。
[4] [美]巫鸿:《礼仪中的美术》,郑岩等译,第 248 页。

么，最能代表宇宙形象“天象”的便是日、月图像。其次，日、月不仅是人类建立时间的天然尺度，也是人类建立空间意识的标尺。所以，在汉画像中，众多的日、月图像成为建立和象征墓中“小宇宙”的最佳代表。

日、月图像在汉画像中是宇宙之一部分“天”的象征。那一望无际的苍穹、深邃的夜空令原始人感到神秘和好奇。原始人认为“天空”具有一种神圣的力量，“天”是宇宙万物的创造者并确立了宇宙秩序和保证人间生命生生不息。因此，远古人们对“天”无比敬畏，“天就是王朝的命运，是遍观一切的，是制定法律的权能。人们对着白天和黎明的光亮起誓；他们以蔚蓝的苍穹、蔚蓝的天空为证，上天是普照一切的”。[1] 在对天的膜拜和不断认识中，“天”因它的深邃和无限使人们的感情无从寄托，而“天空”中最直观的形象“日月星辰”更易令人们接近和认识，所以人们逐渐转向了太阳崇拜和月亮崇拜。加之日出日落、月缺月圆、昼夜的变化、四季的更替都和人类的生存息息相关，这些变化又受日月运行规律的控制，慢慢地，日月崇拜便代替了古老的天神，成为“天”的最直接的代表。由此看来，汉画像中的“日、月”图像在某种程度上就是天的象征，因为墓室祠堂空间的局限，“日、月”图像继而成为整个宇宙的代表。

在神话思想中，空间和时间从未被看作是纯粹的或空洞的形式，而是被看作统治万物的巨大神秘力量。它们不仅控制和规定了我们凡人的生活，而且还控制和规定了诸神的生活。日、月便在古代人们的思想中表达了时间和空间的意义，它们是时间和空间的创造者和管理者，尤其是太阳，“它实际上充当了人类建立时间和空间意识的天然尺度”[2]。日出日落的自然启示不但为人类生活建立了“日出而作、日落而息”的“作息”时间表，最为重要的是太阳的运行带来四季的变化和轮回。《吕氏春秋·大乐》：“阴阳变化，一上一下，合而成章。浑浑沌沌，离则复合，合则复离，是谓天常。天地车轮，终则复始，极则复反，莫不咸当。”春种、夏长、秋收、冬藏，太阳带来了四季永不休止

---

[1] [美]米尔恰·伊利亚德：《神圣的存在——比较宗教的范型》，晏可佳、姚蓓琴译，第 56 页。
[2] 叶舒宪：《英雄与太阳》，上海社会科学院出版社，1991 年，第 60 页。

的变更，月缺月圆，周而复始，日月以亘古永存的姿态存在于时间的无际中。汉代人把日月图像刻于墓葬中，除了因日、月是时间秩序的确立者之外，可能更是借助日月图像对生死轮回进行象征，寄托了对“永恒回归”的生命意识的渴望。

日、月还是宇宙空间方位的创造者和确立者。扬雄《太玄经》云：“日动而东，天动而西，天日错行，阴阳更巡，死生相摎，万物乃缠。”“日出日落”为人类提供了作为宇宙空间秩序观念的基础方位感。“我国的许多民族是先知道东西方向，后来才有南北方向的知识。景颇族称东方为‘背脱’，即日出的方向；称西方为‘背冈’，即日落的方向。”[1]汉字中的“東”字，从日在木中，这里的“木”指扶桑神木，正是日出处，《山海经》中有日出扶桑的记载。《说文》：“西，鸟在巢上，象形。日在西方而鸟栖，故因以为东西之西。”西字的读音又与鸟栖之栖通转。[2] 可见，太阳的出没运动确立了宇宙的空间方位，初民们根据太阳的运动最先确立了“东”“西”方位，而后才确立“南”“北”方位。“十”字和八芒纹通常被看作太阳的光芒，也常用来指空间方位。

古代中国宇宙观的主题是人的命运与某些自然的系统有一对一的关系，这些自然系统主要是根据时间或方位而成立的，时间和空间构成人的生命和活动的参考架构。到了汉代，时间和方位，再加上阴阳五行观念，更成为人们信仰、祭祀的基本要素。[3] 日月作为时空的创造者和宇宙秩序的确立者，在汉画像中反复出现，正是表达了汉代人想“与天地合其德，与日月合其明，与四时合其序，与鬼神合其吉凶”[4]的宗教愿望和信仰。

### （二）图腾佑护与升仙功能

日月之神是主宰大地的光明之神，象征着天地，人们认为阴间的社会和

---

[1] 宋兆麟等：《中国原始社会史》，文物出版社，1983 年，第 431 页。
[2] 叶舒宪：《英雄与太阳》，第 60 页。
[3] 蒲慕州：《追寻一己之福——中国古代的信仰世界》，第 236 页。
[4] 傅以渐、曹本荣：《易经通注·乾文言》卷一，中华书局，1985 年，第 6—7 页。

阳间的社会一样，都需要光明，需要日月二神的庇佑。汉画像中的日月图像既是天界的象征，承载了汉代人升仙的功能和愿望，又是原始自然崇拜和图腾崇拜的遗迹，起到了图腾护佑死者灵魂和保佑生者平安多福的作用。

远古时期，人类对自然界出现的各种现象迷惑不解，“不可见的世界具有人类难以控制的巨大魔力，它是世界生生不息的原动力，它给原始人的身心感受主要是恐惧和敬畏，在这种感受中，原始人甚至有可能只把事物的客观属性看作是神秘世界的标志和符号”。[1] 因此，自然崇拜和灵物崇拜盛行，天、地、日、月、星辰、山、石、湖、海、水、火、风、雨、雷、电等天体万物及身边的动植物都成为崇拜的对象。原始人认为这些自然现象和动植物表现出生命、意志、情感、灵性和奇特能力，会对人的生存和命运产生各种影响。因此，人们把这些自然物人格化和神圣化，对之敬拜和求告，希望获其佑护、消除灾害。其中，最典型的便是对日、月天体及象征日、月的动植物的崇拜。

太阳和月亮掌握着丰产。民以食为天，太阳能带来光和热，促使季节变换和植物生长，而月相的变化与潮汐及植物的生长都有关联。“早在农业发明之前，人们已经认识到，月亮、雨水和植物生命之间存在联系。植物世界来自同一个宇宙丰产之源，并且受到由月亮运行所掌管的往复循环所控制。”[2]原始人类依据对太阳和月亮的观测，制定出太阳历和太阴历来指导生产和生活，并认为在某些地方刻画上日月的符号便能确保丰收，很多学者认为连云港将军崖岩画上的植物太阳图案就是为祈祷丰收而刻画的。

太阳和月亮还是不死与再生的象征。日落日出，太阳每天都要历经死亡和重生，而且太阳能降临到下界，进入死者的国度，太阳由此具有了与死亡、葬礼等相关的特权；月亮有阴晴圆缺，它的存在受到生成、诞生和死亡的宇宙规律制约。“月亮和人一样，有一段悲剧的生涯，因为它和人一样最终不能摆脱死亡的结局。因为有三个夜晚，星空看不见月亮。但是在这种‘死亡’之后乃是一种再生：‘新月’。月亮走了，死了，但这绝不是最后的结局。它从自身

[1] [德]利普斯：《事物的起源》，汪宁生译，四川民族出版社，1982年，第325页。
[2] [美]米尔恰·伊利亚德：《神圣的存在——比较宗教的范型》，晏可佳、姚蓓琴译，第115页。

的物质再生，以追求它命定的生涯。”[1]太阳和月亮还是生殖之神。它们之所以能取代无所不能的创造万物的天神，主要是因为它们具有的生殖力量。[2] 月亮因其月相周期的变化和女人月经规律的一致性被认为是女性之神，掌握着生殖的力量。“月亮是生殖之地，因为她是繁殖的给予者；月亮是亡灵之地，因为人们离开人世后要奔赴那里；月亮还是再生之地，因为她赐给复活和永生。”[3]所以，在原始人看来，一个太阳或月亮的象征（一个护身符或者图像符号）本身不仅包含日月所具有的全部宇宙力量，而且能借着相关仪式，使拥有者得到这种力量的护佑，从而具备丰产、不死、再生和生命繁衍的能力。从这方面来讲，汉画像中的日月符号不仅确保死者获得幸福和再生，又借以保佑活着的子孙在阳间风调雨顺、福寿绵绵。

汉代人生活在一种神圣化的宇宙之中，他们对世界有一种基本的态度，人们相信死后也有一个世界，生界和死界一起构成一个完整的宇宙。《列子·天瑞篇》说：“死之与生，一往一反。故死于是者，安知不生于彼?”汉代人观念中的死界并不是悲观的黑暗的，它有可能通过某些事物的引导而到达长生不老的仙界。日、月天体因其高高在上的特性而被认为是天堂的象征，在墓室、棺椁上绘制日、月图像，便是希望其能引导死者灵魂穿越地下，进入不死的仙界。山东临沂银雀山汉墓、湖南长沙马王堆汉墓出土的帛画，在其天堂部分都绘有日、月，其中日中有三足乌，月中有蟾蜍和玉兔，这些图像就是用来象征死者将要升入的天堂。

上面已经提到，日月图像之所以能象征仙界，是与它们自身不死的特点密切相关。太阳运行时自身形体不发生变化，早晨升起而傍晚落下，日复一日无变化。《鹖冠子·泰鸿》云：“日信出信入，南北有极，度之稽也，月信死信生，进退有常。数之稽也。”《楚辞·天问》云：“夜光何德，死则又育?”在原始先民心目中，月亮有自我发育和自我更新的神力。月底的晦日便是月亮的死日，《说文》云：“晦，月尽也。”月初的朔日便是月亮的复苏之日，《释名·释

---

[1] [美]米尔恰·伊利亚德：《神圣的存在——比较宗教的范型》，晏可佳、姚蓓琴译，第 148 页。
[2] [美]米尔恰·伊利亚德：《神圣的存在——比较宗教的范型》，晏可佳、姚蓓琴译，第 126 页。
[3] [美]艾瑟·哈婷：《月亮神话——女性的神话》，蒙子等译，上海文艺出版社，1992 年，第 246 页。

天》云："朔，苏也，月死复苏生也。"月生、死之日分别为朔、晦，朔日之后的月亮日趋发育，称生霸；晦日之前的月亮日渐消亡，称死霸。霸，通魄。"人之生死决定于魄之去留，月死而复活可以视为魄去而复来，两者相似，故古人喻'月采'以弓，亦以魄。"[1]因此，日月因其"终而复始"的特点，成为当时人们拜神求仙的对象。汉画像中大量采用日月题材，就是以求死者能进入生生不息的不死轮回中。

汉画像中的羽人日月图像最能表明汉代人的升仙信仰。"羽人"，也称"鸟人"或"仙人"，以半人半鸟的形象出现在汉墓中。最早涉及羽人记载的是《山海经·海外南经》。屈原在《楚辞·远游》中载"仍羽人于丹丘兮，留不死之旧乡。朝濯发于汤谷兮，夕晞余身兮九阳"。可见，羽人是天界的神灵，能长生不死。有学者认为，羽人在汉代神仙谱系中具有两重象征意义：作为天堂仙界的神灵，其自身具有长生不朽的功能，这种功能象征着生命的永恒；羽人又具有升天降凡的本领，且拥有不死之药，所以它又充当着天堂仙界的使者，成为人类生命的拯救者和灵魂的引导者。[2] 这展现了汉代引魂升天的丧葬信仰和观念。而日、月又是天界的典型代表，那么汉画像中的羽人日月图便在某种意义上承担了引导死者灵魂升天的任务，寄寓了汉代人羽化升仙的愿望。

从文献记载来看，在秦汉时蟾蜍已经成为一种仙物和协助升仙的工具，《玄中记》云："蟾蜍头生角，得而食之寿千岁，又能食山精。"《抱朴子》云："仙药一曰蟾蜍，即肉芝也。"《水经·谷水》条引《晋中州记》云："先是有谶云：'虾蟆当贵'"，"蟾蜍辟兵，寿在五月之望"。因而，大量的蟾蜍形象被刻画在月轮之中，也是人们希望死后能借助其达到极乐世界的愿望表达。

### （三）生殖崇拜及祖先崇拜功能

古代社会人口死亡率高而人口增长率低下，人口问题在古代社会生活中

---

[1] 国光红：《九歌考释》，齐鲁书社，1999年，第88页。
[2] 贺西林：《古墓丹青——汉代墓室壁画的发现与研究》，陕西人民美术出版社，2001年，第26—34页。

成了关系到人类社会能否延续的根本大事。因此，古人对生殖有一种炽热的崇拜。汉代人对生殖的崇拜是极盛的，一方面是因为客观人口增长缓慢；另一方面，深受儒家伦理思想道德的影响。《孟子·离娄上》云："不孝有三，无后为大。"汉代人尤其注重"孝"道，所以，在汉代社会生活中，繁衍子孙被看得极为重要。在每年三月三日的"上巳"节里，汉代人都要举行祈求生殖的活动，以求"上以事宗庙，下以继后世"。在墓葬生活中，汉代人更是寄托了永世繁衍的愿望，汉画像中的日、月图像便因其自身具有的生殖力量而在很大程度上承载了汉代人对生殖繁衍的渴望。

太阳和月亮都具有生殖的力量。赵国华先生认为"生殖崇拜的最初阶段是对生殖器崇拜，生殖器崇拜的表现是对生殖器象征物的崇拜，其深层含义是祈望生殖繁盛，亦即解决增加人口问题"。[1] 日、月、三足乌、蟾蜍等在原始先民眼中便是生殖器的象征物。人们把这些生殖器象征物加以神化，并认为生殖器象征物的生殖功能远胜于人类，对这些生殖器象征物进行膜拜便可促进人类繁衍。日、月、三足乌、蟾蜍成为汉代人膜拜的对象，目的其实在于借助它们的神力增加生殖能力。

《说文解字》训"日"字为太阳之精，在古人心目中，太阳是宇宙之间阳性力量的总源泉和总代表。汉语中把男性性器称为"阳具"，清楚地暗示出它与太阳之间的象征关联。弗雷泽曾列举出许多民俗事例说明青春期女子禁止观看太阳或火，这一禁忌背后的信仰便是太阳射出的阳性力会使女子怀孕。[2] 神话学家罗科指出，对生殖器的崇拜和对太阳的崇拜不仅是同时期的现象，而且两者是在同一种信仰之下交融在一起的。男性性器与太阳具有相同或类似的蕴含——它们都是性神的代表。[3]

日中三足乌也被认为是男性的象征。"远古先民以鸟象征男根，男性两腿夹一男根，其数有三，所以，他们在彩陶上绘制男根的鸟纹时，为了强调其产卵的尾部，以局部对应突出象征男根的意义，遂将鸟纹画成了'三足'。另

---

[1] 赵国华：《生殖崇拜文化论》，中国社会科学出版社，1990 年，第 391 页。
[2] [英]弗雷泽：《金枝》，徐育新等译，中国民间文艺出版社，1987 年，第 396、397 页。
[3] 转引自叶舒宪《英雄与太阳》，第 105 页。

外,男根由一阴茎二睾丸组成,其数有三,为了与此相合,以强调两个睾丸,遂将其变形为两条竖直线,也可能是鸟纹出现三足的原因。”[1]郭沫若先生在谈到“玄鸟生商”的神话时也认为,鸟是男性生殖器的别名,卵是睾丸的别名。至今,在俚语俗文中,鸟依然是男性生殖器的象征,比如四川人称男性生殖器为“雀雀”,河南人称为“鸭子”等。[2]

月亮不仅是永生的给予者,还是生育能力的给予者。“原始人认为,女人一定有和月亮一样的本性,这不仅因为她们和月亮一样,都有‘膨胀’的趋向,而且还由于她们也有与月亮的月周期一样长的月经期。在许多语言中,表示月经的字与表示月亮的字,不是相同就是联系很紧。这一事实说明,女人和月亮普遍地被认为存在着密切的关系。她的月经周期与月亮的月周期一样,这就直接证明了她与这一天体是相协调的。”[3]

汉画像中的月中蟾蜍同样寄予了汉代人祈求生殖旺盛的寓意。原始人出于生存本能对自然界中某些动物旺盛的生命力产生崇拜心理,并期望通过对这些动物的祭拜达到自身增殖的目的。“从表象上看,青蛙的肚腹和孕妇的肚腹相似,一样浑圆而膨大,从内涵来讲,蛙的繁殖能力很强,产子繁多,一夜春雨便可育出成群的幼体。”[4]因此,原始人们就在蟾蜍身上寄托对于生殖的渴望,以蛙象征女性生殖器子宫(肚子),进行生殖崇拜。广西出土的铜鼓上也发现了大量的蛙纹,宋人周去非《岭外代答》卷七记载说:“广西土中铜鼓,耕者屡得之。其制正圆,而平其面,曲其腰……面有五蟾,分据其上,蟾皆累蹲,一大一小相负也。”[5]萧兵先生认为“负子蛙”表现的其实是一只小雄蛙骑在雌蛙背上进行交配,“这显然是希望蛙类、蛙族繁殖富庶的象征”。[6]

受当时阴阳五行哲学思想的影响,汉代人对生殖的崇拜转变为对两性生

[1] 赵国华:《生殖崇拜文化论》,第 265 页。
[2] 《郭沫若全集·历史卷》第一卷,人民出版社,1982 年,第 328、329 页。
[3] [美]艾瑟·哈婷:《月亮神话——女性的神话》,蒙子等译,第 23 页。
[4] 赵国华:《生殖崇拜文化论》,第 182 页。
[5] 《太平御览》第四册,中华书局,1960 年,第 4212 页。
[6] 萧兵:《楚辞与神话》,江苏古籍出版社,1987 年,第 123—124 页。

殖神的崇拜。人类的始祖神伏羲、女娲在汉代被配对，成为一对对偶神。《周易·系辞下》云："天地絪缊，万物化醇；男女构精，万物化生。"《老子》云："玄牝之门，是谓天地根。"又云："牝常以静胜牡，以静为下。"老聃显然是从色素沉着的女阴的生育功能引申出天地的起源，又从男女交合的过程引申出人生思想上的无为守柔、致虚守静。这同时也说明，中国传统哲学中的阴阳二元论和太极一元论，其实都源于生殖崇拜。[1] 伏羲、女娲历来被认为是中华民族的祖先。汉画像中，汉代人为了强调阴阳交合、化生万物的功用，更以代表阴阳、刚柔、男女之意的太阳和月亮分置于相对或交尾的伏羲、女娲怀中，即我们所说的伏羲主日女娲主月图像，以期用这种阴阳调和的形象来强调旺盛的生殖力，从而使种族永世繁衍、生生不息。

其实，汉画像中的日月图像既有生殖崇拜的意义又有祖先崇拜的意味。太阳、月亮、鸟及蟾蜍等在上古中国都是某一氏族的图腾和标志，也通常被认为是部族的祖先。（关于这一点，第三章已经论述，这里不再赘述。）"生命、丰产、死亡和来世之间具有一致性，因而存在着宇宙循环的概念，这种循环通过历法展开，通过仪式而实现；祖先崇拜至关重要，乃为巫术-宗教的源泉。"[2]祖先婚配交合才有万民，才有后世的繁盛，生殖崇拜的背后本身就是祖先崇拜。联系到历史的传承、种族的延续和生命的缔造，生殖崇拜的深层意义便凸现出来，家族的繁衍不息本身就是对死去祖先的尊重和交代。

### （四）阴阳和合、生生不息

《老子》云："道生一，一生二，二生三，三生万物。万物负阴而抱阳，冲气以为和。"阴阳二气相交产生万物。《系辞》云："天地之道，贞观者也。日月之道，贞明者也……天下之动，贞夫一者也。"道始于一，一即太极，为宇宙的本

[1] 赵国华：《生殖崇拜文化论》，第 400 页。
[2] [美]米尔恰·伊利亚德：《宗教思想史》，晏可佳等译，上海社会科学院出版社，2004 年，第 463 页。

源，万物由此而生。《系辞传上》云："一阴一阳之谓道。"《荀子·礼治》："天地合而万物生，阴阳接而变化起。"这些都表明，阴阳交合才能化育万物，才能魂魄相接更新生命。这一思想发展到汉代，形成系统的阴阳五行哲学。汉代人认为万事万物都可以纳入阴阳五行哲学思想体系中来，所有的事物都可以一分为二，这就是阴阳，事物间的对立统一是阴阳五行哲学的典型特征。

依据阴阳哲学的对立统一特征，古人以阴阳来解释自然界的各种现象，例如天是阳，地是阴；日是阳，月是阴；男是阳，女是阴等等。凡是旺盛、萌动、强壮、外向、功能性的，均属阳；相反，凡是宁静、寒冷、抑制、内在、物质性的，均属阴。汉代人认为，阴阳是否调和关系到人间的祸福，阴阳和谐，则万物昌盛充满生机，阴阳失衡则万物败落。所以，汉代人期盼阴阳和谐，处处注意阴阳调和，以求上天保佑人间降临福祉，避免祸患，实现万物的生生不息。

汉代人注重死亡，对死亡有一种理性的认识，这种理性认识便是注重由"死"向"生"的转换。《礼记·外传》说："人之精气曰魂，形体谓之魄，合阴阳二气而生也。"阴阳交合，才能魂魄相接，更新生命。所以，墓室、祠堂、棺椁上雕刻大量被赋予阴、阳性质的画像，形成一种二元对立统一的模式，例如日与月、伏羲与女娲、东王公与西王母、鸟与鱼、青龙与白虎、朱雀与玄武等。汉代人在这些画像上寄托了"生"的向往，这个向往包含着两重含义，他们一方面希望借助阴阳交互的力量，使祖先的魂魄交合而得到重生，一方面又寄托了阴阳交合、子孙新生、传宗接代的愿望。

在这个阴阳体系中，"日"因是阳之至尊、"月"因是阴之至尊而得到特别强调。在汉画像中，太阳和月亮经常被置于两侧，象征着宇宙中阴阳两种力量的对比和平衡。[1] 汉画像的日月形象，也几乎总是以二元对立的形式出现的。有太阳形象的符号时，必有代表月亮的符号与之相对，反之亦然。例如，陕西汉墓墓门楣画像的两端就常饰以对称的日轮、月轮来象征宇宙秩序和阴阳调适。

---

[1] 巫鸿：《礼仪中的美术》，郑岩等译，第173页。

汉画像中的日月图像还被置换成两性的概念，和男女结合起来，代表夫妇之位。“阴阳交互作用制约着宇宙节律，与两性行为的补充性转化之间具有一种完美的对称性。既然万物被赋予了女性的本质即阴和男性的本质即阳，那么阴阳和合的主题就同时具备了宇宙和宗教的维度。实际上，两性的仪式对立既表示两种生活样式的互补和对立，也表示了阴和阳这两种宇宙原则相互转化。”[1]《礼记·礼器》云：“大明生于东，月生于西，此阴阳之分，夫妇之位也。”此条注云：“大明，日也。”《礼记·昏义》记载：“故天子之与后，犹日之与月。”这里的日月都是指帝、后，亦即指夫、妻，仍是“夫妇之位”的意思。这里，日月与阴阳自然联系在一起。南阳唐河针织厂汉墓南北二室的天象图就深刻地反映了汉代人的阴阳五行思想。针织厂汉墓的南主室顶部绘有月亮星宿图，北主室顶部绘有太阳白虎图。月亮的两侧是二十八宿中的尾宿与女宿等。《史记·天官书》尾宿一条下列《春秋元命苞》注云：“尾九星，箕四星，为后宫之场也。”《史记正义》注此条云：尾宿“第一星为后，次三星妃，次三星嫔”，可见尾宿是女性的象征。由此可知这是一座夫妻合葬墓，南北主室相对，一阴一阳，一男一女，阴阳调和，生生不息。

汉画像上的日、月图像，为表现阴阳交合、化育万物的功能，还常以对偶神的形式出现，如伏羲、女娲，东王公、西王母。汉画像中的伏羲与女娲、东王公与西王母之间的对称关系，不仅各自反映出空间上的对称关系，更表露出他们各自反映内容上的功利对称。这个内容上的对称便是伏羲、东王公被视为日神，是男性，具有阳性的特征；西王母、女娲被视为月神，是女性，具有阴性的特征。同时他们都是天界的神灵，因此他们的对立统一更具有“阴阳和合”的功能。其实伏羲与女娲、东王公与西王母原本并不相干，“在汉代以前，他们均未形成明确的对偶关系，只是到了汉代，由于社会的需求，人们为了追求心理平衡，希望神和人一样具有夫妻关系，同时也为了附会阴阳学说，使之形成对偶关系”[2]。

---

[1] [美]米尔恰·伊利亚德：《宗教思想史》，晏可佳等译，第471页。
[2] 陈履生：《神画主神研究》，紫禁城出版社，1987年，第19页。

“石棺后挡上伏羲与女娲的图像组合则将石棺转化为一个缩微宇宙。这一对神明可以看作象征着宇宙中的阴、阳两种基本力量。他们的性别、交缠的双尾，以及手中分别举持的日月都显示了这种象征意义。伏羲左手举日，女娲右手举月。月中有一兔，日中有一乌。根据汉代的神话，这些动物居住在象征阴阳、宇宙的太阳与月亮之中。”[1]伏羲、女娲在汉代被附会成日神、月神，可能与他们“规天”“矩地”的功能相关，汉画像中常以“伏羲主日”“女娲主月”的形象出现，且两者往往交尾或相对，以喻阴阳合德，滋生万物。东王公、西王母在神界也和日、月神有关，二者分别是太阳与月亮的化身。西王母神话的空间定位在西方，《山海经·西山经》中有明确记载：“西三百五十里曰玉山，是西王母所居也。”“由于西方属阴、配秋的神话认同，西王母又是太阴之神即月神。”[2]《吴越春秋·勾践阴谋外传》云：“立东郊以祭阳，名曰东皇公。立西郊以祭阴，名曰西王母。”汉画像中的东王公和西王母常分别端坐在东、西方位上，形成对立统一的关系，象征着宇宙中阴阳力量的和谐。

汉画像中的象征日、月图像的三足乌和蟾蜍，也被打上了阴阳的烙印。刘向《五经通义》说：“月中有兔与蟾蜍何？月，阴也；蟾蜍，阳也，而与兔并明，阴系于阳也。”按《周易》，日为阳，月为阴，故月又被称为太阴。阴兔也用来指月，庾信《佛龛铭》中“阴兔假道，阳乌回翼”即是其证。阳乌和蟾蜍在古代是最能代表阴阳的生灵。《灵宪》云：“日者，阳精之宗，积而成乌，象乌而有三趾。阳之类，其数奇。”“月者，阴精之宗，积而成兽，象兔蛤焉”。《太平御览》卷四引《春秋纬演孔图》曰：“蟾蜍，月精也。”日中三足乌和月中蟾蜍以相对的形式出现在汉画像中，乌、日属阳，月、蟾蜍属阴，二者对立统一，寄予了汉代人“阴阳合德，刚柔有体，以体天地之撰，以通神明之德”的愿望。

汉画像中的日月图像作为汉代阴阳五行思想的应用和外化，反映的是汉代人对于生命和死亡的认识。对于汉代人而言，死后的世界似乎基本上是乐观的，汉画像中呈现出来的场景可以说是一个理想世界的横切面，墓文中也

---

[1] 巫鸿：《礼仪中的美术》，郑岩等译，第173页。
[2] 叶舒宪：《中国神话哲学》，中国社会科学出版社，1992年，第83、84页。

多刻有“长乐未央”“长生寿考”“富贵”等祝福性的词语。但与这种乐观的心态同时并存的，是一种焦虑、疑惧的心态。如王充所说，一般人在面临死亡的威胁时，大多是“内持狐疑之议，外闻杜伯之类”，因为毕竟人无法真正来回于生死两界。这焦虑和疑惧的心态又可分为对死者的关切和对生者的期待两方面。[1] 然而“生”毕竟是人生的第一要义，所以汉代人在高度关注死亡的同时更注重追求死亡背后的出路和希望，并希望借助某些象征性的神话和仪式来实现对命运的征服。“一个神圣的事物，无论其具有怎样的形式和本质，它之所以为神圣，在于它揭示或者分享了终极的实在。”[2]汉画像中的日月图像之所以神圣，便是因其阴阳调和、化生万物的内涵和功能使死亡成为一种休憩而不是最终的结局，“生生不息”对于汉代人而言才是最终极的实在。

## 四、结语

日、月图像起源较早，是人类认识自然的结果。从自然崇拜的对象到生殖崇拜、祖先崇拜对象再到汉代的阴阳哲学下的典型代表，在漫长的发展中，日月图像的内涵和功能不断得到延伸和扩大。因此，汉画像中的日月图像绝不是对当时天文学发展的简单记录和再现，而是原始的宗教崇拜与汉代“天人感应”“天人合一”及阴阳哲学影响相交会的产物，是汉代人对死后世界的一种理想建构。日月图像不仅以时空、方位的确立赋予死后世界以秩序和意义，使坟墓成为一个小宇宙，佑护和引导死者遁入无限的宇宙循环之中，获取一种周而复始的不死性。还因自身与丰产、死亡、再生等的关系而具有生殖象征的功能，从而保佑部族繁衍昌盛，达到祖先崇拜的目的。更因其是阴、阳力量的代表，在对立互补中相化相生，从而实现“阴阳化合、生生不息”的终极实在。

---

[1] 蒲慕州：《追寻一己之福——中国古代的信仰世界》，第186—188页。
[2] [美]米尔恰·伊利亚德：《神圣的存在——比较宗教的范型》，晏可佳、姚蓓琴译，第151页。

生命的有限性使人类思考在有限的生命中去追求和创造无限的问题。人类无法逃避死亡，只能去超越死亡。日、月被古人视为一切生命形式的力量和源泉，对它们的崇拜已经远远超出了宗教的范围，日、月已成为一种宇宙观的基础，人们希望在日、月的对立统一中，获得宇宙的全部意义，达到自我圆满，从而实现“生生不息”的渴望。了解到这一点，便有助于我们去理解两汉时期人们的宇宙观念和生死观念，把握中华民族原始的思维方式和心理特征，更好地理解中华文化的独特内涵。

# 第三章
# 汉画像中龙图像的寓意

龙芃穆

龙作为中华民族的图腾，具有非常深厚的文化底蕴。在汉画像中，龙图像作为一个整体，不仅有着固定的寓意，而且每种图像的组合在特定的故事背景中又分别有着不同的文化内涵。

汉画像中的龙图像有着极其特殊的意义，它是引魂升天的工具，同时又是沟通天、地、人、鬼四界的桥梁。它既可以作为阴阳变换的符号，又可以为人们祈愿、纳福。它既是掌管东宫的神兽，又能够代表帝王的威严傲视四方。

## 一、引魂升天的神龙

汉画像中有关龙的图像有很多。龙到底是什么，它在汉画像里具体表达了什么寓意？对龙图像释义必须在一定的历史背景下，以客观理性并符合逻辑的视角对其所处的社会文化进行全面考察，从而对所研究的图像进行梳理。只有全面地考虑和重构某个特定时代的生活和思想，才能对某一种特定的艺术形式的意义及价值有所了解。对于这两个问题，国内外很多学者也都做了大量的研究工作。闻一多先生曾在《伏羲考》中写道："假如我们承认中国古代有过图腾主义的社会形式，当时图腾团族必然很多，多到不计其数。

我们已说过，现在所谓龙便是因原始的龙（一种蛇）图腾兼并了许多别的图腾，而形成一种综合式的虚构的生物。”[1]这个学说在众说纷纭的龙起源论中还是大家公认的比较权威的说法，而对类鳄说、类蛇说、类鱼说等说法的认可度都不是那么高。龙图像在汉画像里既有统一的神圣显现的寓意，又可代表不同的寓意。著名考古学家张光直先生在论述商周时期的青铜纹饰时说过：“龙的形象如此易变而多样，金石学家对这个名称的使用也就带有很大的弹性：凡与真实动物对不上，又不能用其他神兽（如饕餮、肥遗和夔等）名称来称呼的动物，便是龙了。”[2]笔者认为整个汉画像中的龙图像是被汉代人寄予极高期望的神兽，它是人们美好愿望的承载体，是汉代人延续古人的神话并通过自己的期望升华出的一个神兽。

## （一）汉代人的神仙观

米尔恰·伊利亚德说：“天空是神圣的。这个启示并不是个人的，也不是暂时的，它完全游离于历史之外。天空的象征在一切宗教的框架中都有其位置，仅仅因为其存在的模式游离于时间之外。事实上，这个象征赋予一切宗教的‘形式’以意义并支持这些宗教‘形式’，而且在这样做的时候其本身并未丧失任何东西。”[3]

原始文化的演变是在人类对自身的出生和死亡的摸索及探析中曲折前进的。人类或万物的自然死亡对原始人类来说具有极大的神秘性和恐怖感，在这种懵懂的意识状态下原始人为了探寻奥秘和掩饰内心的恐惧，造就了众多的神鬼神话和祭祀巫术的仪式。他们这样做的目的，一者是对不可逃避的死亡的恐惧，所以想尽一切办法求长生不老。于是假想中就有了“昆仑神山”“蓬莱仙境”等神秘世界，人们极力追寻它们的踪迹只为试图得到仙丹以求长生。战国时期齐鲁大地就出现了海上方士，他们受齐威王等君王的派遣远渡

[1] 闻一多：《伏羲考》，上海古籍出版社，2009 年，第 81 页。
[2] [美]张光直：《美术、神话与祭祀》，郭净、陈星译，辽宁教育出版社，1988 年，第 67 页。
[3] [美]米尔恰·伊利亚德：《神圣的存在——比较宗教的范型》，晏可佳、姚蓓琴译，第 98 页。

渤海寻求三座神山。《汉书》记载:"此三神山者,其传在渤海中,去人不远。盖尝有至者,诸仙人及不死之药皆在焉。其物禽兽尽白,而黄金银为宫阙。未至,望之如云;及到,三神山反居水下,临之。患且至,则风辄引船而去,终莫能至云。"王者对长生不老的追求一直延续着,到秦始皇时更是达到了空前的"繁盛"。顾颉刚《汉代学术史略》记载:"兴师动众造船下东海求仙,还令人带去五百童男童女,花费几万金,无果而返,盛怒之下,把对方士的憎恨投到了儒生身上,竟至'坑儒'四百六十余人。"[1]再者,对死后世界的遐想使古人感觉自己死后便是到了另一个世界即所谓的"天堂"。他们所谓的死后世界其实是现实生活的另一个翻版和美好的愿望,所以在汉代以孝治国的时候厚葬就成为对死者的最高敬仰。他们认为天上的世界就是神仙的世界,也是他们死后定会到达的世界,所以汉代人死后的墓室有着严格的空间层次。汉墓本身大多是石质结构,在多数的石质墓穴中能看到想象力丰富、构图讲究的汉画像。选用石头作为墓室材料,本身就说明汉代人对石头的尊崇和信任。米尔恰·伊利亚德说:

> 在原始人的宗教意识中,坚硬、粗粝、持久的物体本身就是一种神显。一块高贵的岩石或者一块耸立的巨大的花岗岩,还有什么比它更加直接、自主地体现完美的力量,比它更加高贵、令人叹为观止的呢?首先,石头存在。它就是它自己,它只为自己而存在,而更加重要的是,它令人印象深刻。甚至在人们还没有来得及留下印象之前,就已经感到它是一个障碍——即使不是对他的身体,至少对他的目光而言——而且确乎感到它的坚硬、它的力量。[2]

石头本身就可以作为一种神显,可见汉代人对自己死后的世界是多么重视。"汉代是一个重仙好祀、神秘浪漫的时代。以汉武帝为例,他的一生就同

[1] 顾颉刚:《汉代学术史略》,东方出版社,1996年,第11页。
[2] [美]米尔恰·伊利亚德:《神圣的存在——比较宗教的范型》,晏可佳、姚蓓琴译,第206页。

鬼怪神仙永远联系在一起。由于统治集团的好尚，加之汉代厚葬风气的盛行，汉人生活的每一个空间，甚至每一个角落无不飘散着神灵的迷雾。”[1]可见汉代人的神仙观是在神仙方术广泛流行的背景下，在孝道治国举国重视厚葬的社会风气下产生的。汉代人营造出的死后世界是一个充实的、有善恶因果报应的、层次丰富的世界。他们把人死后的世界分为罪恶报应的“地下恐怖世界”，同人们活着的时候一样的“死后人间世界”，灵魂初步升天的“天上世界”，以及到达极乐净土的“神仙世界”。信立祥先生认为，汉代的这种神仙观是严格根据当时的神话传说和儒家礼制创作出来的。

> 这里所说的宇宙观念，并不是哲学意义上人对物质与精神相互关系的认识，而是原始信仰中对宇宙层次的基本划分及对宇宙不同层次相互关系的认识。汉代人认为，全部宇宙世界是由从高到低的四个部分构成的。首先是天上世界，这是一个由作为宇宙最高存在的上帝和诸多人格化的自然神组成和居住的诸神世界；其次是由西王母居住的昆仑山所代表的仙人世界即‘天堂’世界；第三个宇宙层次是现实的人间世界；第四个宇宙层次是地下的鬼魂世界。[2]

汉代人认为人死后的灵魂会根据人的一生来判断死后的归属，而灵魂通往这四个世界则跟生前一样也需要一种交通工具，在汉代墓室画像中承载这个作用的交通工具往往便是华夏人民视之为图腾的神灵显现——龙。

### （二）穿梭四界的神兽

“汉画像是一种象征型的艺术，它表现的审美特征是一种宇宙象征主义

[1] 张宏：《汉代〈郊祀歌十九章〉的游仙长生主题》，《北京大学学报》1996年第4期。
汉武帝听信方术之言祭祀泰一，在甘泉山筑造离宫、立起泰畤坛，在泽中立后土坛，太液池中筑三神山，召爱妃的鬼魂，炼丹砂等等。汉武帝重用神仙方士，定郊祀之礼，创作《郊祀歌》。

[2] 信立祥：《汉代画像石综合研究》，第60页。

的。不仅图像本身从整体上分析是宇宙的象征，而且包括墓穴、祠堂、石棺、石阙的形制和图像，只有放在宇宙象征主义的视角中，才能得到合理的解释，离开了整体性就会失去对汉画像艺术审美意义的真正理解。”[1]而在汉画像图像世界里面，整个图像构成的世界也是极富宇宙象征主义的。汉代人用浪漫和古朴的方法将他们想象中的宇宙世界形象刻画在墓室石壁上，方便死后穿梭于除恐怖地狱世界外的其他世界。其中，代表着神仙的驾乘和带领自己灵魂升天的龙占据了较多的数量。

在世界上，许多民族原始的文化里面都有一个令人恐怖的地下世界。在中国，对地下世界的恐惧也有着悠久的历史。《楚辞》中描述了大量的怪物，这些怪物大多活动在人死后的阴间，神话传说中阴间的鬼怪无疑增加了人们对死后世界的恐怖。没有人能知道死后到底是什么样的世界，即便是科技发达的现代社会也没有对人死后的很多灵异事件做出科学的解释。死后将进入的黑暗世界可能充满了可怕的幽灵和鬼怪，灵魂在前往天堂的旅途中要遭遇艰难危险。李泽厚先生摘引《楚辞·招魂》：

> 魂兮归来，东方不可以托些。长人千仞，唯魂是索些。十日代出，流金铄石些。……魂兮归来，南方不可以止些。……蝮蛇蓁蓁，封狐千里些。雄虺九首，往来倏忽，吞人以益其心些。……魂兮归来，西方之害，流沙千里些。旋入雷渊，爢散而不可止些。……魂兮归来，北方不可以止些。增冰峨峨，飞雪千里些。……魂兮归来，君无上天些；虎豹九关，啄害下人些。一夫九首，拔木九千些。豺狼从目，往来侁侁些。……魂兮归来，君无下此幽都些。土伯九约，其角觺觺些。敦脄血拇，逐人駓駓些。[2]

李泽厚认为这里描绘的是一个恶兽伤人不可停留的恐怖世界。袁珂认为龙是神仙驾乘的工具，文献中也有很多有关神仙驯龙和驾驭龙的记

---

[1] 朱存明：《汉画像的象征世界》，第10页。
[2] 李泽厚：《美的历程》，中国社会科学出版社，1984年，第87页。

载。[1] 汉代人希望死后可以由龙带领自己的灵魂穿梭于人间与天堂。一方面人们出于对死后世界的恐怖，不想自己的灵魂陷入恐怖地狱世界；另一方面汉代人深信神仙驾乘的龙可以帮他们把死后的灵魂带入仙人的世界乃至天上世界。1949 年 2 月在长沙东南郊陈家大山楚墓中发现的帛画"人物龙凤图"是龙凤引导墓主人灵魂升天含义的典型图解。李学勤先生对这幅帛画有着如下的介绍："人物龙凤图右下方为一宽衣长裙女子，双手合十，目视前方，神情端庄；人物上方为一龙一凤，龙居左侧，蛇身双足，曲身仰首而上；凤居右侧，一长尾飞卷，昂首展翅而翔。"[2]据墓葬共存文物考察，女子当为墓主人；龙、凤、人物三者关系密切，反映了我国古代"引魂升天"的迷信思想。1954 年 3 月山东沂南北寨村出土的画像石中刻画了三马扮龙拉战车的场景(图 3-1)。而在河南南阳唐河针织厂出土的汉画像石中则描绘了高禖神驯

图 3-1　沂南汉墓中室东壁横额画像局部　山东沂南

(采自《中国画像石全集·第 1 卷》　图二〇三)

[1] 袁珂：《山海经校注》，第 191、210、218、271 页。分别对神仙御龙、驯龙、驾龙做了记载。"西南海之外，赤水之南，流沙之西，有人珥两青蛇，乘两龙，名曰夏后开。开上三嫔于天，得《九辩》与《九歌》以下。"(《大荒西经》)"大乐之野，夏后启，于此舞九代；乘两龙，云盖三层。左手操翳，右手操环，佩玉璜。在大运山北，一曰大遗之野。"(《海外西经》)"东方句芒，鸟身人面，乘两龙。"(《海外东经》)"南方祝融，兽身人面，乘两龙。"(《海外南经》)"西方蓐收，左耳有蛇，乘两龙。"(《海外西经》)"北方禺强，人面鸟身，珥两青蛇，践两青蛇。"(《海外北经》)

[2] 李学勤：《中国大百科全书》(考古学卷)，中国大百科全书出版社，1986 年，第 518 页。

兽的场景。在画像右侧，高禖神持两蛇站立，在左侧有一神龙张着巨口，尾巴上翘。可以看出这是一幅驯兽的场景。龙这样的神兽即便作为神仙的座驾也是需要神仙的驯服才可以驾乘的(图 3-2)。

图 3-2　校猎　高禖神　河南南阳　唐河针织厂
(采自《中国画像石全集·第 6 卷》　图一六)

湖南长沙子弹库楚墓出土帛画“人物驭龙图”最为典型。图中男子高冠宽服，头上罩有伞盖，手抚佩剑，驭龙而行；龙身躯硕长弯作舟形，头上独角高树，上唇长卷，有足有鳍，尾分两叉，摆颈昂首做飞升状；龙尾上立一鹤形鸟，龙身下有一游鱼并行。出土这件帛画墓葬中的墓主人是一位 40 岁左右的男性，因而画中男子当为墓主人形象，整个帛画的主题很明显是龙负载墓主人的灵魂升天。1973 年河南邓县(今邓州市)长冢店墓出土的龙·辟邪图像描绘了一仙人手抓龙尾做嬉戏状，可以看出仙人已经完全将龙驯服(图 3-3)。

图 3-3　龙·辟邪　河南邓州　长冢店
(采自《中国画像石全集·第 6 卷》　图八一)

在汉画像中描绘墓主人通过神龙引魂升天的图像中，长沙马王堆一号西汉墓出土的T型彩绘帛画无疑是最具代表性的一幅作品。[1] 整幅帛画呈T字形，长205厘米。根据墓中出土的相关文字记载得知，这幅帛画称为“非衣”。俞伟超先生对这幅帛画有着这样的理解：“当时，凡死者刚亡，都要招魂。……招魂之时，都要拿着死者的衣服。《丧大记》说：‘小臣复，复者朝服。’……这幅帛画，正略具衣服之形，可进而表明复者招魂时就是拿着它来呼号的。”[2]“该‘非衣’所绘内容，自上而下可分为天上、人间、地下三个世界。上天正中为一人面蛇身的大神，大神左右各有月、日，月日之下为一对长身兽足、展翅而翔的飞龙。飞龙之下为两位上天使者把守的天门。地下为一对相交的青躯红鳞巨鱼，巨鱼之上立有胯下乘蛇的赤身力士顶托着平板状的大地。”[3]俞伟超先生根据王逸注《楚辞·招魂》认为此赤身力士为幽都的土伯。这幅帛画中龙的寓意丰富，不单昭示着神龙引魂升天的功能，也有本文后面章节提到的二龙穿璧的寓意。T形帛画层次分明，分别刻画了天上、人间、地下的场景由神龙串联，在通往天堂的大门之下，二龙所穿的玉璧之上则是两头花豹所承载的一个带有花纹的平台。这个平台的寓意则是代表着人间世界，平台之上站立者四人，一前三后，跪拜者两人，正中站立着一位身着长袍、手持拐杖的老妇人应该是墓主人，老妪后面三位应该是侍女，拱手低头紧随。帛画两侧分别有青、红两条巨龙穿璧腾起，巨龙尾部处于地下鬼怪世界，巨龙头部直抵天门之外，以便承载着墓主人叩开天门到达天堂。帛画顶部的两条巨龙则代表着另外一种寓意，它们和三足乌所处的太阳以及蟾蜍所处的月亮在一起说明它们是天上世界的神兽。整幅帛画中一共刻画了四条巨龙，在天上、人间、地下三个世界都有它们的踪迹。其中下面的两条龙穿璧后，从地下世界腾空而起承载着人间墓主人的灵魂通往天上的世界，充分表明了神龙能自由穿梭四界的作用，也反映了汉代人希望神龙能帮助他们升天的想法（图3-4）。

---

[1] 湖南博物院等：《长沙马王堆一号汉墓》，文物出版社，1973年，第5页。
[2] 俞伟超：《马王堆一号汉墓帛画内容考》，《先秦两汉考古学论集》，文物出版社，1985年，第124页。
[3] 俞伟超：《马王堆一号汉墓帛画内容考》，《先秦两汉考古学论集》，第126页。

图3-4　长沙马王堆一号西汉墓出土的T形帛画

然而对神龙引魂升天的寓意在学界也是争议颇大的。尽管大多数学者认为汉代帛画和画像石中刻画的神龙图像(如人物驭龙图像和长沙马王堆T形帛画)的寓意是引魂升天,但还有另外一部分学者有着他们自己的见解。

湖北大学艺术学院的胡智勇教授就认为此种图像描绘的寓意是“招魂入墓”。[1] 他认为图像的作用是用来让墓主人识别自己的墓穴，以便让灵魂在死后找到安葬的场所来达到“招魂入墓”的目的。笔者认为这种看法有些不妥，虽然这个观点比较新颖也用了很多相关资料来证明，但不足以推翻汉画像中龙引魂升天的寓意。山东出土的“青龙、骑士、人物画像”就是很好的反驳例证。这幅汉画像作品非常直接地反映了汉代人古朴的思想和现实的表达。图中左侧描绘着一条飞天巨龙，重点在于分别拽住龙舌（或龙嘴里的棍子）、龙尾、龙爪的三个人物。这幅画像石不像长沙马王堆汉墓的T形帛画那样采用浪漫的手法，而是采用比较直接的手法刻画人物升天的迫切愿望。下面的两个人物分别单手紧握神龙的尾巴和后腿，好似抓住神龙升天的刹那时机，迅速抓紧神龙以达到自己灵魂升天的目的，而抓住龙舌的人物则唯恐自己被甩下阴间（图3-5）。此图的三个人物

图3-5　青龙　骑士人物画像　山东梁山

（采自《中国画像石全集·第2卷》　图三六）

[1] 胡智勇：《是“引魂升天”还是“招魂入墓”——楚汉旌幡帛画再探》，《美术》2008年第9期。“人物驭龙图像中表现的是墓主生前乘舟而行的一个生活情景，这种创作的目的仍然是为了更有效地招引亡魂起到一种识别的作用而已。”“西汉‘T’形帛画人间也有人间的存在方式，从画中看不出它们膺越的迹象。如果亡魂果真要升天，那严密的穹盖、认真的司阍、凶猛的虎豹等道道关卡，怕是过不去的。何况图中墓主的生活情景充满着荣华富贵、温馨惬意，亡魂也绝不会选择到那异类险境的天上做归宿的。墓主肖像刻画得精妙传神，超过画中的任何一个形象，这是因招魂的‘识别’作用而达到的突出主题的结果。”

从行为和心态来研究应该没有人物驭龙图等图像中的墓主人那么富贵，可以从容地等待神龙将他们的灵魂带往天堂，更直接地体现了身份稍微卑微的人是如此迫切地渴望自己的灵魂被神龙带往天堂以达到升天的目的。在天上世界，龙大多作为神仙的驾乘出现于汉画像作品中。1959 年发掘于山东省安丘市董家庄的画像石描绘了御者驾驭三条翼龙拉雷车自右向左行驶。此图前方有两小神分别骑两只虎好似在前方开路，这个习俗即便到现在也是适用的，后面神仙的座驾是由三条神龙拉一辆云车组成的，只见驾驭者像俗世的人类驾驭马车一般驾驭着龙车（图 3-6）。1966 年于山东费县垛庄镇潘家疃出土的汉画像石中描绘了三条翼龙拉了一辆卷云形状的车（图 3-7）。这

图 3-6　安丘汉墓后室东间室顶西坡画像　山东安丘

（采自《中国画像石全集·第 1 卷》　图一五七）

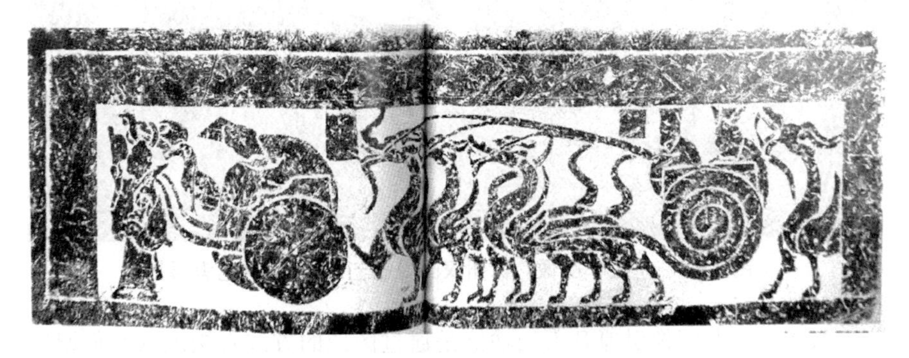

图 3-7　輂车、龙车画像　山东费县

（采自《中国画像石全集·第 3 卷》　图九一）

两幅汉画像作品都说明了神龙已经是仙人的座驾，可以像人间的马匹一样拉车，为仙人出行提供方便。徐州汉画像石艺术馆馆藏的一块汉画像石尤有特色，图中龙的作用不是驾驭而是撑托着仙人的“鱼车”。墓主人死后通往天堂的道路除了在陆地上翻越千山万岭，通往天堂还需要由神龙直接腾空而起带领逝者走上天路，此外，死者的想象中也少不了生平所走过的水路。所以拉船是自然的，因此就刻画出死后走水路的样子，非常生动地描绘了此幅汉画像的意图。在汉人看来走水路由鱼儿拉船是自然的，因为鱼儿是水里最具灵性的生物。图中死者所乘坐的座驾，是由神龙撑托的小车，寓意是由神龙撑托永不沉没(图 3-8)。

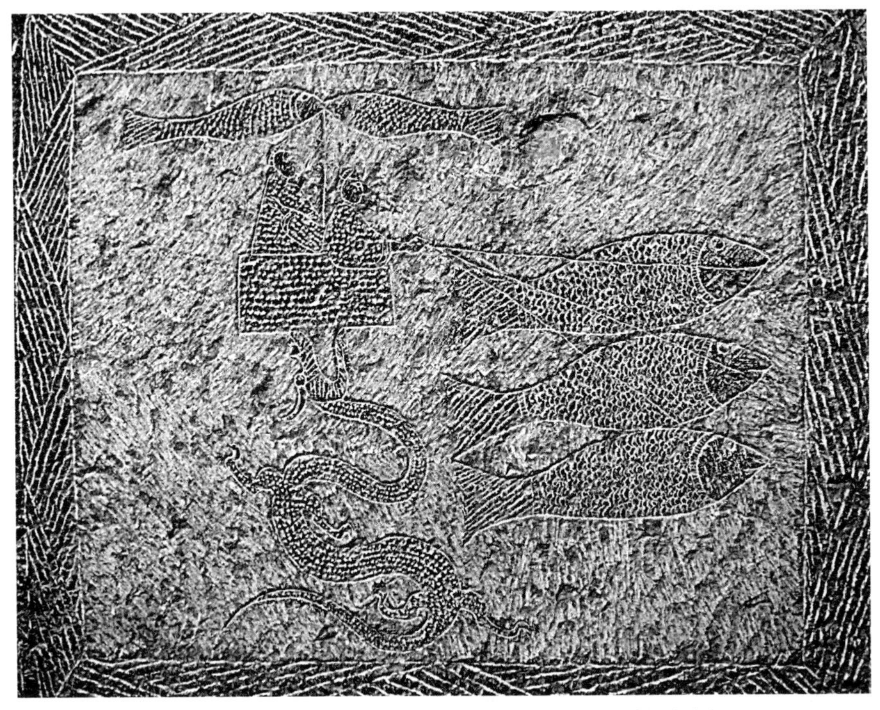

图 3-8　鱼拉车图像　徐州汉画像石艺术馆馆藏(笔者摄)

汉画像中龙图像引魂升天的功能是通过图像的方式直接映入我们眼帘的，通过读图我们得知文献中所描述图像的各种直接寓意。正如潘诺夫斯基所说：“肖像学就是对各种形象的描述和分类……它能告诉我们一些特殊的题材是在什么时候、什么地方通过特殊的母体形象地表象出来。”“圣像学分析是研究形象、故事和寓言的，而不是研究母题与语言学（presuppositions）的。当然更不是我们根据实际经验对各种对象和事件的掌握了。圣像学分析是以对各种文学渊源中流传下来的特殊题材和概念的掌握为先决条件的，而无论这种掌握是通过有目的的阅读还是通过口头文学传统达到的。”[1]画像石中引魂升天的神龙图像是人们渴望死后升天的工具，是人们对死后世界恐惧的一种心灵寄托。

### （三）“龙柱”——通天之路

《说文解字》云：“柱，楹也，从木主声。楹，柱也，从木盈声。”在中国古汉语中，“柱”和“楹”基本同义。清段玉裁《说文解字注》谓：“柱之言主也，屋之主也。……按柱引伸焉为支柱、柱塞。不计纵横也。”又《释名》云：“柱，住也。楹，亭也；亭亭然孤立，旁无所依也。孤立独处，能胜任上重也。”可见，柱、楹都是用来指竖立能支撑起屋顶的器物。中国古代建筑多以木质建筑为主，在木质建筑的结构中，柱是最主要的承重建材，柱子本身又是独立结构，不需其他建材组建，所以它又具有独立的视觉效果，并且与人们的生活息息相关。因此，柱的地位尤其突出，是“屋之主也”。柱子在建筑中的作用主要包括两个层面。第一个层面是柱子本身具备的支撑作用、建筑中造型和美化作用以及空间扩展的作用；第二个层面是人们臆想中附加给柱子的文化意义，包括柱子在建筑设计中被人们赋予的设计美感和柱子在建筑文化中传承的历史文化。汉代人对柱子附加的意义特别丰富，而上层社会的人们对柱子则有着更深的理解。“对于统治者来说，要求从建筑形象到建筑的总体布局，都能够在确定一个贵贱有等，长幼有差的社会秩序上起作用，应是建筑的‘内在’要求。”[2]汉代的各种建筑中，龙柱的种类和数量都是很多的。比较有代表性

[1] [美]E·潘诺夫斯基：《视觉艺术的含义》，傅志强译，第37—38、42—43页。
[2] 王鲁民：《中国古典建筑文化探源》，同济大学出版社，1997年，第115页。

图3-9　沂南汉墓墓门东立柱画像局部

（采自《中国画像石全集·第2卷》 图一八二）

的是1954年山东沂南北寨村出土的汉墓立柱，立柱底部刻有一龙穿行于瓶状几座之间，几座上刻有东王公戴胜，肩有双翼，拱手端坐于山字形的瓶状几座之上，左右各有仙人跪地捣药（图3-9）。

笔者在本节中主要阐释汉代墓室里龙柱所蕴含的寓意。汉代墓室一般用几根柱子来支撑整个墓室，而这些柱子往往会雕刻上龙的图像。柱子支撑墓室其实就是支撑着死者想象中的天与地，而在柱子上雕刻着龙的图像一者是死者希望通过龙这个使者将自己的亡灵由天柱这个特殊的通道带到仙境；二者死者希望通过龙图像的神圣来镇守自己的陵墓，让自己的陵墓有所谓的安全感。这样的现象在汉代普遍存在，充分反映了汉代的神仙观和他们对“天堂”的理解。在那个重视厚葬和举孝廉的年代，对于人死后的探究到达了登峰造极的地步，这样的社会背景无疑对造就如此光辉璀璨的汉代墓葬艺术起了强大的推动作用。笔者首先要将龙柱作为一个整体来阐述它在整个汉墓中的寓意。汉代人对墓室的建造既有现实意义又有儒道思想。李泽厚先生将建筑实用性和装饰性联系到了儒、道思想，“在儒家思想中，这种肯定现实生活的世界观所关注的是伦理实践，并与之紧密相连。离开了伦理实践，这种世界观或生活态度便毫无意义。伦理被视为政治，政治被视为伦理”。他还表示“人道不能同天道分开，人道必须遵从天道，天道与人道是一而二、二而一的东西”。[1] 龙柱在汉代墓室里主要有实际功能和思想寄托两种作用，这个观点和王鲁民先生的观点有些类似。王鲁民先生将实际作用和思想寄托这二者的关系做了“道”和“器”的比喻，他认为：

> “道”指的是封建秩序、礼义伦常，“器”指的是工艺和器物。同时，在中国传统文化中，建筑作为国家的“舆服制度”，即国家政治制度的一部分。中国古典建筑一方面要满足“器”的物质功能作用，如与环境相适应、遮风挡雨，坚固稳定；另一方面要满足“道”的作用，即天道和人伦关系，前者涉及象征和巫术意义，一般反映在宗教礼制及园林建筑中，后者体现在任何建筑的形制中。以“道”为本，以“器”为末。这就使得中国古典建筑的首要作用是协调天道和人伦关系，成为建立合理世界秩序的工具。[2]

徐州汉画像石艺术馆馆藏中的一根墓室立柱保存得比较完整，雕刻精美，柱身雕有两条神龙盘旋而上（图 3－10）。龙柱预示着将墓主人死后的灵魂带入天堂，另一方面寓意龙柱能神圣地撑起墓主人死后的藏身之所。很显然，墓主人的后代在建造墓室的时候既希望龙柱体现柱子的实用支撑作用，又寄托了一定的儒、道思想。事实上，龙柱形象解释了一柱擎天的寓意，汉代墓室顶部多以穹形代表天，由龙柱贯穿天地则无疑开通了升天的通道，而神龙则是在这自由通道里驰骋的神。这就很好地阐释了神龙引魂升天的寓意。画像石中的各种引魂升天的神龙有的背负着墓主人跨越艰难险阻，躲避妖魔鬼怪到达天堂；有的是承载着墓主人的座驾在水里通行。而刻画在龙柱上的神龙无疑是引领着墓主人的灵魂走向通往天堂最高端、最快捷的“专属天路”。因此，神龙引魂升天的寓意就更显得更加全面。神龙引领着墓室主人

---

[1] 李泽厚：《走我自己的路——再谈“实用理性”》，生活·读书·新知三联书店，1986 年，第 240 页。
[2] 王鲁民：《中国古典建筑文化探源》，第 143 页。

图 3-10 墓室立柱

徐州汉画像石艺术馆馆藏(笔者摄)

的灵魂可以任意地穿梭在水、陆、空三界,这正是汉代人对于神龙的信任并大量将神龙图像表现在汉画像和汉墓立柱上的原因。在汉画像中,也有大量的图像描述墓主人生前起居生活的内容,这些图像中刻画了大量的建筑物,在这些建筑中笔者发现了不少雕有龙纹的建筑。山东微山县两城山桓桑终食堂画像中刻画了墓主人生前的生活场景,画像中亭榭的两根立柱清晰地刻画了盘旋升天的神龙,由此可以看出在柱子上刻画龙纹图像在汉代已经颇为流行。

西汉刘向所著《新序》中记载了叶公好龙的故事:“叶公名沈诸梁,字子高,被封于叶,故人称叶公。叶公子高好龙,钩以写龙,凿以写龙,屋室雕文以写龙。”[1]因此,龙纹在汉代并不属于皇帝的专属图像,叶公乃被赐姓氏,可见他并非皇室。也就是说,在汉代达官显贵或者有一定财力的人也可以用龙的图像装饰自己的屋室。汉画像中所刻画的雕龙柱建筑一则是对墓主人生前真实生活的写照;二则也是对死后世界的良好祝愿。死者生前不能达到的显贵,可以凭借能工巧匠之手雕刻出死后更好的居住环境。汉代人夸张而朴实的做法也让后人能欣赏到丰富多彩的汉画像艺术作品。

本章所论述的引魂升天的神龙是仙人出行的座驾,被人们寄予厚望,承

[1] (西汉)刘向撰,赵仲邑注:《新序详注》,中华书局,1997 年,第 173 页。

载死者灵魂升入天堂的愿望，此类图像所蕴含的寓意主要就是想突出神龙引领他们灵魂升天的功能，并通过刻画此类图像来表达墓主人的后代对于逝者死后灵魂的慰藉和寄托。

## 二、“龙穿璧”的寓意

玉璧，是古代玉器中常见的且流传最为久远的器类之一，几乎贯穿了整个古代玉器制作史。在近 7000 年的漫长岁月中，玉璧见证了中国古代社会政治、经济、文化的演进。早在距今 6000 多年前的新石器时代，良渚文化遗存中就有数量较多且制作较为精美的玉璧被发现，其后绵延发展至殷商、两周，直至政治统一、经济发达的两汉时期到达了鼎盛。两汉时期，璧已成为玉器中最常见和数量最多的品种，它在战国玉璧的基础上进一步完善，其形制之多变、技艺之纯熟、纹饰之精美、用途之广泛都达到了空前的程度。而随着西域之门的打开，玉石原料的采运也较为便利，质地温润、坚硬细腻的和田玉材得以大量使用，为两汉玉璧的精美程度更增添了重要的一笔。这些汉玉的辉煌可以从汉代墓室出土的大量玉器尤其是玉璧陪葬品中略见一斑。汉代玉璧数量之多品相之精美令后人赞叹不已。且不说汉代大量的实物玉璧，就是出土的汉画像中也随处可见大量的玉璧图像，可见玉璧在汉代社会中用途是相当广泛的。那么玉璧到底有什么作用？玉璧和龙的图像结合又代表了什么寓意呢？本章将阐述龙璧结合图像的寓意。

### （一）璧在汉代的意义

中国自古以来就是以农耕为主业的大国，先民们对于土地的依赖大于对任何事物的依赖，要想让自己土地里的庄稼有好的收成，除了靠辛勤的劳作之外还得看老天的脸色。《左传·昭公元年》：“山川之神，则水旱、疠疫之灾，于是乎禜之；日月星辰之神，则雪、霜、风、雨之不时，于是乎禜之。”《周礼·春官》:“大宗伯之职,掌建邦之天神、人鬼、地示之礼,以佐王建保邦国。以吉礼事邦国之鬼神示,以禋祀祀昊天上帝,以实柴祀日月星辰,以槱燎祀司中司命风师雨师。”“凡师甸,用牲于社宗,则为位,类造上帝,封于大神。”从文献记载中可以看出,农民对于天的祭祀也从未间断过,因此也就有了各种各样的礼器。周朝以后“礼崩乐坏”,宗法制已难维持,开始实施分封制,于是颁授“六瑞器”以明确等级。《周礼·春官》:“以玉作六器,以礼天地四方。以苍璧礼天,以黄琮礼地……圭璧,以祀日月星辰。”这六器分别是玉璧、玉琮、玉圭、玉璋、玉璜、玉琥。《周髀算经》说:“方属地,圆属天,天圆地方。”“天圆如张盖,地方如棋局”。“天似盖笠,地法覆盘。天地各中高外下,北极之下,为天地之中,其地最高,而滂沱四隤,三光隐映,以为昼夜。”[1]注曰:“北极之下,高人所居。六万里滂沱四隤而下。天之中央亦高四旁六万里,是为形状同归而不殊途,隆高齐轨而易以陈。故曰天似盖笠,地法覆盘。”[2]古有天圆地方的说法,所以,在汉代人看来天就是圆的,这是毫无疑问的。《说文》曰“玉,石之美者,有五德,润泽以温,仁之方也……”人们将美玉做成玉璧的形状来祭天。《尔雅·释器》:“肉倍好谓之璧,好倍肉谓之瑗,肉好若一谓之环。”翻译成现代语言为:“边大孔小为璧,孔大边小为瑗,孔边相等为环。”张光直先生说:“天地之间,或祖灵及其余神祇与生者之间的沟通,要仰仗巫祝与巫术;而牲器与动物牺牲则是天地沟通仪式中必须配备之物。”(图3-11)以玉璧祭天,乞求上天保佑。

图3-11 汉玉璧 河北满城一号汉墓出土

(采自《中国古代玉器图谱》 图982)

[1] (唐)房玄龄等撰:《晋书》(第一册),中华书局,1974年,第278—279页。

[2] 冯时:《中国天文考古学》,中国社会科学出版社,2007年,第65页。

在汉代，儒学思想成为汉代社会的统治思想，儒家把“孝”作为伦理道德之首。“世以厚葬为德，薄终为鄙。”玉璧也由最初祭天的礼器，演变为交通天上神灵的法器。所谓“通灵神玉”，说的就是玉璧的通神功能，因此王族“惟玉为葬”，下葬时必须陪葬玉璧，或用玉璧装饰尸体，或用玉璧装饰棺椁。《周礼·春官》：“以玉作六瑞，以等邦国：王执镇圭，公执桓圭，侯执信圭，伯执躬圭，子执谷璧，男执蒲璧。”可见国君、公爵、侯爵、伯爵、子爵、男爵，是有着严格的等级限制且以持不同的玉璧作为权力的等级象征的。而《尚书·金縢》中记录周公在临朝的时候是“执璧秉圭”，可见在森严的等级制度下，礼器足以显明持有者的身份和地位。考古发掘也证实了这一点，只有帝王或者王族的墓中才陪葬玉璧，而且规格越高、规模越大的墓室，陪葬的玉璧也就越多，普通的贵族、官员和百姓死后则没有使用玉璧陪葬的权利。玉璧的神圣性以及民众对它祭天功能的崇拜，使得玉璧成为一种非常流行的陪葬品，受到人们的追捧而被大量刻画在祠堂、墓室以及棺椁上。正如我们所见到的，汉画像中有众多的玉璧图像或者类似于玉璧的图像，如十字穿环、二龙穿璧等典型图像。十字穿环又叫十字穿璧，其表现方式多种多样，有单体的也有复合体、二方连续、四方连续，但图像的中心部分，即圆形的玉璧是不变的。或圆环或璧状结构，总之汉画像中出现了大量类似玉璧的图像。徐州一块十字穿环的画像石就分别刻画了一个拆半四方连续的十字穿环，玉璧下方有两人乘坐马车自右向左行驶（图3-12）。图像学家德尔维拉在其著作《符号的传播》中认为，“十字纹饰代表着太阳，十字的四边象征着太阳在宇宙空间的光芒四射”。国内不少学者认

图3-12　十字穿环图像　江苏徐州

（采自《汉画像的象征世界》　图5-19）

为德尔维拉的观点是可以解释汉画像中十字穿环的图像的。何新就认为，“中国上古新石器时期的陶器和其他器物中，以及商、周、秦、汉的青铜器和其他器物中，那种经常、大量地被表现的十字以及类十字，如果不能说全部都是的话，也肯定有相当大的一部分，是以描写太阳神的图形作为母题的”。[1]国内也有学者认为十字穿璧的图像代表着月亮抑或代表着天上的星辰。《汉画像的象征世界》中的第五章第三节是写“十字穿环”的。朱存明先生认为“十字穿环”是汉代人宇宙观的符号象征，“圆的另一象征是太阳。这一象征在史前发明车轮以前的新石器时代的岩石雕刻上就已表现出来了”。[2]他还将西方神话中太阳神阿波罗驾乘金色马车的故事与中国汉画图像做了串联，十字穿环或者玉璧图像在汉画像中的基本象征意义是中国古代天圆地方的思想。看了许多相关的专著和文章后，小时候的一则有关“天狗吃月”的故事一直萦绕在笔者脑中。为什么古人那么害怕天狗吃月或吃日呢？科学的解释是古人对于日食或月食这种天文现象不理解才产生了恐惧。可是他们为什么恐惧没有太阳或没有月亮的日子呢？我想这是人与生俱来的对于光的依赖感所导致的，无论太阳、月亮还是星星在古人眼里都是光的来源。即便是现在的人，内心也是恐惧黑暗的，何况几千年前那个科学不发达的年代。闭上眼睛的黑暗或者没有月亮的黑夜对古人来说是莫大的恐惧。所以，古代的日神崇拜或月神崇拜，归根到底是对光的崇拜。即便有的学者笼统地将这些崇拜归结于对天空的崇拜或是当时人的宇宙观，可是天空到底是什么？他们对月亮都没有科学的解释，宇宙的概念更无从谈起，而光明却实实在在地照亮了他们的生活，他们的庄稼也在阳光的照耀下茁壮成长。可以说，在古代世俗的世界中，人们对于天的认识除了日常的风、雨、雷、电等自然现象外，就是对光明和黑暗的认识。汉代人用古朴的艺术表现手法，通过比较形象的十字符号来表达出他们对于光的认识。而玉璧除了材质的珍贵以及雕刻的精美外，本身并无什么特殊功能，但玉璧作为礼器，在祭天的仪式中，它的神

---

[1] 何新：《十字图纹与中国古代的日神崇拜》，《百科知识》1985年第8期。

[2] 朱存明：《汉画像的象征世界》，第255页。

性得到了彰显,使原本属于凡物的它顿然有了神圣的光环。对于玉璧的崇拜,主要原因还是人们愿意把它作为光源的象征物,在汉代人的世界里,天空就是巨大的载体,承载着日月星辰,承载着天外飞仙,而玉璧则是生命之光的象征,是通往天界的一扇门。

## (二)“龙穿璧”与幽冥世界

玉璧图像作为天体的象征、作为万物生命之光的载体,在汉画像中频繁出现,而神龙则是汉画像中最常见的一种神兽,两者的结合俗称龙穿璧,同样在汉画像艺术中大量存在。龙穿璧图像作为一种文化符号出现,必定是历史文化的积淀以及神话传说的写照,其中必定有着丰富的文化寓意,那么这种图像到底寓意着什么呢?

前一节笔者提到了玉璧是通往天界的一扇门,此论并非本人臆造,古籍中确有详细记载。文物之上饰以玉璧的门阙,古代典籍中也时有记述,《三辅黄图》云:“宫之正门曰阊阖,高二十五丈,亦曰璧门。”“阊阖”的原意是“天门”,“璧门”就是饰有玉璧之门。天门亦即璧门。屈原《离骚》中记载:“吾令帝阍开关兮,倚阊阖而望予。”注曰:“阊阖,天门也。”《吴越春秋》中也有类似记载,吴王阖闾修姑苏城,以阊阖命其西门曰“阊门”,用意即象征“天门”,以通天之灵气,以保武运久长。后世因袭天地感应传统而效法之,故又将阊阖用以命名京都城门。以巫山县城东江咀干沟子汉墓出土的铜牌为例,该铜牌直径23.5厘米,边框0.8厘米,中心为一装泡钉的圆孔,径1.2厘米,并利用这个孔作为“好”,用单线在周围刻出“玉璧”,直径为4.3厘米,璧下系有绶带,玉璧之上,用隶书写着“天门”的题铭。[1] 以璧来修饰门,一方面可以看出被修饰的门地位特殊,另一方面可以看出,人们出于对玉璧的崇拜,已经赋予它神圣的魔力。“玉璧神性的泛化,使之产生了多重象征意义。”“一个画地的圆环,即代表着一种人神对接、彼此沟通的仪式,有了它就意味着建立起一

[1] 赵殿增、袁曙光:《“天门”考——兼论四川汉画像砖(石)的组合与主题》,《四川文物》1990年第6期。

条到达天国的通道。”[1]人们相信通往天堂之路的尽头有一扇阊阖，打开之后便可以进入天堂，人们更愿意相信玉璧就是天上的阊阖，人死后驾驭着神龙穿过玉璧这道天堂之门，就可以到达神仙居住的极乐净土。

二龙穿璧是汉画像中最为常见的龙璧图像，然而神龙所穿璧的数量却并不统一，有穿单璧的，有穿两璧、三璧、五璧等。至于神龙所穿璧的数量，笔者认为是跟中国古代天有九重的说法相关，古籍中对九重天的描述大概如下：

> 《太玄》曰：有九天，一为中天，二为羡天，三为从天，四为更天，五为睟天，六为廓天，七为咸天，八为沈天，九为成天。又曰：天以不见为玄。
>
> 《太玄校释》释：九天谓一为中天，二为羡天，三为从天，四为更天，五为睟天，六为廓天，七为咸天，八为沈天，九为成天。
>
> 《尔雅》曰：穹苍，苍天也，春为苍天，夏为昊天，秋为旻天，冬为上天。
>
> 《吕氏春秋·有始》云：中央曰钧天，东方曰苍天，东北曰变天，北方曰玄天，西北曰幽天，西方曰颢天，西南曰朱天，南方曰炎天，东南曰阳天。

相关的记载还有天分九重：

第一重日天；第二重月天；第三重金星天；第四重木星天；第五重水星天；第六重火星天；第七重土星天；第八重二十八宿天；第九重为宗动天，即上帝的起居室。这虽然是后代根据太阳系行星命名所臆造的古代九重天的概念，倒也证实了古代对于天有九重的理解。

1974年河南永城酂城墓出土的二龙穿璧画像，刻画了六璧，中置连弧纹镜，二龙交叉从璧穿过（图3-13）。1973年于山东省肥城市北大留出土的双龙穿璧画像，刻画的是双龙一颠一倒交叉穿过三璧（图3-14）。

---

[1] 陈江风：《汉画像中的玉璧与丧葬观念》，《周口师范学院学报》1995年第S1期。

图 3-13　二龙穿璧　河南永城

（采自《中国画像石全集·第6卷》　图六二）

图 3-14　双龙穿璧　山东肥城

（采自《中国画像石全集·第3卷》　图二一五）

图 3-15　二龙穿璧　江苏徐州

徐州汉画像艺术馆拓片作品　（笔者摄）

以上三幅图像分别是神龙穿璧不同数量的代表作品，汉代人对于数字的讲究也是有很深的文化来源的。《易经·乾卦》："初九：潜龙，勿用。九二：见龙在田，利见大人。九三：君子终日乾乾，夕惕若，厉无咎。九四：或跃在渊，无咎。九五：飞龙在天，利见大人。上九：亢龙，有悔。用九：见群龙无首，吉。"由此可以看出，在所有数字中，人们对于"九"是情有独钟的。在中国的传统观念里，"九"是一个吉祥喜庆的数字。九是基础数列里的最后一个数，到了十就是另一个开始，即重新由一到九的循环，所以便有了九九归一的说法。许慎在《说文解字》中说："九九，易之变也。"因此，九这个数字被认为是最大的数字，过了九这个数字就产生变化，九是一个意味着永恒的数字。

《黄帝内经·素问》中说:“天地之数,始于一,终于九焉。”又因为“九”与“久”的谐音关系,所以中国对于“九”的崇拜,还包含着对于“九天”的向往和对逝者在另一个世界的美好祝愿。《楚辞》中也有许多关于“九”的记载,“九歌”“九问”中的九并不是一个实指的数字,而是诸多的意思。对于天的敬畏,使得楚人虔诚地对天祈祷,祈祷能够得到保佑。因此,有意识地刻画九个太阳,或者九重天,这都与古人对“九”的崇拜有关。汉代人对数字“九”的崇拜一则因为他们认为“九”是数字中最大的;二则因为“九”与“久”同音,有天长地久的意义。汉画像中龙穿璧的数量越多,说明逝者生前的地位越显贵。图 3-13 是一幅标准的“二龙穿六璧”图像,墓主人所在地是梁王墓所处的河南永城。朱存明先生提到“二龙穿璧”图纹中的璧,总是以奇数出现的,要么是一,要么是三或五。他从古籍《易·系辞》“数者五行,佐天地生物成物之次也。《易》曰:天一地二,天三地四,天五地六,天七地八,天九地十”中总结出“奇为天之数,偶则为地之数”。[1] 正如朱先生所说,像图 3-14、图 3-15 这样的奇数龙穿璧图像确实数量很多,但是像图 3-13 这样明显标注二龙穿偶数玉璧的图像也是存在的。

那么神龙所穿越的奇数玉璧和偶数玉璧到底说明了什么问题?它们有什么不同层面的意义?李立教授提出:如果“璧”是生命再生的象征,那么“五璧”便意味着五次的再生,“璧”的数量越多,象征生命再生的机会也就越多;如果“璧”是吉祥与美好的象征,那么“璧”的数量越多,象征墓主人所得到的吉祥与美好也就越多。[2] 这样说来,十字穿环的四方连续不是更能体现死者的周而复始的复活永生,那何不多雕刻些玉璧复活个千遍万遍?而且既然玉璧能起到再生的作用,那何必又多添两条神龙,莫非只为了美观?笔者不能同意这个观点。龙穿璧中不同的玉璧数量体现着什么样的寓意?我们还是要从数字入手,正如《易·系辞》中所讲,“天一,地二;天三,地四;天五,地六;天七,地八;天九,地十”。而玉璧在这里的寓意不仅仅是天门了。笔者

---

[1] 朱存明:《汉画像的象征世界》,第 266 页。
[2] 李立:《汉墓神画龙璧画像神话艺术辨析》,《理论与创作》2004 年 2 期。

在第一章论述神龙引魂升天功能中，曾提及神龙有带领死者灵魂自由穿梭于仙界、天空、人间、地狱的本领。那么这四界之间必然是有界限的，不然怎么划分四界？笔者认为汉画像中的璧与璧之间也是有着不同寓意的，正如龙与龙之间有着不同寓意一样。“十字穿环”“十字穿璧”等图像中的玉璧因有“十字”的光线穿过而成为天空的象征。龙穿璧中的玉璧虽也有天门的象征作用，但玉璧在龙穿璧图像中所象征的不仅仅是天门，玉璧中间的圆孔应该是进出“四界”和“九天”的必经之门。所以笔者认为龙穿璧是穿梭于幽冥世界的。而龙穿璧最典型的图像莫过于长沙马王堆一号汉墓出土的T形帛画，帛画两侧分别有青、红两条巨龙穿璧腾起，巨龙尾部处于地下鬼怪世界，巨龙头部直抵天门之外，以便承载着墓主人叩开天门到达天堂。整幅帛画中一共刻画了四条巨龙，在仙界、天上、人间、地下四个世界都有它们的踪迹。其中下面的两条穿璧后从地下世界腾空而起，承载着人间墓主人的灵魂通往天上世界，这充分表明了神龙有自由穿梭四界的功能。不少专家学者认为二龙穿璧阐释的阴阳哲学，有着交尾和生殖崇拜的寓意，朱存明先生认为“两龙相交，中间以圆环加以突出，内含有‘性’的隐喻，其广阔的背景仍然是中国的古宇宙论。中国古代有个哲学命题叫‘天人感应’，天被看作是有生命意义的天，交龙应分雌雄，雄龙应是阳性天的象征；雌龙，则是阴性地的象征。天地交媾，化育万物，便成为中国古代哲学家把握世界的基本法则与模式”。“二龙穿璧象征着天地交感、化育万物的原始母题。同时又象征着阴阳合气、人神沟通、祖先崇拜、生殖崇拜的文化原型。”[1]汉画像中交龙的图像自成一派，龙穿璧的图像也是两龙相交的表现形式，但是中间所穿玉璧，很多学者都将其解释为阴阳交合的结点，那么神龙所穿的玉璧就又多了一层解释，即阴阳雌雄的结合点。此种解释就如阴阳轮回的运转又回到了始点一样，还是笔者所阐述的沟通“四界”和“九天”的必经之门，只不过这扇幽冥之门是在不停地运转轮回的。这种门在当代影视作品中时常可以看到——就是那种好似蠕动的镜面一般绚丽虚幻，通过特殊的工具穿过去就到达了另一个世界或另

---

[1] 朱存明：《汉画像的象征世界》，第265—266页。

一个年代。我想汉代的人也想死后会有这样一扇门,通过神龙这样的交通工具将自己的灵魂送入他们想去的地方。我们若只从二龙穿璧图像本身来解读工艺之美,会惊奇地发现二龙穿璧图像是如此工整。从美术学角度来讲,图形艺术的基本要素是观念和形状,这两个要素就好比手心手背,对于它们的研究缺一不可。图形艺术的发展就是观念与形状相互碰撞相互融合的产物,尤其是传统的丧葬艺术,这种有意识的图像组合,其特征非常明显。作为在丧葬礼制影响下产生的视觉艺术,随着人们审美观念的变化和新的风俗的植入,人们必然会在不断创作或交流中创制一种有着特定意义的放之四海而皆准的典型图像,随着这些被赋予特殊意义的典型图像在汉墓石刻壁画中的使用和传播,这种艺术的视觉造型观念逐渐被确定下来,虽然在交流与传播过程中,可能根据墓主人的特殊需求或各地习俗的不同而产生种种变异,但图像的基本原型以及这种典型图像的固定意义还是基本延续下来了。“二龙穿璧”“十字穿环”等典型图像的纹样产生、发展以及衍化的轨迹,正是视觉艺术观念与形状相互碰撞相互融合的产物。“二龙穿璧”图像在全国各地出土的汉画像艺术作品中都有出现,所以说,这种有着极强概念化的特定图像所蕴含的寓意,自它产生之日起就有着特定的解释。“二龙穿璧”的综合寓意便是阴阳结合的双龙引领逝者灵魂叩开“四界”和“九天”之门,让逝者的灵魂去他想去的或幽或冥的世界。

### (三)“交龙”——转世与生殖

生殖是生命的最高价值。个体生命与群体生命同一,爱护个人生命即是爱护群体生命,也就是保障了生殖,保障了民族的繁衍和生息。生殖崇拜是一切古老文化中最原始的母题,在中国传统文化中尤为突出,任何对生殖崇拜信仰的怀疑都是不可想象的。典型图像应具备典型意义,很多学者将上一节所讲的“二龙穿璧”图像和“交龙”图像结合在一起解释,笔者认为这两种在汉画像作品中大量使用并广泛流传的图像虽有相似关联,但还是应分别对待。“交龙”图像和“二龙穿璧”图像虽在纹饰的表现上只有“一璧”之差,但璧的寓意绝对不只是图形上所体现的略微不同。其实交龙图像和汉画像中伏羲女娲的交尾图像联系更为紧密，可以说，把这两种图像归为一个类型更合理些。

伏羲女娲交尾图像与双龙交尾图像在汉画像中极多。中国古代是一个农业至上的社会，农业生产决定了人民的生计。在粗放式的耕作模式中，人丁的兴旺与否往往决定着一个家族乃至一个城邦及国家的命运。所以，人们对于生殖繁衍的崇拜自古以来就一直存在，人们祈望多子纳福，一方面是对劳动生产的重视，另一方面则是对自己家族香火延续的重视。所以古谚道："不孝有三，无后为大。"可见古人对于繁衍生殖的重视。而在汉代这样一个举孝廉、重厚葬的年代，"无后"几乎就断送了自己的一生。所以，在汉代延续了自原始社会以来各种各样的生殖崇拜，它是人类追寻自身本质力量、探寻生命源泉的一种文化现象。它代表着古人的价值观、生命观，是对本体的继承和延续。顾森先生是这样谈论汉代生命观的："在汉代，生命的价值是从两方面诠释。道家理解为长生不老和升仙，是自身的永恒。儒家从孝的角度出发，理解为传宗接代，是血脉的长流不息。道儒两家的认识构成了汉代的生命价值观。对生命的渴望，也就集中体现在这两个方面。"[1]在诸多反映生殖繁衍的图像中，"伏羲女娲"和"双龙相交"图像是其中的代表。关于伏羲、女娲的造型有多种图像模式，有人首蛇身也有人首龙身，但在古代龙和蛇本来就是一体，龙即为蛇，蛇即为小龙。对于伏羲和女娲的典籍有太多版本，众说纷纭，也没有固定的说法。何新先生通过对古籍的整理，在《诸神的起源》中分别解释了伏羲和女娲是何方神圣："在北方的一系（瑞顼族）称太阳神为羲（伏羲），以龙为太阳神的象征。这一系可能是夏人的祖先。"[2]《帝王世纪辑存》记载："女娲氏，亦风姓也，承庖羲制度，亦蛇身人首。"《山海经》中月神名常仪。"仪"，古音从我，读娥。故又可记作"嫦娥"……传说中女娲为阴帝，是太阳神伏羲的配偶。民间传说认为伏羲、女娲是兄妹，为了人类不绝于后，

[1] 郑先兴：《中国汉画学会第十届年会论文集》，湖北人民出版社，2006年，第3页。
[2] 何新：《诸神的起源》，第61页。

羞而成婚，繁育了华夏儿女，又制定婚娶之礼，让子孙互为结合，才使华夏民族代代相继，繁衍昌盛。为此，伏羲、女娲成为先民供奉膜拜的始祖神、生殖神，并被认为对子孙后嗣有保护神的作用。民间亦有女娲补天、捏泥塑人的神话传说。所以人们视伏羲、女娲为人类祖先，用伏羲、女娲的交尾表达阴阳交合，隐晦地表达了男女间的性文化。伏羲、女娲本就是人首龙身，所以双龙相交的寓意就不必多加阐述。山东微山县一幅画像石作品（图3-16），描绘了西王母、伏羲、女娲，西王母端坐在画面最上端中间，伏羲、女娲呈交尾状分列左右。伏羲、女娲在此交尾创造了人类，将两神交尾图像置于墓室，一者希望有祥瑞之意，供奉人类始祖，愿神灵保佑墓室主人死后安息；二者希望墓主

图3-16　西王母、伏羲、女娲　山东微山

（采自《中国画像石全集·第2卷》　图四一）

人的后世子孙人丁兴旺，在汉代封建社会的宗教意识中，人丁的兴旺是至关重要的。《汉书·高帝纪》载："母媪尝息大泽之陂，梦与神遇。是时雷电晦冥，父太公往视，则见交龙于上。已而有娠，遂产高祖。"在当时，封建最高统治者尚未固定龙乃皇族象征，高祖刘邦的龙子说无疑给神龙的交尾添加了更为高贵的一笔。

## 三、天象中的神龙

"在古代中国人的措辞中，'天'往往代表今日所说的大自然，也就是宇宙。这个大自然并不是现代科学'客观性假定'意义上的大自然，不是纯物质的、外在于我们人类认识主体的、不受人类意志影响的大自然，而是一个道德至上的、有情感、有意志的巨大活物——我们人也是其中一部分。在这样的意义上，古人不用'宇宙'一词而用'天'。"[1]中国自古以来就是农业大国，古代先民在进行农业生产的时候，迫切需要知道时辰、掌握农时和确定方位以方便耕种。所以，以"观象授时"为基础的天象学就慢慢发展起来了。这种对天的解读几乎成为古代先民文化的全部来源。然而，面对纷乱复杂的星空，在没有科学依据和先进工具帮助下的古人，是采用何种方法来上晓天文下通地理的呢？我们只知道中华民族有着悠久的历史和灿烂的文明，早在几千年前，我们的天文、历法在全世界都是领先的。到了汉代，更是发明了地动仪等观测天文的仪器，甚至在更早之前，我们的祖先就在河南建造了世界上第一座观测天文的天文台。然而即便是现在，我们对于外太空依然知之甚少，更何况我们的祖先。所以古人对于天的认知还是掺杂了许多神话幻想，正如艾兰所说："远古的创世神话则是作为记录古代的精密科学——天文学的重要技术语言。"[2]所以先哲们将世俗与科学完美结合，编织出属于他们的天象观。

---

[1] 江晓原：《天学外史》，上海人民出版社，1998年，第137页。

[2] 艾兰、汪涛、范毓周：《中国古代思维模式与阴阳五行说探源》，江苏古籍出版社，1998年，第103页。

## （一）汉代人的天象观

陈江风先生说："汉代墓室建筑均按'事死如事生'的观念建造，整个世界是完整的，有天、地、万物，还有星辰。在古人看来，那是一个不可分割的整体环境。四灵和星象图像表示方位的意义，显示出拱形的墓顶已被转化成整个宇宙系统的缩影。"[1]

早在商末周初时，我们的祖先就已采用二十八宿划分天区。所谓二十八宿，就是指在黄道和赤道附近的两个带状区域内分布着的二十八个星座。传说在周代还建立起测景台，用来测定黄赤交角。天文学家把太阳在天空中的运动轨迹称为黄道，同时又把与天球极轴垂直的最大的赤纬圈，也就是地球赤道平面延伸后与天球球面相交的大圆称为天赤道。到了两汉时期，先人们对天文学的知识已经比较完备，形成了一定体系。《史记·天官书》便是目前所知最早详细记录天象的著作。在这一时期，已采用农事二十四节气，并且编撰了《太阴历》，载有节气、朔望、月食及五星的精确会合周期，制造了测量天体的"浑天仪"用来记录太阳黑子的活动。古人又按照春分前后初昏时天象，将周天分成四个区域，以四方命名，分别称为东宫、南宫、西宫、北宫，合称四宫。这些天文学的成就被刻画在画像石、画像砖上，印证了历史文献记载的对于天象研究的资料。虽然这些"天象图"的作用主要不是作为当时天文学成就的记录，而是视为带有神话占卜象征意义的图形，但它们毕竟反映了汉代天文学的主要成果。夏鼐先生说："所谓'星座'，是天文学者就星辰排列布局，对比人神、动物、器物等的形象，或虚拟州国、宫官等的列布而想象出来的。"[2]四象的说法也是古人在研究天文过程中结合动物崇拜所想象出来，并逐渐固定统一的。正如张衡的《灵宪》中记载：

---

[1] 陈江风：《汉文化研究》，河南大学出版社，2004 年，第 167 页。

[2] 夏鼐：《洛阳西汉壁画墓中的星象图》，《考古》1965 年第 2 期。

星也者，体生于地，精成于天，列居错跱，各有逌属。紫宫为皇极之居，太微为五帝之廷。明堂之房，大角有席，天市有坐。苍龙连蜷于左，白虎猛据于右，朱雀奋翼于前，灵龟圈首于后，黄神轩辕于中。六扰既畜，而狼蚖鱼鳖罔有不具。在野象物，在朝象官，在人象事，于是备矣。

由此看来，在汉代人的天象世界里，东、西、南、北早就和青龙、白虎、朱雀、玄武是同一概念了。这些在古籍当中都有详细记载：《礼记·曲礼上》谓："行前朱鸟而后玄武，左青龙而右白虎，招摇在上，急缮其怒，进退有度。"孔颖达疏谓："前南、后北、左东、右西……朱鸟、玄武、青龙、白虎，四方宿名也，军前宜捷，故用鸟，军后须殿捍，故用玄武，玄武龟也，龟有甲能御侮用也。左为阳，阳能发生，象其龙变生也，右为阴，阴能沈杀，虎沈杀也，军之左右，生杀变应，威猛如龙虎也……今之军行，画此四兽于旌旗，以标左右前后之军阵。"《淮南子·兵略训》谓："所谓天数者，左青龙，右白虎，前朱雀，后玄武。"《史记·天官书》则"以东宫苍龙、南宫朱鸟、西宫白虎、北宫玄武为天象四宫，分管二十八星宿"，再到《三辅黄图》"苍龙、白虎、朱雀、玄武，天之四灵，以正四方，王者制宫阙殿阁取法焉"，都对四象进行了阐述。

可是先民为什么选择这四个神兽而不是其他动物或神显来镇守天之四方？至于为什么用这"四种"动物作为四象的原型，亦是学者们争执不下的一个难题。有些学者把四象中的动物看作原始部落的图腾遗迹，也有人认为，它们可能与某些具体的星宿代表的季节有关，因为四象体系与四季轮回恰好可以互相对应。而冯时先生则认为："四象的产生和天文学含义有着必然的联系，早期人类对于星象的概念有着普遍重视。四象名义上虽然是以四组动物的形象存在，其实只是众多星象构成的四组动物形象而已。"[1]虽然众说纷纭，但可以肯定的是，这几种动物与各个方位的关系是确定的，即东方与龙、南方与鸟、西方与虎、北方与龟蛇是一一对应的。先民的天象观也体现在他们死后的世界里，在汉代墓室中，墓主人为标示自己死后所生活的空间方

[1] 冯时：《中国天文考古学》，社会科学文献出版社，2001年，第303页。

位，把通常所见的四神画像按照东、西、南、北的方位分别排列，配置规律为：在墓室棺椁中，青龙刻石嵌于东壁，白虎刻石嵌于西壁，朱雀刻石嵌于南壁，玄武刻石嵌于北壁；而在墓门上，门额正中刻朱雀（或是朱雀与铺首衔环组合），左侧门枋刻白虎衔环，右侧门枋刻青龙衔环，下方为墓道或刻画玄武。[1] 以此来表达四方天、四方地的含义和星宿崇拜的含义。如山东临沂金雀山汉墓画像（图 3 - 17），青龙画像砖位于墓室东壁第二层，白虎画像砖位于墓室东壁第三层，朱雀画像砖位于墓室西壁第二层，玄武画像砖位于墓室北壁第三层。之所以这样配置，是想用四神来形成一个象征的围护空间，保护墓主人，并标示方位。葛洪在《抱朴子》中有对四方位神守卫功能的描述，“左有十二青龙，右有二十六白虎，前有二十四朱雀，后有七十二玄武”，并谓“此事出于仙经中也”。《北帝七元紫庭延生秘诀》更为之取名：“左有青龙名孟章，右有白虎名监兵，前有朱雀名陵光，后有玄武名执明，建节持幢，负背钟鼓，在吾前后左右。”[2]大有玉皇大帝身边命名四大天王的架势。

图 3 - 17　汉画像砖四神图像　山东临沂金雀山出土

（采自王小盾《中国早期思想与符号研究》　图 2 - 14B）

[1] 黄佩贤：《汉代四灵图像的构图分析》，载陈江风主编《汉文化研究》，河南大学出版社，2004 年。

[2] 李一氓：《道藏》（第 32 册），文物出版社，1988 年，第 551 页。

汉画像作品中的四象一般不刻画在同一平面上，而是分别镇守不同的位置，河南唐河针织厂出土的四象图像（图 3－18），左青龙，右白虎，上朱雀，下玄武，位置明确，刻画清晰。江晓原认为："古人生时，汲汲以沟通人神、窥知天意为念，死后既然灵魂不灭，且自身又为鬼为神，则其通天之径，较生时近捷了许多，故墓室中的天象图所象征之意义，不妨理解为墓主人与天界的沟通。"[1]汉代人认为在墓室里刻画四象等天文图像，就代表着勾勒出墓主人死后的天空，天与地承载着死者的灵魂，有通过四象庇佑墓主人在阴阳两个世界顺利的寓意。

图 3－18　四宫　河南唐河针织厂出土

（采自《中国画像石全集·第 6 卷》　图二〇）

阴阳和五行在战国前是两个不同的概念，《汉书·艺文志》记载："阴阳家者流，盖出于羲和之官。敬顺昊天，历象日月星辰，敬授民时，此其所长也。"从《汉书》的记载看，阴阳主要起源于先民观象授时、确定历法的需要，是从时间上解释世界的运动变化。五行主要是指水、火、木、金、土五种物质，《尚书·洪范》曰："一曰水，二曰火，三曰木，四曰金，五曰土。水曰润下，火曰炎上，木曰曲直，金曰从革，土爰稼穑。润下作咸，炎上作苦，曲直作酸，从革作辛，稼穑作甘。"闫德亮先生对此的解释是："从空间上解释世界的结构变化，

[1] 江晓原：《天学真原》，辽宁教育出版社，1991 年，第 275 页。

最早充分解释了五行，并且把五行与五味结合起来。阴阳五行的结合出自战国的阴阳家，战国邹衍把五行与阴阳、四季、四时、八卦、朝代更替等结合起来形成一种涵盖四时变化、五方对应、生克相连、历史循环、天人合一的系统宇宙模式。”[1]汉代思想家们不仅把五行与汉代以前的各种文化现象，比如方术、颜色、数字、音律、占卜、军事、天文历法、六器等对应起来，而且还把五帝以及河图洛书传说附到阴阳五行学说中，《淮南子·天文训》以及《淮南子·时则训》有相关方面的记载。董仲舒则把阴阳五行说、谶纬、河图洛书融入儒家经典中，形成统一的“天人感应”“天人合一”的思想。阴阳五行、五星、五帝、五神与二十八星宿、四时、音律、方术等全面的结合，形成了汉代人的宇宙模式（见下表）。四神与中央神黄龙形成的五神五灵兽适合这一宇宙模式理论，又适应了汉代统治者的政治需要以及当时丧葬习俗的需要，得到广泛的传播。该表比较清晰地将四时、方位与五帝、五神等关系表示出来。“这些情况说明，四神既是一个同五行思想相关联的宇宙论体系，又是一个同五行理论相并行的独立的思想体系。”[2]

| | 东 | 南 | 中 | 西 | 北 |
|---|---|---|---|---|---|
| 五帝 | 太皞 | 炎帝 | 黄帝 | 少昊 | 颛顼 |
| 五神 | 句芒 | 朱明 | 后土 | 蓐收 | 玄冥 |
| 五星 | 木 | 火 | 土 | 金 | 水 |
| 五兽 | 苍龙 | 朱鸟 | 黄龙 | 白虎 | 玄武 |
| 五音 | 角 | 徵 | 宫 | 商 | 羽 |
| 四时 | 春 | 夏 | 四方 | 秋 | 冬 |

综上所述，青龙是麟物之灵，代表东方大地和东宫星宿，象征春季和青色，在五行中属木；白虎是毛兽之灵，代表西方大地和西宫星宿，象征秋季和

[1] 闫德亮：《中国古代神话的文化观照》，人民出版社，2008 年，第 244 页。
[2] 王小盾：《中国早期思想与符号研究》，上海人民出版社，2008 年，第 105 页。

白色，在五行中属金；朱雀是羽禽之灵，代表南方大地和南宫星宿，象征夏季和赤色，在五行中属火；玄武是介物之灵，代表北方大地和北宫星宿，象征冬季和黑色，在五行中属水。汉画像作品中四象各自镇守一方，为墓主人看护着属于自己的一片天空，守卫着神圣而庄严的墓门，一起构建出属于那个时代的天象观。四象中的青龙、白虎、朱雀、玄武每一个个体都是一个神圣的显现，被世人所朝拜，它们的结合体又是另外一个意义的神显，给了世人一个相对概念化的美好天空。

### （二）"青龙"与"苍龙"

汉画像作品中有月亮与东宫苍龙星座中尾宿共处的现象，认为尾宿是代表女性的星宿，其在天为女性保护神，在朝喻后妃，在野指主妇，因而它在汉墓画像中经常与表示阴性的月亮同时出现。

东宫青龙素有"四象之主"的美誉，《说文・龙部》："龙，鳞虫之长。能幽能明，能细能巨，能短能长。春分而登天，秋分而潜渊。"冯时教授在《中国天文考古学》中这样记载："青龙，又称苍龙，配属东宫，所辖七宿依次为角、亢、氐、房、心、尾、箕，各宿距星除心、尾两宿外，古今没有改变。令人惊奇的是，当我们将殷周古文字中龙的形象与东宫七宿星图比较之后发现，如果我们以房宿距星（πScorpio）作为连接点而把七宿诸星依次连缀的话，那么，不论我们选择什么样的连缀方式，其所呈现的形象都与甲骨文及金文中'龙'字的形象完全相同。这种一致性所暗示的事实是清楚的，不仅商周古文字的'龙'字取象于东宫七宿，甚至龙的形象也源于此。"[1]（见图 3－19、图 3－20）

青龙星宿是先民观象授时的主要星宿，它主要在春分前后出现，而这是黄河流域农业播种的季节。在汉司马迁著《史记・天官书》中，苍龙已包括七宿，西汉时期东宫苍龙形象才以七宿定型。苍龙被称为东方之神，因所属东宫之神，固在四灵中也最为高贵。

---

[1] 冯时：《中国天文考古学》，第 415 页。

图 3-19　青龙图像　徐州汉画像石艺术馆馆藏　(笔者摄)

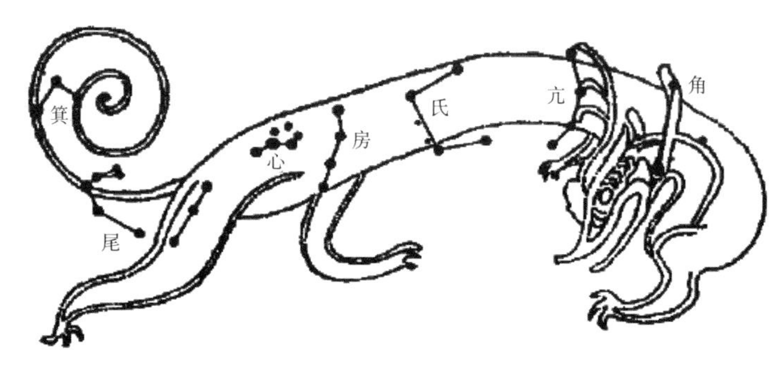


图 3-20　苍龙星座图解

苍龙星座是中国先人最早认识的重要星座之一，很多古籍都有着详细记载。

《尔雅》：大火，谓之大辰，房心尾也。

《左传·襄公九年》：心为大火。

《淮南子·天文训》：东方曰苍天，其星房、心、尾。

《晋书·成公绥传》：青龙垂尾于心房。

甲骨文中“龙”是呈“辛”字形的，于古籍中描述的苍龙星座十分类似（图

3-21)。至于古人是由苍龙星座创造了“龙”字,还是先创造了“龙”字然后观天象给“苍龙星座”如此命名,笔者不得而知,也难以考究。但无论如何甲骨文“龙”字肯定是象形字,将苍龙图像星点相连得出的图像也是一条栩栩如生的神龙。

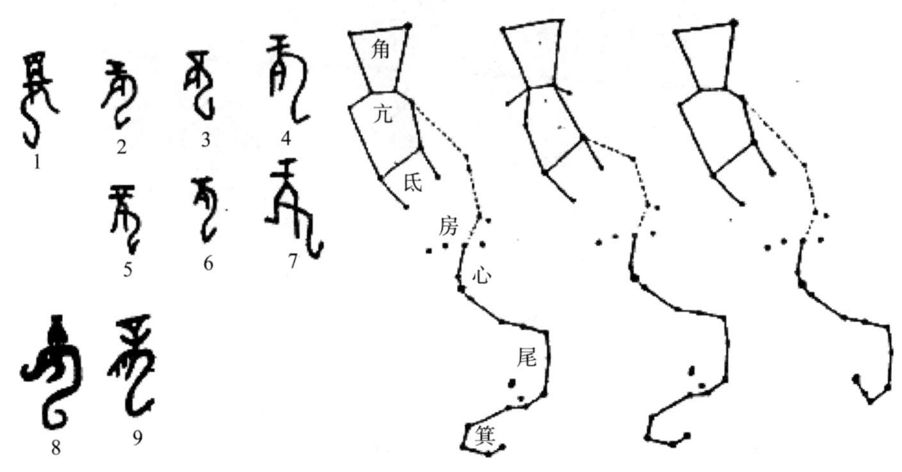


图 3-21　苍龙星座与甲骨文图解

《乾卦》中记录了流龙的变迁。《象》曰:“大哉乾元,万物资始,乃统天。云行雨施,品物流形。大明终始,六位时成,时乘六龙以御天。”冯时先生指出宿与天田星一起昏见东方,“或跃在渊”指龙星诸宿尽现于东方地平,“飞龙在天”指苍龙之星横镇南中天,“亢龙”则谓龙星移过中天而西流,而“群龙无首”即指龙首之角、亢、氐诸宿重新行移到太阳附近,与太阳同出同入而伏没不见。”[1]南阳市东关出土的南阳阮堂苍龙星座画像石,画面上部有鸟形日月,画面上方为一满月,月中玉兔、蟾蜍俱全;下刻苍龙星座,兼刻变形龙图像以示东宫整体(图 3-22)。

苍龙星的很多阐述都来源《易经》中的《乾卦》,龙与星象的关系表现龙从潜隐到出现、飞升、高亢,然后起起伏伏循环往复。《乾卦》中兆辞的凶吉大多取象于苍龙星,具体的征兆依照龙的起伏状态来判定。苍龙星的图像除了象

[1] 冯时:《中国天文考古学》,第 417 页。

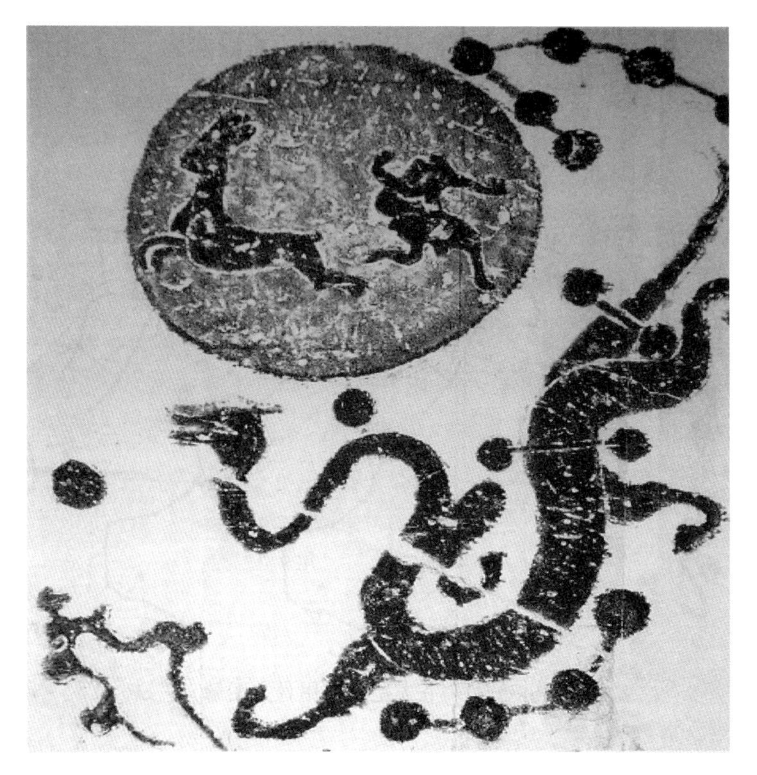

图3－22　南阳阮堂苍龙星座　河南南阳

（采自《中国画像石全集·第6卷》　图一一〇）

征墓室天文方位外，其中还带有很多星占的色彩，这与先人的巫术占卜功能是一致的，即以苍龙星座的位置预测吉凶。古人通过星象来读取上天的旨意，这里的"天文"类似通天巫术的范畴，以战争胜负、年成丰歉、王朝盛衰、帝王安危为占卜对象。由此可以看出，中国古代的天文和历法有了一定水准并恰当地把神话元素融入其中，四象中的青龙和苍龙星座的完美结合使人们深信：在神秘的天空，有一条巨龙一直在庇佑人民，为天下苍生镇守着属于它的东宫。

王小盾先生根据各种资料汇总了龙信仰的四个阶段："（一）繁衍、化合之象征的阶段，以生命崇拜为主题；（二）同祈雨祭奠相结合的阶段，以天神崇拜为主题；（三）接受佛教龙神、龙王观念影响的阶段，以护法信仰为主题；（四）

作为国家和王权象征的阶段，以祥瑞信仰为主题。”[1]而东宫的青龙便是先人祭天、祈雨的对象，是天神崇拜的主体。根据阴阳五行的论述，它代表着春生和东宫，同时也掌管着云、雨。自古以来，人们对龙具有影响云雨神通的说法深信不疑，东汉王充，虽然力主龙非神物说，但仍将龙能登云降雨视为定论。

> 夫龙之登玄云，古今有之……方今盛夏，雷雨时至，龙多登云。云龙相应，龙乘云雨而行，物类相致，非有为也。(《论衡・感虚篇》)
>
> 龙闻雷声则起，起而云至，云至而龙乘之。云雨感龙，龙亦起云而升天。天极雷高，云消复降。(《论衡・龙虚篇》)

由此可见，中国古代龙与云雨相关的观念深入人心。龙影响云雨河泽的神通与它天神使者和助手的身份相结合，产生了黄帝与应龙的神话。《山海经・大荒北经》记载：

> 蚩尤作兵伐黄帝，黄帝乃令应龙攻之冀州之野。应龙畜水。蚩尤请风伯雨师，纵大风雨。黄帝乃下天女曰魃，雨止，遂杀蚩尤。魃不得复上，所居不雨。[2]

山东嘉祥武氏祠左石室屋顶前坡西段画像，描绘了神龙呈虹状与风伯、河伯、雨师一起，此处墓主人期望神龙降雨的意图显而易见(图 3-23)。可见，作为东宫之神，青龙承载了先人们很多美好的愿望，汉画像中的苍龙星座、青龙图像、虹图像等就蕴含着先人们祈福苍天保佑，望神龙降雨等寓意。

---

[1] 王小盾：《中国早期思想与符号研究》，第 981 页。
[2] 袁珂：《山海经校注》，第 430 页。

图 3-23　武氏祠左石室屋顶前坡西段画像局部　山东嘉祥

（采自《中国画像石全集·第1卷》 图八八）

## （三）“龙虎”与“龙凤”

中国古代星象在演变为四象之前，大概有一个相当长的二象时期；那时人们把全年划分为寒暑二季，后来四季虽然逐渐形成，但在四象成形之前，二象一直是中国星象的基本骨架。[1] 二象的天象观一般是以阴阳相合的理念解释宇宙、天象的存在。

《易传·说卦》开头，点明了阴阳交合、对立统一是乾坤两卦乃至整个《易经》的思想底蕴：

---

[1] 陈江风：《天文崇拜与文化交融》，河南大学出版社，1994 年，第 131 页。

> 昔者圣人之作《易》也，幽赞于神明而生蓍，参天两地而倚数，观变于阴阳而立卦，发挥于刚柔而生爻……
>
> 昔者圣人之作《易》也，将以顺性命之理，是以立天之道，曰阴与阳，立地之道，曰柔与刚，立人之道，曰仁与义。兼三才而两之，故《易》六画而成卦。分阴分阳，迭用柔刚，故《易》六位而成章。[1]

阴阳交合的中国式辩证法观体现在汉画像中，不仅包含着变异观、发展观的一般流行观念，而且还以生动具体的艺术造型加上东方神秘主义的特殊形式，包含着辩证法、发展观的更深层内容，以"阴阳交合"的独特形式，接近于对立统一的辩证法核心观念。汉画像图像中有两种独具特色的表现形式：龙虎图像、龙凤图像，这正是阴阳交合的代表。

龙虎图像的典型代表是1987年在河南省濮阳市西水坡发现的蚌塑龙虎图，这也是目前发现的最早的龙虎二元组合图像。考古学家们经过对古天文计算方法的研究，发现濮阳蚌塑龙虎图的摆放位置和天象位置基本吻合。这表明早在6400多年前的中国，人们就已经用龙虎图像表示方位寓指天空。王小盾先生对龙虎有这样的阐述："由于天文学最简单的知识是每天太阳的东升西落，以及在每个回归年当中太阳的春盈秋亏，于是，那些把虎看作死亡之神的人，便按这一知识为虎赋予了新的神性：让虎作为太阳的居所，代表秋藏，成了火和雷电的化身；与此相对，苍龙作为月亮的居所，代表春生，成了水和云雨的化身。"[2]

四川郫县新胜场出土的石棺上刻画着龙虎衔璧图像，图中的龙虎上方有牵牛、织女二星，可见龙、虎分别是东方星空和西方星空的标志，龙虎所衔的玉璧则代表阴阳化合（图3-24）。

汉代人的天象观由天文科学掺杂神话传说，于是就产生了中国古代的四象观念，造就了青龙、白虎、朱雀、玄武四个神兽，它们分别掌管东、西、南、北

[1] 苏勇点校：《易经》，北京大学出版社，1989年，第90页。
[2] 王小盾：《中国早期思想与符号研究》，第901页。

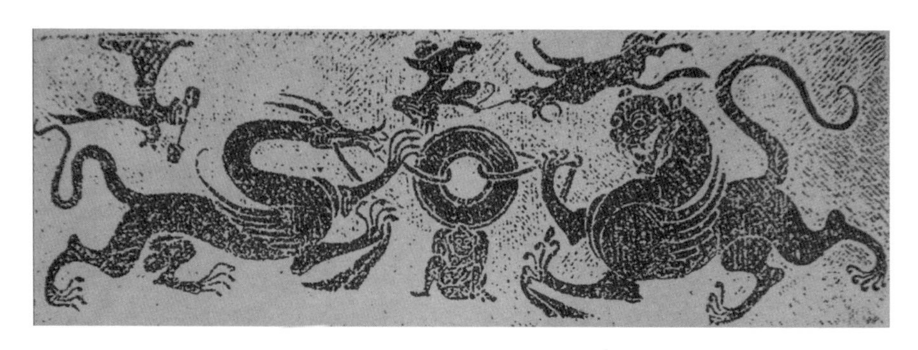

图 3－24　四川郫县新胜场石棺石刻图

（采自《巴蜀汉代画像集》 第 289 图）

四方天宫，被视为能给人们带来福运的神兽，故其在表示方位的同时又蕴含了人们祈福辟邪的寓意。汉代墓室的墓门经常用龙虎图像来修饰，陕西绥德四十里铺墓的左右门扉画像就是其中的代表。墓门上端两朱雀分别单足站立，两铺首衔环居中，底部分别是青龙、白虎掌管左、右（图 3－25）。墓门在墓室中往往具有双重作用：保护死者的遗体，镇墓辟邪；迎接神灵下凡，恭敬迎宾。墓门基本上由门楣、两个门柱和一对门扇组成，在门扇的中央常常会配置铺首衔环的图像，这是空间转换的象征，墓门调节着生者和逝者的交通，从此阴间与阳世便一分为二，逝者进入一个被想象力所塑造的世界中去，延续生前永生的期望。铺首衔环是一种威仪，在四象图像配置的时候，需要配合墓门的形制，所以四神兽的组合有时候会有缺失或是同义替换。而将四象刻画于墓门之上共有两层意义：一者青龙、白虎指示左右，辨别方位；第二层意思便是和铺首一同做镇墓之兽，保佑逝者亡灵不被打扰。正如东汉王充《论衡·解除篇》云："龙虎猛神，天之正鬼也。飞尸流凶，安敢妄集。犹主人猛勇，奸客不敢窥也。"

王小盾先生认为："在古人心目中，龙和凤是因其引导灵魂升天的功能而成为天上神灵的。也就是说，凤鸟和龙的结合，是作为天之使者、作为生殖之神这两种神性的结合。由于它们是在人们心目中的天神世界实现组合的，所以，龙和凤便成为天神的代表。""到汉代，龙凤作为至高天神的符号意义基本上固定下来。""在龙、凤组合中，龙和凤仍具有不同的方位意义。凤象征天庭

图 3－25　绥德四十里铺墓左右门扉画像　陕西绥德

（采自《中国画像石全集·第5卷》 图一七八、一七九）

或天的主宰，龙象征生命或地的主宰。因此，它们是具有阴阳化合之意义的一组神灵。”[1]在诸多表示祥瑞的图像中，“龙凤呈祥”是最受崇尚的一种。龙凤都是传说中的神灵，不仅形象生动、优美，而且被赋予许多神奇的色彩。龙是力的象征，凤是美的象征。龙和凤的结合，是力与美的结合；龙和凤的对应，是力与美的对应。画面上，龙驭云飞天，张口旋身，回首望凤，凤则展翅翘尾，举目眺龙，周围瑞云朵朵，一派祥和之气。在汉画像中龙凤的二元组合图像常常被赋予天地和谐、阴阳化合的寓意。徐州汉画像石艺术馆馆藏着一块凤鸟、交龙画像石，此石画面分上、下两层，上层为半圆形，绘一对凤凰围绕常青树起舞；下层为长方形，绘二龙蜿蜒相缠（图 3－26）。凤凰的天神地位和

[1] 王小盾：《中国早期思想与符号研究》，第 894—897 页。

神龙的生殖作用，被刻画在同一块画像石上，蕴含着天堂的美好和转世再生的寓意。

图3－26　凤鸟、交龙　徐州汉画像石艺术馆馆藏　（笔者摄）

天象中的龙图像要么以四元组合的四象图像出现，要么以二元组合的龙虎、龙凤图像出现，也有众多以单独龙图像与星座组合的方式出现。这些天象中的龙图像一般都蕴含着天地和谐、阴阳化合的寓意，也承载着墓主人的转世、祈福等美好愿望。

## 四、结语

龙是中华民族的图腾崇拜物，是人们祈福纳祥、寄托美好愿望的重要神显，神龙文化作为中国传统文化体系中一个重要的组成部分，它自身也是一个由多种要素构成的文化系统。这个系统在几千年的历史长河中经过不断的变迁、重构，逐渐生发出神圣性、超越性、世俗性等纷繁复杂的特点，与此同时，它又是完全在本土文化范围内孕育、成长的，这就注定了它作为一种本土宗教信仰和文化的根源性特征。

汉画像中有众多的神龙画像，这些画像出现在棺椁墓室中，绝不仅仅出于装饰的目的，它们是有着深刻内涵的。具体到不同的汉画像作品中，龙图像所蕴含的寓意又各不相同：作为驾乘的交通工具，神龙被人们寄予引魂升天、自由出入天地间的期望；二龙交尾和龙穿璧图像中的神龙，一方面有着叩开“天门”、引领死者进入极乐世界的功能，另一方面更多的是重生和子孙繁衍的象征，因为在汉代人看来，子孙后代的生生不息是生命永恒存在的另一种方式；镇守东宫的青龙则蕴含着汉代人对天空的美好向往，其根本意义还在于沟通人神、打通阴阳。

艺术是现实生活的反映，汉画像中神龙画像的大量出现与当时的世俗信仰息息相关，汉代是一个“事死如事生”的朝代，汉代人在无力改变肉体消亡的情况下，总是寄希望于神龙这样的祥瑞，以期实现自己内心关于永生的美好愿望。恋生惧死是人类的本能，汉画像中的神龙正是人们对死亡的本能抗拒。时至今日，中国人仍然保留着对神龙形象的欣赏和敬畏，龙的形象可谓是深入国人的灵魂中了，虽然我们在面对它们时已经没有了追求永恒生命的想法，但内心的敬畏是难以磨灭的。

充满着奇诡想象的大汉王朝已经在历史的尘埃中消散殆尽，它连同它所属的时代却并没有被人们遗忘，文化的根基已深深渗透到每一个中国人的心底，龙的传人依旧在这片广袤的土地上续写着属于他们的神话。

## 第四章

# 汉画像中的“虎”形象

王　琥

汉代艺术兴盛，众多的艺术作品相继出现，汉画像作为其中非常具有典型性的艺术形式，历来被许多的学者和研究者奉为圭臬。汉画像的研究也对我国的文化艺术产生了极大的影响。汉画像具有极高的文化艺术价值，它反映了汉代人的社会生活和思想情感，在古代传统文化中占有重要地位，研究汉画像可以更深入地认识汉代人的生活和思想，也有助于研究中国古代的传统文化。

在我国古代，虎文化具有悠久的历史渊源。人们对虎的崇拜更是经久不衰。早在原始社会末期，人们便对虎产生了图腾崇拜观念。原始社会时期的虎图腾崇拜不可避免地对汉文化产生了影响，因此汉画像中虎的形象随处可见。其中出现最多的就是表现其除恶扬善的形象。例如，在汉代画像中普遍存在的“西王母龙虎座”。西王母是当时神话信仰的典型代表，可见虎在人们心中的地位。此外“虎吃女魃”的画像在汉代也较为常见。在河南省唐河县针织厂汉墓以及洛阳周边的其他汉画像石墓中，虎的形象被描述为肩生羽翼、能够飞升的神灵。据一些考古学家和历史学家研究，汉画像中经常出现的铺首，可能就是来自“虎”形象的联想。虎形象的转变和汉画像中虎形象的呈现，表达了汉代人的精神世界，反映了汉代人对虎的崇拜。

# 一、汉画像中“虎”形象的起源

## （一）图像表现的“虎”形象

有关汉代社会的图像资料，汉代画像石、画像砖最为丰富和翔实，这些画像题材已经成为研究汉代社会生产、生活情况的重要资料。在汉画题材中，除了神话故事、人物传说之外，还有大量的与虎相关的图像，这些图像中的虎有的与龙搭配，有的与凤搭配，有的与仙人搭配，有的刻画在祠堂，有的在棺椁墓室里，有的也会以单独的形象存在。这些虎的图像不仅仅丰富了汉画像的图像表现，也通过这种视觉的冲击，让我们了解了那个时代的神秘信仰。布克哈特认为：“某个时代不易被人们觉察的信仰和观念，只有通过视觉作品才能传递给后人，这种无意而为的传递方式是最为可靠的。”[1]

在汉画像中虎是常见的图像，这些图像蕴涵了丰富的功能意义，也蕴涵着丰富的文化现象。而早在我国原始社会末期，人们便对虎产生了古老的图腾崇拜。在有些原始部落里，虎被奉为祖先和保护神加以崇拜。当然这与当时社会的发展水平、人们对自然的惧怕和经常受到毒蛇猛兽的侵袭不无关系，因为虎自古以来就被认为是百兽之王。在那个完全靠力量的蛮荒时期，虎被视为平安的保护者。而此后，虎崇拜文化便渐渐延续下来并开始盛行，这个我们从河南濮阳出土的蚌塑“龙虎”图就能够看出（见图 4－1）。发展到春秋战国时期，虎的象征意义被进一步延伸，有了“虎贲”或“虎臣”的名称，这在当时被用来称呼勇猛之士。《书·牧誓》记载：“武王戎车三百两（辆），虎贲

---

[1] 孟建、[德]Stefan Friedrich 主编：《图像时代：视觉文化传播的理论诠释》，复旦大学出版社，2005 年，第 164 页。

三百人。”[1]《诗·鲁颂·泮水》记载：“矫矫虎臣。”这种对虎的崇拜和认识，促使了汉代虎画像艺术的兴盛。

图4-1 蚌塑“龙虎”图

河南省濮阳市西水坡45号墓出土

汉画像中的虎形象有着多种表现形式，主要有以下几种：

### 1. 汉画中辟邪的虎

古人相信鬼神的存在，所以对鬼神的敬畏和辟邪的观念也就随之产生了。先秦时期，人们便开始利用各种手段来支配自己的命运，因而使祀神、巫术、驱鬼等得到了发展。

汉代的人们信奉死后有灵，人死后会在阴间继续生活，阴间和人世一样存在凶吉，刻绘虎形象会保护墓的主人免受恶鬼吞噬，因此虎被作为阴间的保护神。《风俗通·祀典》曰：“画虎于门，皆追效于前事，冀以御凶也。”所以，墓室中经常会出现各种虎的形象（图4-2、图4-3）来保护墓主不受侵害。

---

[1] 诚举、胡兴文、蔡莉译注：《尚书》，云南大学出版社，2003年，第65页。

图 4-2　铺首衔环

河南省唐河县胡阳辛店出土

图 4-3　虎吃鬼魅

河南省唐河县出土

汉代人认为，因为鬼怪作祟，人们才会遭遇灾难或者疾病，所以对鬼神的信仰有了更深一层的认识和发展。人们在日常生活中生怕触及鬼神，所以用了各种驱魔逐疫的办法，为的就是要消灾除病，驱逐邪恶。《盐铁论·散不足》中说："今世俗饰伪行诈，为民巫祝……是以街巷有巫，闾里有祝。"《潜夫论·浮侈篇》中说："今多不修中馈，休其蚕织，而起学巫祝，鼓舞事神。"辟邪风俗形成发展的一个原因是汉代谶纬迷信思想和升仙思想。谶纬思想到了东汉有了更大的发展空间，甚至已经到了泛滥的程度，而驱魔逐疫作为其中的内容之一，自然也有了很大的发展。汉代人认为，升仙过程中的最大敌人和阻碍就是鬼怪。《史记·秦始皇本纪》载："卢生说始皇曰：'臣等求芝、奇药、仙者，常弗遇，类物有害之者。方中，人主时为微行，以辟恶鬼。恶鬼辟，真人至。'"而虎作为神仙的宠物，当然也就能够为他们提供庇护。有很多的逐疫升仙画像在河南南阳汉画像石中都可以看到，升仙与驱疫共在一幅画面，由此可以看出升仙与辟邪之间的密切关系。从这种关系中，我们能够发现，借助虎形象辟邪在汉代已经成为一种习俗得到了很大的发展。

汉代辟邪的方式多种多样，汉代人事死如事生，认为人有阴阳两宅，死后住的地方称为阴宅。受到厚葬之风的影响，汉代人将墓葬建造成与地面建筑相符的样子。既然仿照阳宅所造，那么在一定程度上门户上的装饰与地面建筑的门户装饰也有所联系。考古学家在河南南阳的汉代墓穴中发现，很多墓穴的墓门上都刻有铺首衔环，而虎的形象经常与铺首衔环在一起。虎的形象与铺首一起刻在住宅的大门上，反映了当时人们的一种意识观念和封建迷信思想。在汉代人的认识中，虎不仅仅是力量和凶猛的象征，更是驱除鬼怪的神兽。它不仅能够帮助人们抵御毒虫猛兽的侵袭，而且还能够帮助人们在阳间驱除灾难疾病、在阴间吞噬鬼怪，使人死后避免遭受鬼怪的侵袭。

而从整个汉朝的历史发展来看，东汉的辟邪风俗比起西汉时期更加盛行，统治阶层更加昏庸迷信，求长生不老的升仙之术越来越泛滥。而鬼神巫术之风也日渐盛行，这一点，我们不仅能够从相关的历史记载中发现，也可以从汉画像石墓中得到印证。据考古学家统计，从河南一带发现的西汉时期的汉画像中的驱魔逐疫的画像并不多见，但是到了东汉，不论是在早期、中期还是晚期，驱魔逐疫的画像明显多于西汉。特别是到了东汉晚期，升仙、辟邪类的题材占据了主导地位。汉代的辟邪风俗流行的范围非常广，汉画中大量的辟邪画像充分体现出汉代辟邪之风的流行程度。

总之，汉代颇为兴盛的辟邪风俗以生动形象的画面得到了再现，反映了汉代辟邪风俗的基本特征和主要形式。尽管汉代这种辟邪风俗带有迷信色彩，但这些习俗反映了汉代人美好的愿望。

### 2. 汉画中祥瑞的虎

汉代出现的祥禽瑞兽具有深刻的政治根源。统治者不仅出于统治的目的，提倡迷信思想、升仙思想，而且更为重要的是皇帝自喻为天子，代表天统治社会民众。统治阶层把这些瑞兽的出现看作上天对自己统治的肯定和颂扬，也是自己实行德政和王道的表现。祥瑞也被百姓看作社会祥和安定的征兆。《汉书・宣帝纪》曰："夏四月，黄龙见新丰。"宣帝下诏说："乃者凤皇、甘露降集……神光并见，咸受祯祥。"《抱朴子・对俗》转引《昌宇经》和《玉策记》中的记载："虎及鹿兔，皆寿千岁，寿满五百岁者，其毛色白。"此段话说明，虎的毛色白是一种长寿的象征，白虎可将长生不老和祥瑞之意带给墓主。因此有些墓中刻有龙虎形象，以表祥瑞(图 4-4)。

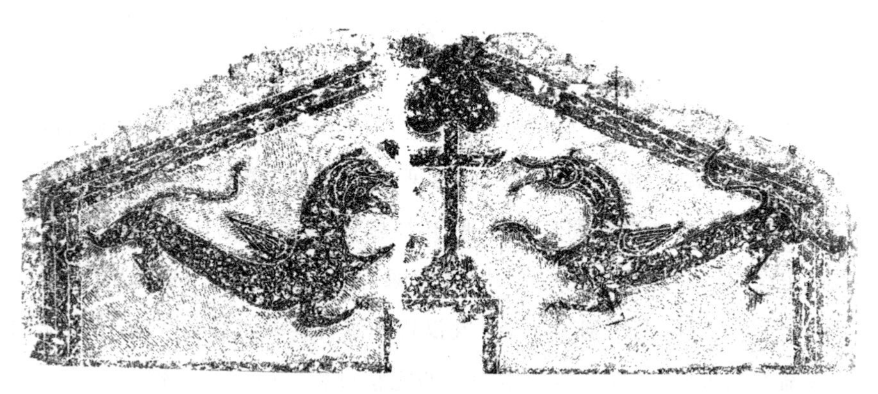

图 4-4 龙虎对峙画面

山东省诸城市大徐洞出土

汉代的一些祥瑞被刻画在画像石上，这些形象被称为祥瑞图。学者们大都认为，画像石萌芽于西汉中后期，大致上来说，萌芽期的“祥瑞”只在墓室大门的门扉上才可以看到，以写实的楼阁为主雕刻在门扉之上，楼阁下刻着菱形图案和铺首衔环。新莽时期和东汉前期是祥瑞图的发展阶段。从墓室的发掘情况来看，这一阶段的画像，不仅出现在墓门上，而且在墓室的前室、后室、过梁等地方，也出现祥瑞图，内容也逐渐丰富了起来。总体上来说，发展期的“祥瑞”画像只是增加了白虎的形象，其位置仍在门扉，同萌芽期相比，门扉的结构格局也有所不同。“祥瑞”主要表达驱邪辟害的思想，但刻画生活场景内容的画像在墓中仍占大多数。“祥瑞”的繁荣期大致在东汉中期，这一时期画像石墓中“祥瑞”的内容更加丰富，“祥瑞”画像的位置已经扩展到了门楣之上，而不局限于先前的门扉。另外，除了墓门上，墓室中也出现了“祥瑞”图像，表达出了汉人期望死后安宁和驱魔逐疫的愿望。东汉末期是“祥瑞”的鼎盛时期，画像石墓在这一时期的分布也非常广泛。石墓中的“祥瑞”内容在鼎盛时期更加丰富，表现的手法也更加多样化，很多画像石都是整块地雕刻着“祥瑞”内容，主要表现人们驱邪辟害的思想，也有追求吉祥的意思。而“斗兽”“乐舞百戏”这些反映社会生活的画面却大幅度减少，甚至有些图像内容已经销声匿迹。这些都足以证明鼎盛期的“祥瑞”已然达到了前所未有的程度。“祥瑞”有着短暂的衰亡期，大致相当于东汉末年。山东地区画像石墓的墓室中，这一时期画像内容不断减少，只有寥寥的几何图案残留在墓室之中。

画像石的产生与消亡与汉王朝的兴盛与衰退密切相关。由此我们可以看出汉画像石墓中“祥瑞”的演变轨迹：西汉晚期的“祥瑞”只有很小的篇幅刻于门扉之上；新莽时期到东汉早期的“祥瑞”已经占据了门扉，且当时非常流行；东汉中期“祥瑞”不仅被雕刻在整个墓门上，就连墓室中也开始出现“祥瑞”，一直到东汉晚期达到了鼎盛。在汉代画像石墓中，“祥瑞”经历了从无到有，逐渐发展兴盛，最终衰落乃至消亡的完整过程。所以说祥瑞图像从一开始就是画像石的重要题材。

首先从思想背景来看，“一种完整的艺术风格总是各种内在思想、文化因素的综合”[1]。想要了解祥瑞图像的产生原因并深入探究其意义和价值，就必须全面考虑它所处的特定时代的思想和文化。

《春秋繁露·顺命》云：“天子受命于天，诸侯受命于天子，子受命于父，臣受命于君，妻受命于夫。诸所受命者，其尊皆天也。虽谓受命，于天亦可。”从这里可以看出，君臣、父子、夫妻这三对关系，必须做到后者对前者的绝对服从和前者对后者的绝对统治，这样才能使等级社会更加稳定。而对于皇帝权力的证明则是这一系统中最为关键的环节，祥瑞作为人与天交流的中介，使这种统治建立在了受天命的基础上，证明并赞美了帝王统治的合法性、合理性。就像董仲舒所说：“帝王之将兴也，其美祥亦先见。”所以说，祥瑞者，都是上天所赋予他们的。

谶纬思想兴于西汉末年，在东汉成为占据统治地位的思想。那时无论各种重大问题的决策或者用人施政，谶纬都会作为重要的依据。“谶纬是以阴阳五行学说为骨架，附会经义与儒学结合构成的一个复杂而庞大的神学体系，贯通天人，无所不包。”[2]祥瑞作为其中的重要内容，地位自然也得到了巩固。祥瑞被认为可以预测未来，而不仅仅是一种天人关系，这就是谶纬思想的观念。公元79年（建初四年），章帝主持了白虎观经学会议，其后班固整理了《白虎通》一书，书中记载了很多关于谶纬的内容，也整理了祥瑞思想，比《春秋繁露》更为翔实，也使祥瑞思想发展得较为完备。

祥瑞图像在汉墓中大量出现，如果单从艺术美学的角度看，只不过算是我国古代画像石的一个美术史事件。但是如果从社会发展以及思想礼教的角度看，它更深层次地体现了当时广阔的社会背景和社会思想。具体来说，是当时社会的丧葬习俗的体现。儒家思想认为，子女不仅在父母生前要尽孝，在他们死后也要“葬之以礼，祭之以礼”。在汉代，儒家思想占据了统治地位，因而这种观念更加根深蒂固。不仅如此，汉代人还相信人的灵魂在死后不会消散，会继续在另一个世界生活。汉代人居住的房屋、使用的物品上很

[1] [美]巫鸿：《礼仪中的美术》，郑岩等译，第166页。
[2] 钟肇鹏：《谶纬论略》，辽宁教育出版社，1991年，第83页。

多都装饰有代表祥瑞的图像，他们希望这种生活能够在死后延续，所以祥瑞图像会作为装饰出现在墓室中。开始的时候祥瑞图像只出现在墓室的壁画上，之后石室墓盛行，自然而然地祥瑞画像石也就产生了。

此外，在西汉中期还出现了祠堂建立在墓前的模式，并且在东汉时已非常普遍。很多祠堂之上都刻有祥瑞图案，人们这种祈求活人可以受到庇护、死后可以成仙的愿望观念进一步促成了祥瑞图案的产生。另外，汉墓的构造从传统的椁墓变为横穴式墓，这种构造能够模仿现实世界中的房屋，更加体现出汉代人对于死亡信仰的寄托。

汉代是一个祥瑞思想流行的朝代，日常生活中随处都能见到祥瑞的形象，所以在时机成熟的条件下，祥瑞图像的画像石也就出现在了石墓当中。白虎作为一种常见的形象，经常被雕刻在门扉等处，代表了一种祥瑞。

### 3. 汉画中表示天地间方位的虎

汉代人崇尚天人合一，将人文与天文相对应，天上的星宿和人间的地理概念做比照。南阳汉画像石中，有许多天象图，在青龙、白虎、朱雀、玄武“四灵”图像出现的汉画像中，带有明显的方位意义。“汉代天文学家把周天星宿分为四宫，白虎配属西宫，是西方、秋天和以参星为代表的西宫星宿的象征”，由于虎是天上的星象，所以又经常给图像中的白虎加上翅翼，象征其是天上的神兽(图 4-5、图 4-6)。

“四灵”最早来源于原始社会的图腾，古人将其与天文结合起来，才有了代表二十八宿按照东、南、西、北的方位划分而成的四大星区，并与四个神灵相结合，每一个神灵代表七个星宿。而在《史记》《汉书》中，这四个星区被称为“四官”或者“四宫”。这方面最早的考古证据就是在濮阳市西水坡发现的仰韶文化时期的 45 号墓中用蚌壳摆放的龙和虎。虽然只体现出东西二宫，却已经可以看出其与天象的结合。

“四宫”这一说法到了汉代被广泛应用，神灵这一说法和天文学的结合形成了四宫二十八宿，因此产生了苍龙星座、白虎星座、朱雀星座、玄武星座这四个星座。而早在春秋战国时期，人们配合四方，把龙、虎、凤、龟四种神物组

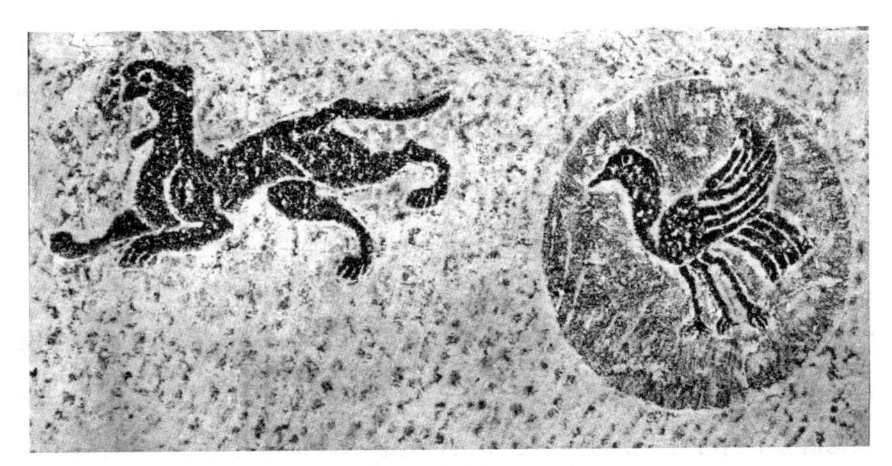

图 4-5　白虎与三足乌

河南省唐河县出土

图 4-6　翼虎

江苏省徐州市铜山出土

成了一种方位格局，那便是左青龙、右白虎、前朱雀、后玄武，四个方位分别由这四灵所掌管。我们在一些画像石上经常可以看到四灵的形象，足以表现出汉代人对于四灵的崇拜。因为四灵除了代表天上的星宿以外，一些与百姓生活密切相关的功能也被赋予在了四灵之上。

在汉代，人们通常会把四灵的形象刻画在门上，以达到驱魔逐疫的目的。白虎的这种防御功能表现得尤为突出。古人认为虎能食鬼，在汉画像石中经常出现“虎食鬼魅”这一图像。汉代人认为白虎是“四灵”之一，配属西方，可辟不祥。汉代人崇拜白虎勇猛的形象，赋予其驱魔逐疫的功能，常把其刻画在门户之上，以守护阳宅。

两汉以儒家思想为主导，经济繁荣、政治稳定，阴阳五行学说也传播融入文化中来，为推动“四神”的发展奠定了一定的基础。

学者顾颉刚认为，四灵图像反映了当时盛行在汉代的“阴阳五行学说”。“阴阳五行学说”是我国古代起源比较早的学说，汉代的五行思想又融合了各地的学说观点，比如殷商旧地的占卜文化和齐鲁的五行思想。另外，五行学说也借鉴了当时西周遗留下来的宗法传统意识以及礼教观念。五行思想在汉代得到了很大的发展，并在汉中期达到了鼎盛。如《礼记》载天子“明堂”形制：“明堂之制，周旋以水，水行左旋以象天，内有太室象紫宫，南出明堂象太微，西出总章象五潢，北出玄堂象营室，东出青阳象天市。”五行思想将春夏秋冬与东西南北中方位融合在一起，用金木水火土的思想加以解释，并指导人们行事。阴阳五行观对汉代人的生活、心理，乃至艺术领域都产生了深刻的影响，“四灵”图像就是典型的例子，五行方位的意义和观念明显渗入其中。

### 4. 汉画中作为升仙工具的虎

汉代人迷信升仙思想，认为只要保住身体不腐烂，就可以进入另一个世界，灵魂可以永生。汉画像中的一些图像可以反映出汉代人的心理，他们将虎与神仙飞升联系一起，认为人死后只要能战胜妖魔鬼怪，就能够骑着龙虎升仙，这反映了人们对于长生不老的美好愿望(图 4-7)。

在现代人看来，死亡就是指个体生命的结束，可汉代人却有另一种理解。他们认为死后是一种新的开始，人会在另一个世界继续生活。汉代人对此非常关注，并把它看作一件关乎天人之际的大事。汉画像里有很多图案都体现出汉代人对死后世界的关注。在汉画像石墓的世界里，虽然死亡令人感到沉重，可追求长生或者得以升仙的愿望又是美好的。死和生只有放在一起才更有探讨的意义。简单来说，永生和不朽便是生死问题的进一步拓展。人们经常会感叹生命的短暂，并且向往长生，正因如此，人们把死后的世界作为最后

图 4-7　雷公出巡图

河南省南阳市英庄出土

的慰藉和寄托。面对这种情况，古人想出了渴望不朽、渴望长生、渴望升仙的思路来解决问题。“求长生，求享乐，是人类自然的要求，而中国民族便依着这种迷信来产生神仙道和求神仙的方术。”[1]

渴望不死是人们最原始的追求，升仙信仰也是长生观念的最终目的。大自然中一些长存不灭的事物很早便被古人关注，并为之惊讶和崇敬。一直到今天，在中国的东北地区，萨满教文化圈仍保留着对山与树木、水等自然界具体事物的崇拜。他们深信所得到的丰盛的食物是受神的恩赐，所以他们对山神顶礼膜拜，严守各种条律。人们所谓的不朽情结就是对自然事象的信仰物质化的表现。汉代人经常把这种向往具体化，于是便将其以图像的方式刻画在墓室当中，借此达到不朽的境界。

人们祈求长生、不朽、灵魂不灭，多种信仰交织融合，令人产生升仙的渴望。随着人类进入阶级社会，宗教也开始利用起升仙思想。佛教宣扬在阳世行善积德才有机会脱离六道轮回成佛；而道教倡导用修炼的方式长生不死最终成仙。两者一个偏重灵魂的不灭，一个偏重躯体的修炼。汉代是自生宗教从原始形态向高级形态过渡的阶段，道教作为高级形态的宗教，其内容更倾

[1] 许地山：《道教史》，上海古籍出版社，2009 年，第 3 页。

向于多神化，比如将人首虎身的西王母变换为美丽的女仙，配了对偶神东王公，还借助黄帝升仙。这一类的神话传说利用了民间原始宗教和大众的心理，同汉代丧葬观念相结合，对汉代墓室产生了深远的影响。

西汉中期，阴阳五行、天人合一的思想在社会中占据了主导地位。天人合一的思想不仅在人们的日常生活中起到重要作用，而且也体现在墓葬中。汉代人想与天发生联系，更想升仙上天。他们认为要想得到上天的回应，就必须建立功德。因此，汉代人深信有德之人才能升入天界。他们相信人死后也会和生人一样有着类似的生活，只不过是在不同的世界。墓葬、祠堂就是阴阳两界的连接处。人们通过这种象征性的空间，在特定的时间都会进行祭扫，希望死者可以听到生者的愿望，保护庇佑亲人。人们并不知道死后究竟会前往何处，所以汉代人就在墓室内刻画出一些象征的图画，想象出一个虚构的世界。这些刻画的主题体现出人们对死后世界丰富的想象。

升仙思想被很多汉代人所信奉并追崇，人们都期望自己死后可以升仙，虎作为一种神物、升仙工具经常出现在汉画像中，从中我们可以看出汉代人对于死后世界的憧憬和理解。

### （二）原始图腾崇拜

从汉代的虎画像中，我们可以看出汉代人对虎也存在着崇拜。这种崇拜延续了原始部落时期以及那之后的商、周、春秋战国、秦代的影响。其实，图腾这个词为印第安语，图腾信仰的观念至今仍然深刻影响着当地的现代人。图腾文化在我国当然也具有悠久的文化。只不过随着我国文化的发展，图腾文化不断地演化提升，具有了更加深刻的文化内涵，已经脱离了简单的氏族标志或者是图腾信仰的阶段。

在生产力水平低下的原始社会，在先民们的眼里自然界的一切事物都有着神奇般的灵性。人们把认为跟自己有血缘关系的，与自己生产、生活最密切的某种动植物或其他生物，视为本氏族的神灵和祖先，并加以保护。人们怀着敬畏之心对其顶礼膜拜，将它作为本氏族的图腾。原始社会的氏族部落在选择氏族标志时，会选择各种不同的动植物图腾，体现出不同血缘、不同地域之间氏族的各种意志。按照现在的观点来认识，当时氏族就是把图腾当作符号标志。先民们用简练的手法在居所或生活用品上描绘其形象，氏族首领也以此为旗帜来号召氏族成员向大自然挑战，与其他侵犯本族利益的氏族做斗争。

图腾信仰有些时候在很多方面与自然信仰是混同的：两者都是一种原始的信仰，所信仰的对象都是某种自然物，没有形成超自然体的观念。因此，自然信仰和图腾信仰是能够相互转化的。尽管如此，两者之间还是有一些比较大的差别。比如图腾信仰的对象，是自然物在某一层次上的物类，而不是自然物的个体，而且一般在有血缘关系的群体中通行，按照某一体系世世代代相传。作为图腾的自然物对于信仰者来说，并不是什么异己力量，而是具有神秘关系的亲属。

由此可以认为：图腾信仰作为一种意识形态形式，是比自然信仰更为高级的。从历史角度来看，图腾信仰应该晚于自然信仰。它是和某些社会进步相适应的认识，而不仅仅是原始的认识。和自然信仰相同的是，它没有独立于自然之外的人类自我意识产生，而是自然物与人的相互混同。因为受到原始思维的制约，它的想象思维不能超越于现实世界之外的自然世界。可是却从某些方面表现出相对于自然信仰的进步。

首先，氏族起源的问题是由图腾信仰所提出的，并且有了最初始的生殖观念，它与同一氏族的外婚制相对应。不同血缘关系集团里的角色通过婚姻来确定集团外婚制的原则，才能保证成熟的图腾信仰发生。人们认识到与信奉不同图腾的人结合产生的后代更加繁盛、健康。这样的认识水平是高于早期自然信仰的。

其次，图腾信仰可以解答氏族起源的问题，最初的氏族祖先观念便是这样形成的，它使人们认识到自然物既可以生育也可以保护自己的氏族成员。这是自然信仰发展非常重要的一步，因为这代表着从灵性意识走向了神性意识，灵性观念变成了一种专一的崇拜。

再次，动植物分类的观念也使用在了解答氏族的起源问题上，区别开了作为图腾的动植物和其他自然界的事物。产生这种分类的观念有一定的过程。最开始的时候图腾意识指的仅仅是具体的某一种动植物，随后演变成一个范围很小的类，然后逐渐扩大为一个大类。原始人的综合概括和抽象思维的能力在这个过程中不断得到提高。

图腾信仰因为人类具有的初步发展的想象力而更为丰富细致。图腾已不仅被人们看成是氏族祖先的标志和自己的庇护者了，而是可以通过食用图腾来与图腾进行力量和品质的沟通，从而获得图腾具备的非凡的技巧和力量。人们为了使图腾的力量变强而去膜拜，也使自己的力量可以增强。可以看出，图腾信仰总是伴随着各种具有象征性的仪式和习俗，从而使得图腾信仰的社会和文化功能更加丰富。

图腾信仰当然也有其特殊的存在和产生条件。一般来说，它存在于母系氏族社会，与渔猎、采集生活相关，到了父系社会开始萎缩。产生这种现象的原因大致有两个。第一是图腾信仰牵扯到人们和生存伙伴之间那种复杂关系的信仰。一旦人们有了独立的清晰的意识、自主支配自然界的力量，可以用专门的概念来表达对动植物的情感，人们就会开始否认这种同动植物的兄弟姐妹关系。第二个原因是：图腾信仰是存在于母系氏族的信仰，它排斥男性作用的生殖观念。一旦关于生殖的谜题被揭开，男性也在不同场合显示出自身的重要性，那么在日常生活中人们就会逐渐否认这些动植物作为自己祖先的地位。简单来说就是，自然信仰、生殖信仰的发展造成了图腾信仰的萎缩，从而发生了质的变化。

不过，即使图腾信仰随着时间的推移而逐渐弱化，一些关于图腾崇拜的习俗依然延续至今。例如虎图腾的遗迹在西南各少数民族中间至今仍然存在。属于藏缅语族的普米族、傈僳族、纳西族、白族、彝族、藏族和土家族等都保留着虎图腾的遗迹。大体上来讲，他们都是古代氐羌人的后裔。氐羌人是主要从事畜牧活动的民族，原来以甘青高原为活动中心，因此人们的生活环境和生活方式同虎图腾的出现是相关联的。对于以虎为图腾的民族，虎有着神圣的意义，通常代表着祖先和氏族、神灵。所以，虎图腾总伴有一些祭祀仪式。例如虎年，傈僳族的氏族成员会向木刻的虎像举行祭祀仪式；彝族人会在门楣上悬挂一个葫芦画成的黑色的虎头，表示不忘虎祖。说明了这些民族对于图腾崇拜的原始特点。

从虎图腾衍化出的各种信念中，有一点值得注意，也是对汉代产生深远影响的，那就是鬼魂观念。中国各民族的鬼魂观念都是和虎图腾相联系的，通过对考古学、神话学、民族学资料的考察，可以看出古人有这样的逻辑思维：虎是吃人的神兽，因而是图腾，是氏族神；人被虎吃，是向图腾复归；复归的灵魂变成虎之后，进入了另一个世界，即鬼的世界或西方世界："虎是这一世界的统领，因而是天地交通的阶梯。"[1]

因此，将虎作为西方之神的看法是由来已久的。古人很早就依据日落西方的现象，把西方之神看作鬼魂世界的神灵。所以通过这一观念，《山海经》把西方之神（例如西王母、开明兽等），刻画成虎齿、豹尾、穴处的人物或者人首虎身的人物。这种信仰在中国南方民族比较多见，例如白族人认为被虎吃是"成仙"，所以墓地会参照老虎的形象；鄂西清江一带的土家人至今流传"廪君传说"，说白虎是土家人的祖先神，祭祖的时候要牺牲活人；彝族人为孩子叫魂的时候，将灵魂称作"虎"，他们认为人死后就会变成虎，因而广泛流传着人死化虎的故事。另外，在彝族社会里，还存在着一种丧葬习俗，通常用一张虎皮把逝去的人捆扎起来，进行火葬，他们认为这样做能够来世变成虎。这样的丧葬做法和风俗习惯起源于流传于彝族社会里的古老的神话传说。这个神话传说在史诗《梅葛》有记载，其中讲到虎原本是统治世界的王者，在虎死后，神把虎的尸体分解，于是就形成了今天的万物。太阳和月亮分别是虎的左右眼睛，虎的油脂变成了五颜六色的云彩，而牙齿变成了天上一闪一闪的星星。

总而言之，以虎图腾为基础，中国古人产生了这样一种灵鬼信仰，那就是认为人死了以后会变成鬼，而鬼只有被虎食才能得到超化。从文献资料中可以得知，中原民族也曾接受这种信仰，并广泛流传。因而可以看出，汉画中的龙虎图（图 4－8）、铺首（图 4－9）等图案所具有的镇守石墓、驱鬼辟邪的作

---

[1] 王小盾：《四神：起源和体系形成》，上海人民出版社，2008 年，第 77—78 页。

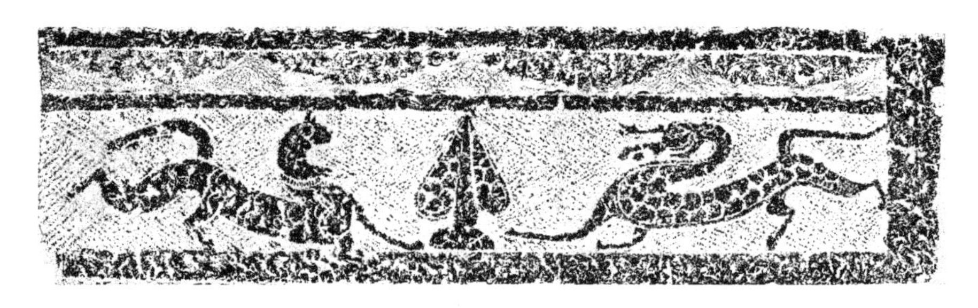

图4-8　龙虎图

河南省登封市嵩山南麓邢家铺村西出土

图4-9　铺首衔环

河南南阳石桥出土

用深受虎图腾影响，并在汉代广为流传。所以图腾崇拜的遗存，作为一种历史文化现象对汉画中虎形象的出现和其功能作用产生了深远的影响。

## （三）神话传说中的“虎”

在古人的心目当中，老虎是既可怕又可敬的动物。可怕的是，它会食人畜，而可敬又是因其威猛无比的形象，能够辟邪。中国对于龙虎的崇拜在六七千年前的考古资料和之后的古史中都有记载，神话传说也早见于《山海经》。此书记载了关于虎的神话传说有50多条，分为四类[1]：(1)十余条关于虎的原生形态的记载；(2)20多条复合型的虎；(3)虎以神的形象出现有十余条；(4)被人神驱使的虎有十余条。

以西王母为例，《淮南子·览冥训》载：“羿请不死之药于西王母，姮娥窃以奔月。”可以看出西

[1] 黄柏权：《土家族白虎文化》，中国文联出版社，2001年，第25页。

王母不只是刑神，还有使人长生不老之药。人们对西王母予以神化，并且将其附着于母系社会中拥有最高权威的女酋长身上，名曰西王母。她不仅具母虎形象，也是司疾病之神，有决定人生死的大权，手中也握有不死之药。当然西王母本身也是长生不老的，所以汉代成书的《易林》又把“金母”作为西王母的称呼，这是五行之中西方属金的观念，和白虎有关。“可见西王母是被神化了的不老不死、寿与天齐的神虎形象，更是原始氏族所乐于取认为祖的条件。”[1]这位西王母不仅给黄帝献过地图，传到周代，和周穆王又很要好，这时的西王母虽有虎迹，却已无虎相。她以帝女的身份告诫周穆王，为了日后还能往来，希望其可以长生不老，体现出依依不舍之情，期盼周穆王可以再来。

到了汉代，周穆王则被衍化为与西王母相配的东王公，东王公实际也属虎族。《神异经·东荒经》曰：“东荒山中有大石室，东王公居焉，长一丈，头发皓白，人形鸟面而虎尾。”《汉武故事》中，西王母变成了年约三十的丽人，可她的侍卫中还有文虎文豹，这正是虎图腾衍化的结果。

研究昆仑文化的学者李晓伟认为，西王母是青海湖以西游牧部落的女酋长，而并非天仙。经过专家的考察，确实在3000—5000多年前存在一个被称为西王母国的牧业部落。西王母也确有其人，她既是女王的尊号，也是一个部落的名称。由此可见西王母国原是以白虎为图腾的崇虎民族，继而又演化出了西王母神话，而西王母在神话传说中的形象与功能，也在汉画像中得到了深刻的反映。

诸如此类的虎神话传说在中国古典文献中记载繁多。虎的神话传说不仅体现了古人对虎的敬畏和崇拜，更是作为一种信仰、文化源远流长，汉画中的虎在很多方面受到了这些神话的影响。

---

[1] 汪玢玲：《中国虎文化》，中华书局，2007年，第74页。

## 二、汉画像中“虎”形象的分类

### （一）四象之一的“白虎”

“四神”又称“四灵”，指的是青龙、白虎、朱雀、玄武（龟蛇合体）或龙、麟、凤、龟等四种想象中的神奇动物。

我国古人具有丰富的想象力，他们不仅创造了丰富多彩的文化，而且还创造了诸多生动形象的神话传说。古人经过长期对动物的观察，根据它们外表的特点，把龙、凤、龟、虎分别看作鳞兽、羽兽、介兽、毛兽的神性代表，作为动物神，称为“四兽”。而根据日月五星运行的轨迹，将苍龙、白虎、朱雀、玄武看作四方星宿的神性代表，因此又叫作“四星”或者“四象”，作为天文神，体现了我国古代的天文思想。

四神具有丰富的符号意义是因为古人把它们看作是一种思想方式的产物，借助具体事物来表达抽象的观念。它们代表了人们对世界的认知，是宇宙秩序的象征，也是人们膜拜的对象。四神崇拜是在一些思想的影响下发展起来的，主要有四方观念、二十八宿理论和阴阳五行学说。这些思想可以归纳为中国古代的两种宇宙论系统：四方系统和五行系统。可以看出这两种系统都与古老的数字崇拜有关系，这种崇拜在中国古人的日常生活中产生。所以我们可以总结出这样一种现象：从事游牧生产的民族比较注意东西两方的分别，之后进一步发展成注意东西南北四方的分别；而从事农耕的民族在宇宙四分观念的基础上，建立了宇宙五分的观念。

所以可以得出这样的结论：“四神崇拜是以四方观念和二十八宿理论为基础而建立起来的。它首先产生在夏、周民族的宇宙观当中，曾经表现为代表宇宙两分观念的龙虎组合。”[1]四神最早在《诗经》《礼记》等书中出现，从中我们可以得知：四神产生于商代，在西周成型，之后在春秋战国时期开始流行。

古人认为，大自然由人间和阴间两个世界组成。人间是现实存在的人类生活的世界，而阴间则是人们死后居住的地方，也是灵魂的归宿和众神的乐园。不同时代不同民族因为宗教观念的不同，塑造出的阴间面貌也各不相同。对于中国古人来说，阴间相对定型是在四神系统形成以后，这就是四神守护四方天地的宇宙。

古代人往往对于墓葬都做有精心的安排，通过这个可以了解到他们对于阴间的一些设想。单从汉墓来看，它便是一个类似于天圆地方观念的四方世界。汉代人曾经用四神砖石图画、四神瓦当、四神铜镜作为装饰的铜器或者玉器当作陪葬物，对于死后的世界进行多次描写。比如在山东、江苏、四川等地的画像石当中，四神的画像通常都按照东西南北的方位来排列。由此可见人们想象中的死后的世界，也是由四方天地和四方星宿组成的世界。而构成这个世界的事物通常都是一些神话故事中的祥瑞事物。比如西王母、白虎等都被认为是西方神界的祥瑞之物。另外在东汉时期的墓穴中，四灵除了代表四方之神以外，还有另一种身份，那就是阴间的吉祥物和保护神。

随着天文技术的发展，汉代的天文学家将周天星宿划分为四个部分，并命名为四宫，白虎代表了西宫星宿，管辖着属于它的七个星宿，即“奎、娄、胃、昴、毕、觜、参”。虎在最初的时候虽然只被看作是含有觜、参两宿的小象，但古人却认为它们是西宫之中的主要星象，占据非常重要的地位。所有关于四象的早期资料中，《天官书》最有说服力。司马迁的观点是西宫白虎指的并不是西宫七宿，只是针对觜、参两宿而已。《天官书》记载：“参为白虎，三星直者，是为衡石。下有三星，兑，曰罚，为斩艾事。其外四星，左右肩股也。小三星隅置，曰觜觿，为虎首，主葆旅事。”

这番话占星色彩非常浓厚，与觜、参相比，参宿一到参宿三直向的东西排

[1] 王小盾：《四神：起源和体系形成》，第20页。

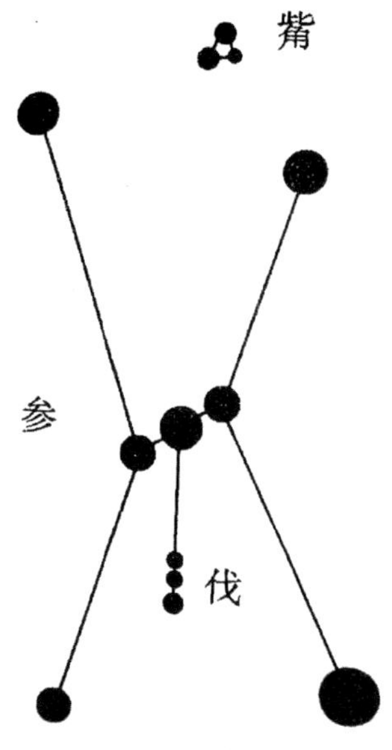

图 4-10　觜、参、伐诸星组成的白虎图像

列，古人称之为衡石；三颗垂直的小星在此星之下，称为伐；四颗大星在六星的外面，是参宿四到参宿七，造型上与白虎的四肢很相像；在参宿四参宿五之间还有三颗较小的星星，位置处于虎首，为觜宿，嘴的古字是觜，因而觜宿作为虎口。由此可见，早期的白虎象确实只含有觜、参两宿，说得更确切一些，在最初的时候古人可能只把它们作为一个星座来看。把这个形象放大之后来看，就像一张悬挂在空中的虎皮（见图 4-10），这也是古人把它看作白虎看的一个理由。

中国古人以西宫七宿的主宿觜与参作为白虎形象，这种观念至少在西水坡星象图以后的五千年中并没有改变。[1] 这个结论并不夸张，从河南南阳出土的白虎星宿图（图 4-11）中可以看出，这个观念仍然保持。图中，这只奔跃的白虎就是被画成参宿，白虎前爪下和头顶右上方各有一颗星相对，所表示的应该是“左右肩股”中的两星。虎首正前方竖着的三颗相连的星是参宿的辅星，称为“伐星”，而虎首前上方三颗相连的星则是参宿中心的“衡石”。

西宫白虎从觜、参两宿扩展成七宿的形象，准确地说这种转变可能从来就没有发生过，与其说这是人们简单追求象的发展，不如说后人所接受的事实是一种观念的更新更符合实际，因此，以觜、参作为西宫的形象是非常自然的。西宫白虎统辖七宿并不是形象的完善，而是作为一种符号的延伸。白虎之象在两汉由专职觜、参两宿到兼指西宫形象是一个转变时期，文献记载的时间是在西汉已经完成，可实物显示可能会晚到东汉。

苍龙、白虎、朱雀、玄武作为四神，汉代人极为崇拜，一些墓顶所刻四神的画像，便是四宫二十八宿的形象化。白虎被奉为星神也是古人一种崇虎的反

[1] 冯时：《中国天文考古学》，社会科学文献出版社，2001 年，第 312 页。

图 4-11　白虎星宿图

河南南阳出土

映。汉代人不仅把白虎视为四神之一，也将其作为守护神保卫人类的灵魂。另外，有的四神之象也刻在石棺四周，这里的白虎不作为西方的天神，而是成为保护墓主灵魂的世俗化的四方守护神之一。

汉画像中的天象图是一种占星的符号，它既反映了汉代人对宇宙天文的观察，也反映了当时社会的意识形态。人类对自然的一切发现的最终目的都是为了使其更好地为自身服务，趋利避害。如人们通过观察天象来预测吉凶，人世间的制度按天象的格局来安排和制定等等。天象是如此重要，所以在汉代的画像中，表现科学天文的内容异常丰富。

### （二）西王母的龙虎座

"西王母的龙虎座"从历史文化的角度看，它代表了当时社会的一种思想和观念，是当时社会文化和社会心理的一种反映。它反映了人们对西王母神话传说的信奉和崇拜。这种崇拜当然也是传承于古代的神话传说，只不过到了汉代以后，人们对于西王母的信仰崇拜逐渐兴盛。随着这种崇拜的升级，西王母也从一个只负责“刑杀”的神仙，摇身变成了能够主宰世间万物生命和生死的大神。也就是说，经过一代又一代的传承，到了汉代，西王母的地位和形象已经变成了一个掌管人类的神灵，成为人类的创立者和保护者。西王母的龙虎座实际表达出的是西王母与龙虎之间的一种关系，而作为具象艺术，表示出来就是“西王母打坐龙虎座”。

从以上的分析中可以理解西王母在汉代所代表的文化含义和观念信仰。那么我们再从另外一个角度看“西王母的龙虎座”。在汉画像的图像中，白虎是一种肩生羽翼、能够飞升的神灵，汉代人将虎与西王母神仙形象联系在一起，借西王母的统治形象赋予白虎神灵的身份，以及统治者的权威。所以白虎也有了其特有的身份与象征。

在汉代，人们对于龙虎的崇拜是极为盛行的，汉代龙与虎所体现出来的含义大概有这样几点：

**1. 青龙白虎是四灵的组成部分。** 四灵又称“四宫”或者“四神”。一般来说四灵有两种组合，一种是麟、凤、龟、龙。苍龙、白虎、朱雀、玄武则代表了另外一种。四灵这一说法反映了我国古代的天文地理观念。古人用四灵代表四种方位，也守护死者的灵魂。但是在龙虎座中，奇怪的是只有龙虎与西王母相结合，而没有朱雀和玄武。这可能正好反映了龙虎的特殊身份和含义，也就是统治地位和统治身份的象征，并不是代表方位。龙虎的形象因为多种因素而结合在一起，而朱雀玄武则不具备它们所代表的特殊含义。

**2. 青龙白虎是四象的组成部分。** 从我国古代的四象组成部分来看，龙虎结合应该暗示一种信仰或者文化意义。到了春秋战国时期，四象受到阴阳五行说中五方配五色之说的影响，被分配以四种颜色。到了汉代，四象之说又得到了丰富和重视，以象名被分为二十八星宿。古人把这些星宿划分为大小不等的四个星区，将四象与这四个星区对应，分属东西南北。这便是神灵说法和天文学的结合。根据这一分配，龙和虎分别表示东西两个方位，镇守天地。因此产生了苍龙星座、白虎星座、朱雀星座、玄武星座这四个星座。顾森在《渴望生命的图式——汉代西王母图像研究之一》一文中推测说：“守东天区的青龙与守西天区的白虎的结合，龙虎的一体是东西两大神仙体系的统一。”[1]而李淞则持不同的观点，他认为“左青龙右白虎”的龙虎组合应该是身份的象征。[2] 而日本学者小南一郎认为，四川西王母的龙虎座表明的是一种权限，而这种权限是建立在东西两个要素之上的，它象征着一定的方位观念，并把它们相结合。[3] 其实在很久以前，我国就出现了龙虎结合的模式，这反映在如龙争虎斗、卧虎藏龙等成语中。这方面最早的考古证明就是在濮阳市西水坡发现的仰韶文化时期的45号墓，墓主身边用蚌壳摆放着龙和虎的图形，这些都可以看出古人的一些固定思维模式，那便是龙虎有其相通之处，两者又相互加强、相互补充。另外，龙虎的组合形制也受到原始丧葬信仰的影响。

**3. 龙虎所具有的政治意义。** 我国古代，皇帝自称天子，代表天统治民众。因此，古代统治者就很容易将自己与龙虎联系在一起，以表明自己的正统地位和权威身份，龙与虎也被统治者视为天子和帝王的象征。《史记·项羽本纪》就曾记载过范曾与项羽的一段话：“（沛公）今入关，财物无所取，妇女无所幸，此其志不在小。吾令人望其气，皆为龙虎，成五采，此天子气也。急击勿失！”这段话就体现出龙虎是称王称帝的征兆，包含着帝王之气。这充分印证了龙虎多具有统治地位和象征意义，也正说明了龙虎图像作为政治理念的物象外化形式的政治含义，所以统治阶级才如此重视龙虎形象。《后汉书·耿纯传》记载说：“大王以龙虎之姿，遭风云之时，奋迅拔起，期月之间兄弟称王。”这里不仅暗示了他具有的政治身份，也很形象地比喻了“大王”的气魄，因而可以清楚地解释龙虎文化包含的政治与等级的意义。又如李淞先生在《汉代龙虎座图像的含义》中指出：“龙、虎与人（或神）相联系时，是比喻气派和身份的象征物。”[4]由此可以推断出龙虎座是阶级政治权力意义的物化剥离与外移的再现，因而我们能够看出西王母龙虎座所体现出来的政治寓意的客观合理性。还有一点最能反映汉代的龙虎组合所代表的政治含义，这一

[1] 顾森：《渴望生命的图示——汉代西王母图像研究之一》，《汉画研究/中国汉画学会第十届年会论文集》，湖北人民出版社，2006年。
[2] 李淞：《汉代龙虎座图像的含义》，《西北美术》2000年第1期。
[3] [日]小南一郎：《中国神话传说与古小说》，孙昌武译，中华书局，1993年，第102页。
[4] 李淞：《汉代龙虎座图像的含义》，《西北美术》2000年第1期。

点也最具有说服力。《史记·高祖本纪》在记载汉朝开国皇帝刘邦出生的时候,用了这样一段神话传说:"母媪尝息大泽之陂,梦与神遇。是时雷电晦冥,父太公往视,则见交龙于上。已而有娠,遂产高祖。"《史记》是司马迁对汉代历史的总结,其记叙论理客观公正,朴实记叙的成分非常多。唯独在记叙帝王的时候,用到了龙虎的形象,可见龙虎组合在当时社会中都与政治有一定的联系,并且影响深远。

**4. 龙虎组合作为辅助的升仙工具。**《焦氏易林》曾载"驾龙骑虎,周遍天下,为神人使"。汉代社会盛行升仙思想,统治阶级期望长生不死,或者是死后升仙,继续作威作福,这就导致升仙思想在社会各阶层尤其是上层社会中到处宣扬。于是人们将龙虎更加神化,描绘出肩生羽翼、能够飞升的龙虎神灵。将虎与西王母神仙形象联系到一起,期望借助神兽的力量在天地和神仙之间实现沟通,进而把个人与龙虎形象结合起来实现飞升的愿望。因此,作为升仙的必要工具,汉画像中频繁出现驾龙骑虎的神人画像就不足为奇。《抱朴子·杂应》说:"若能乘蹻者,可以周流天下,不拘山河。凡乘蹻道有三法:一曰龙蹻;二曰虎蹻;三曰鹿卢蹻。"从这段话里也能看出来汉代人对龙虎升仙的认识。张光直教授曾经说道:"龙蹻、虎蹻、鹿蹻的作用,是道士可以用它们为脚力,上天入地,与鬼神来往。"[1]在四川地区经常可以看到西王母与龙虎座的组合,由此可以推断出其与升仙功能可能有着密切的联系。如四川彭山1号石棺出土的西王母图(图4-12),西王母端坐在龙虎座上,而龙虎座又叠加于天门之上。天门是人间与仙界分隔的地方,因此这幅图的含义可能是墓穴的主人希望可以通过西王母升入仙界。龙虎的形象与主神相结合,更加凸显出西王母的地位,体现了墓主人的升仙思想。

**5. 龙虎是祥瑞图像。** 西汉后期至东汉,更多的祥瑞图像伴随着谶纬思想的兴盛而出现。人们将一些自然现象神秘化,从而判定它的凶吉。汉代统治者往往需要通过祥瑞表示其政治的清明,在王莽时期出现了多达700余次的祥瑞,而这700多次祥瑞均出现在五年之内,其中龙虎占据了很大一部分。

---

[1] 张光直:《濮阳三蹻与中国古代美术史上的人兽母题》,《文物》1988年第11期。

图 4-12　西王母图

四川彭山 1 号石棺出土

有时祥瑞思想在政治斗争中也会产生影响，因此这个时候的祥瑞已经存在了有意识的因素，而不再只具有无意性和偶然性了。有些帝王对于祥瑞格外重视，经常用其作为专政的依据，这也使得民间的百姓开始大量运用祥瑞图像，效仿统治阶级。龙虎在祥瑞中是极具代表性的形象，所以龙虎座与西王母结合也是有其根据的。

**6. 龙虎具有辟邪的作用。** 汉代人认为死后也应保有安宁祥和，龙虎不仅是人间的神兽，同时也是阴间的守护神。根据戴建增在《汉画中的虎崇拜》一文中的考证：将虎画于门上这种风俗非常古老，因为虎有食鬼这一特性，所以这种风俗在汉代社会中非常普遍。[1]《后汉书・礼仪》中也提到将虎的形象刻画在门上，可以吞食鬼魅。说明虎有驱鬼辟邪的作用。汉代有句吉语“左龙右虎辟不祥，朱雀玄武顺阴阳”，也体现出了龙虎确实具有辟邪作用。汉代人有打鬼升仙的死亡观念，龙虎的辟邪作用在这样的观念下被凸显出来。这也就能够解释汉画中的龙虎形象为什么数量繁多了，也可以推测出龙虎为什么会结合而形成龙虎座。

通过以上分析，我们了解到，汉代龙虎座与西王母的结合具有一定的社会背景和历史文化内涵，而并非偶然的现象。龙虎座联系着汉代人的精神世

[1] 戴建增：《汉画中的虎崇拜》，《南都学坛》2004 年第 5 期。

界宇宙观，更是“事死如事生”丧葬文化的体现。汉代社会的文化背景与氛围加上四川特殊的地域性文化，赋予了龙虎座独特的文化内涵。

## （三）铺首衔环中驱魔逐疫的“虎”

铺首在《辞海》中的解释是这样的：“衔门环的底座。铜制，作虎、螭、龟蛇等形。”铺首是古代器物或门上衔接圆环的底座，一般为兽面形，以铜或金银装饰。通常造型是兽面，嘴衔一个圆环，由铺首和衔环两部分组成“铺首衔环”。不仅有其作为提手的实用价值，还具有装饰作用。

尽管铺首衔环在汉代人的生宅中具有装饰与实用并存的功能，但是到了地下墓室，无论是被刻绘在石墓门上，还是装饰于石棺或器物上，这种实用功能早已被人们赋予它的新意义所取代了。铺首衔环图像分布在全国不同地区，表现方式也有所差别，但是和其他形象的组合方式与表现通常都有一定的规律性。它的角色也会随着场所、搭配形象的不同而产生出不同的文化含义。

铺首衔环最具特色的就是它蹶张的形象，这种形象的产生是历史发展不断演化的结果。它起始于商代，作为中国传统门饰的典型装饰，到了汉代已经变成了看家门神的形象。这在汉画像石上也有体现，它综合了许多兽类的特征，既像牛又像虎，在此基础上进行夸张和变形，加上嘴中衔着一个巨环，就形成了我们常见的铺首衔环形象。汉代社会信仰神仙方术，追求得道成仙，希望死后用某种人、物、兽降伏和吓住前来干扰墓主升天的仇人的灵魂及野鬼、恶兽，认为铺首上的怪兽图案即是逐疫驱鬼的神像“方相氏”。汉画像石中的方相氏通常是这样一种形象：它赤身裸体，似熊非熊，瞠目张口，人身兽足，保持奔走捉拿状态。这种形象在汉墓中被频繁使用。

铺首衔环早在汉代以前便从装饰器物上的兽面衔环中分离出来了，它专门用于门上的装饰。汉代以后它就基本上是以一种成熟的纹饰出现，并得以发展。虽然在汉代地面建筑已经很难见到铺首衔环的实物了，但陵墓中却存在着不少有关它的装饰物，比如装饰于墓门上的玉质铺首，雕刻于墓门上的铺首衔环图像等等。在汉画像石中，铺首衔环已经呈现出较为成熟的面貌，它继承了汉代生宅门上的铺首衔环装饰原型，但是由于被雕刻在石墓门上，其形态又有所不同。我们可以在一些图中看到铺首衔环里有类似虎的图腾，因此汉代铺首衔环作为门神自然具有驱魔逐疫的功用。虎在十二生肖中位居第三，在十二地支配属“寅”，故一天十二时辰之中的“寅时”——清晨三点至五点又称“虎时”。关于虎具有辟邪功能的说法源于远古时候，传闻当初属相中是有狮子的，没有老虎，可是狮子性情太过凶残，名声很差，因此玉皇大帝就想将狮子从属相中除去，但除去狮子就再无镇管山林的动物，所以必须补进一个名额。这时玉帝便想到殿前的虎卫士。以前天宫的虎卫士也只是凡间一种不出名的动物，可它却从猫师傅那里学得抓、扑、咬、剪、冲、跃、折等十八般武艺，成为山林中的勇士，凡是和它较量的，非死即伤，从此老虎雄霸山林。后来，玉帝听说老虎勇猛无比，便下旨传老虎上天。老虎上天之后，同玉帝的卫士较量，赢得胜利。从此，老虎便成了天宫的殿前卫士。可从老虎上了天之后，地上就少了镇管的动物，飞禽走兽便肆无忌惮起来，给人间造成了灾难。这事惊动了土地神，土地神连忙上报天庭，请玉帝派天神镇住百兽。于是玉帝便命老虎下凡到人间镇住造反的动物，到了凡间，老虎了解到狮子、熊、马是当时最厉害的三种动物，它就专门向这三种动物挑战。凭着老虎的勇猛和高超的武艺接连击败了狮子、熊、马。其他恶兽闻风而逃，藏进了无人居住的森林荒野。人间欢声动地，感谢老虎为人世间立了功。由此可见，在铺首衔环上的虎图腾形象确有驱魔逐疫之意。

具有“门神”职责的铺首衔环图像一般刻绘于墓门门扇和门扉上，或刻绘在石棺两侧或两头，用于表示天国之门。铺首的面部刻绘一般比较狰狞，以达到“驱鬼辟邪”的作用。闪修山认为“汉代门画的构图，一般都离不了铺首衔环，或置于门扉的中部，或置于门扉的下端，也有仅以单一的铺首衔环作门饰的”[1]。他还指出构成门画的铺首衔环具有三个功能：辟邪、振鸣传呼、闭门封锁。当然，汉代石墓画像中的铺首衔环图像的功能大概就只有“辟邪”

[1] 闪修山：《南阳汉画像石墓的门画艺术》，《中原文物》1985年第3期。

了。正如常任侠先生所说的“把铺首衔环刻在门上……有如石刻的凶猛石狮子把门，以防御外来的侵袭。……殷周之际，已铸在青铜器上，据说又是四凶之一，可以食来袭的野鬼”[1]。这已经说明了铺首衔环图像作为门神的职责所在了。构成“门神”图像的组合方式按照图像内容可以分为单个铺首图与组合铺首图，组合铺首图又包括四神、犬、门吏、楼阙等图像分别与铺首衔环的组合等。

四神纹在汉代装饰纹样中是很普遍的。青龙、白虎、朱雀、玄武这四种动物，常被当作汉代表示四个方向的神物，合称四神。其实在汉代许多情况下，它们既不同时出现，也不表示方向……它们的来源很早，在淮阳新石器时代墓葬中就有出现，它们首先是一种“气”的神祇，然后在特例中才表示方向。苍龙、白虎、朱雀、玄武这四组星宿所释放出的气，就是朱青生先生所提出的“气”。[2]《论衡·物势篇》曰：“东方木也，其星苍龙也。西方金也，其星白虎也。南方火也，其星朱鸟也。北方水也，其星玄武也。天有四星之精，降生四兽之体。含血之虫，以四兽为长，四兽含五行之气最较著。”意思是宇宙万物都是由“气”组成的。

古代天文学家们在分配二十八星宿四大星区时认为，东方七宿的形象类似于龙，因此用龙代表天的东方，将青色分配给东方，所以称东方方位为青龙。依次类推，就有了代表东、西、南、北的四神了，而它们散发出来的“气”就构成了地上的这四种动物。与铺首衔环图像组合成墓门画面的四神一般不是同时出现的，出现最多的为青龙、白虎、朱雀。只有在个别情况下，它们才会同时出现，但是为什么四神会与铺首衔环一起刻绘在墓门上呢？当然这种情况下的四神代表的并不是方位，而是另有他义。

在汉代，人们已经将四灵神兽作为家神崇拜。《论衡·解除篇》载：“宅中主神有十二焉，青龙、白虎列十二位。龙虎猛神，天之正鬼也，飞尸流凶，安敢安集，犹主人猛勇，奸客不敢窥也。”从上面我们可以看出，在汉代，人们把家

---

[1] 常任侠：《河南省新出土汉代画像石刻试论》，《常任侠艺术考古论文选集》，文物出版社，1984年，第39页。

[2] 闪修山：《南阳汉画像石墓的门画艺术》，《中原文物》1985年第3期。

中的神分为十二个主神。其中寅是“青龙”，巳是“朱雀”，申是“白虎”，亥是“玄武”。有这些“主神”就可以帮助人们驱除鬼魔猛兽，也可以祛除灾害和疾病。“四神”被列为百姓家中的主神，这充分反映了它们的神灵地位。以白虎来说，白虎同铺首一样是专门被用来刻绘装饰墓门的（图 4－10）。它虽然也同青龙、朱雀一样为“四神”之一，但属于现实生活中的动物，而古人将它神化了。“虎及鹿兔皆寿千岁，寿满五百岁者其毛色白”[1]，变为白色的虎已经是一种神物而非普通动物了。《论衡·乱龙篇》载“上古之人，有神荼、郁垒者，昆弟二人，性能执鬼，居东海度朔山上，立桃树下，简阅百鬼。鬼无道理，妄为人祸，荼与郁垒缚以卢索，执以食虎。故今县官斩桃为人，立之户侧；画虎之形，著之门阑。夫桃人非荼、郁垒也，画虎非食鬼之虎也，刻画效象，冀以御凶。”所以白虎自古都是人们用来抵御凶险的神祇，并且还经常被刻绘在生宅的门阑上。

### （四）角抵之“虎”

角抵是中国古代的一种竞技类活动形式，秦始皇统一中国后，禁止民间私藏兵器，徒手相搏的角抵便兴盛起来。到了汉代，民间出现了一种由“蚩尤戏”发展而成的两个人在公开场合表演的竞技活动，已经具有后来摔跤的基本特点，并有着特定的文化内涵。

角抵的起源我们可以一直追溯到上古时代。据《述异记》记载，上古时的蚩尤民族头上长着角，耳鬓旁长着剑戟。他们在与黄帝打仗时，就以头上之角抵人，敌方对此很难防御。这种所谓的“以角抵人”，其实便是一种类似现在摔跤、拳斗一类的角力活动。它们主要是一种力量型的较量，通过非常简单的人体相搏来分出胜负输赢。

到了汉代，角抵活动十分普及，尤其是在冀州一带的民间，经常有这种游戏活动：“其民三三两两，头戴兽角相抵，名唤‘蚩尤戏。’”从这一记载中将角

---

[1] （晋）葛洪撰，王明校释：《抱朴子内篇校释》，中华书局，1985 年，第 47 页。

抵称为“蚩尤戏”，以及角抵时要进行化装的情况来看，角抵在当时已经成为一种富有娱乐性的游戏活动。《汉书·武帝本纪》中也有关于角抵戏的记载，据载当时的角抵戏规模宏大，轰动京城，老百姓们甚至愿意跑几百里的路去观看助威，可见当时人们对于角抵戏的喜爱。

关于角抵，我国有一出非常有名的角抵戏，这就是《东海黄公》。《晋书·西京杂记》载：“有东海人黄公，少时为术，能制蛇御虎。佩赤金刀，以绛缯束发，立兴云雾，坐成山河。及衰老，气力羸惫，饮酒过度，不能复行其术。秦末，有白虎见于东海，黄公乃以赤刀往厌之。术既不行，遂为虎所杀。”这出戏的故事大概说的是秦朝时期，有一个叫黄公的人，这个人擅使法术。他自恃会做法，就擅自带着法器来到白虎经常出没的东海一带，寻找机会捉拿白虎。然而当遇到白虎的时候，黄公因为年老体衰和饮酒过度，导致无法施法，最后被白虎吃掉。在汉代，这个神话故事广为流传，并被人们编成了角抵戏。戏中有人虎相斗、人被虎杀两个段子。表演中黄公身佩赤金刀、头裹红绸，白虎由人装扮。在这里我们可以看到，正像许多事物都具有两面性一样，虎在人的心目中，也具有矛盾的两种形象。一方面，它是威武勇猛的大王；另一方面，它又是凶残暴戾的恶煞。黄公搏虎的故事，应该是当时人虎格斗史实的文学表现。秦汉之交，正是大型斗兽活动方兴未艾之际，因此产生这一传说是有历史背景的。看起来汉代人对虎的威力还是诚惶诚恐的，因为连东海黄公那样有武功、有法术的人都没有斗过虎，最终枉送了性命，何况一般人呢。这出戏在汉代时，被民间艺人广泛表演，可见虎文化在当时社会中已经深入人心。

在南阳出土的一些汉画像石中有许多斗虎图、搏虎图（图 4－13，图 4－18），与虎斗的过程中，人没有表现出丝毫的恐惧之意，反而勇猛上前，展现出了汉代人勇敢无畏的精神，突显出强劲的英雄气概。根据资料记载，大致在东汉时期，“虎灾”“虎患”相当严重，汉代画像中多见斗虎、搏虎画面，既反映出汉代人对于虎的敬畏与崇拜，也体现出面对“虎患”“虎灾”时较为积极的态度，展现出汉代人勇猛不凡的气质。

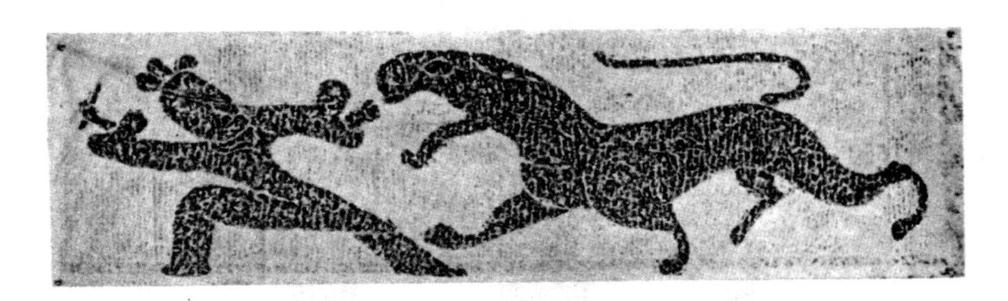

图4-13 斗虎图

河南南阳出土

## (五)人首虎身之“神虎”

考古发掘的汉画像石中,有一种兽身、四足、长尾、颈部生着九个人头或一个尾上八个人头的怪物,单从画面表现来看,我们通常称之为九头人面兽。李发林先生认为它是古代的“开明兽”(图4-14)。而且经过详细分析,并结合相关的古籍文献,排除了“人皇”“相柳氏”“蛇身”的说法,画像石中的这个形象完全吻合《山海经》中记载的为西王母守门的开明兽。经专家分析,开明兽原本是从属于西王母的虎氏族的一支,在力量方面要逊色于西王母部落氏族。一旦有外敌进攻西王母部落氏族的时候,它就负责出战、守卫,奋力迎敌。于是在神话中,开明兽就渐渐被人们塑造成为西王母守卫的形象。在汉画像中出现这个神兽则象征着封建国家的武装力量,受到九头人面兽威慑的“百灵”,则成了广大人民群众的暗喻。因此不难看出,在汉画像石上出现的这种形象已经不再单纯传达原始图腾崇拜的意义,它同时具有更加明确的政治意义,成为当时封建统治者蒙骗、威慑百姓的一种手段。东汉时期,阶级斗争激烈,阶级矛盾愈发尖锐,在当时很多地方都能发现九头人面兽这种“人首虎身”的图像,这和当时的统治者巩固统治政权的目的有很大的关系。

我们据此还可分析得出,开明兽有着虎的身子,这在一定程度上也能反映出人们对虎的崇拜。《风俗通义》中有这样的记载:“虎者,阳物,百兽之长

图 4－14　九头人面兽

山东临沂出土

也……噬食鬼魅。”这同它的看守的寓意是吻合的。有学者指出，从春秋时期开始，人们就常常将虎奉为门神，而且，人们还会在青铜兵器上铸上虎的形象，这实际上便是对虎的崇拜，表达出人们希望战士在战场上可以借助虎的勇猛来威慑敌人，同时保护好自己的心愿。根据考古资料显示，人们还常常会用玉石、蚌壳或者青铜来塑造虎的形象，在很多宗教祭祀活动中，巫师们也总会借助虎的灵性来与天地交通，传达人间的意愿。在民间，人们也习惯在门上画上虎的形象。很多被发掘的墓葬的四壁上也有虎的画像，随葬品中不乏玉虎、石虎，所有这些都表达出人们希望可以借助虎的力量达到驱鬼辟邪的目的，以保证家人及生活的平安。在漫长的历史演变中，虎文化也随着社会的发展而不断演绎。因崇拜而衍生的许多习俗随处可见，在汉代，人们在端午节会高挂用艾草编剪的艾虎在门上，在日常生活中使用的铜镜、走廊墙壁上，都要画虎来吞噬鬼魅，甚至人们还专门为虎立祠进行祭祀。汉画中出现的人首虎身的画面恰恰是人类对虎崇拜的这种思想的孑遗。说明在汉代，人们对虎文化已经形成一种自觉的思想观念。自汉以后，特别是南北朝隋唐时期，人们对虎的崇拜逐渐内化成为一种自觉，人们一想到食鬼的动物，就马上联想到虎。这种人面虎身的固定模式经常反复出现在墓葬的入口处，有的为彩绘陶，有的为三彩器，模样凶猛，呈半蹲状，我们称之为镇墓兽，在一定程度上可以认为是“开明兽”的变异。

由此得出这样的结论，九头人面兽“人首虎身”的形象，它的存在有着深刻的历史意义。汉代时，它不仅是人们镇宅辟邪、驱魔逐疫的象征，而且是当时统治者巩固政权的一种手段。

## 三、汉画中“虎”形象的审美价值

### （一）“虎”造型与“虎”崇拜

“神仙思想和求仙愿望是汉代带有普遍性的公众意识，它导致汉代自然神话的仙化。在汉代自然神话仙化中，自然神形象的神性内涵不断地萎缩，而其神仙特征却越来越丰富和显著。这些特征往往构成了自然神形象新的符号形式，以其活泼生动、丰富多彩而显示了非同寻常的美学和文学的价值。”[1]这种仙化思想在许多艺术领域中都有所体现。汉画像作为一种艺术形式，体现了汉代社会的生活，以及人们的信仰。它以图像表现的方式直接向我们诠释汉代的风土民情和生活百态。汉画像中的虎形象结合神话传说的演绎，展现出不同的图像形式和丰富的文化内涵。

在“天人合一”思想支配下的汉代，神仙思想笼罩着整个社会。以南阳汉画像为例，在出土的大量有关神话故事的汉画像石中，虎形象种类繁多，表现出多种意境，反映出当时汉代人的生活、思想以及民族特点等等。

南阳英庄汉画像石墓出土的“雷公出巡图”(图 4-7)，这幅图位于此墓前室的盖顶，车前有三只翼虎拉车，车上有一大鼓，上端装饰有华盖、羽葆。这三只翼虎好似三道闪电一般疾驰在空中，全都处于运动的姿态，在统一中富于变化。这种独特的艺术特征正是南阳汉画像石中虎形象所具有的，它们很少有静态站立的形象，大多是奔腾跳跃的状态。这种手法把力量爆发的一瞬间和稍纵即逝的节奏韵律记录下来，给人一种动感十足的感觉。而且人物和车的造型与三只虎相呼应，仙气缭绕，凸显出了一种神秘的意境。这种神秘意境也体现在天象图中。汉代画工们刻画了许多天象图，南阳出土的“白虎星宿图”(图 4-11)，画中刻一白虎，疾步云端，昂首翘尾。白虎之前有六星，分为两组，身下有三星，象征着西宫白虎星座。另外，在唐河县针织厂出土的“白虎与三足乌图”(图 4-5)中，也刻有白虎和日中三足乌，表现出白虎星座和太阳的相对位置。这两幅汉画像中的白虎都处于奔跑的状态，汉代人借此来形容宇宙星空的运动之力。

另外，汉代以虎为题材的画像还体现出一种神秘的色彩。比如在南阳白滩发掘的“牛郎织女星象图”(图 4-15)，画像中的白虎昂首翘尾，吊睛明目，张开大口，真实表现出一种威风雄峻的气势。此外，这幅画像将白虎与神仙等元素结合在一起，充分揭示出汉代人对虎形象的一种崇拜和信仰。这种文化内涵通过画像中的云层和天空等形象被衬托得更加具有深意。

---

[1] 李立：《文化嬗变与汉代自然神话演变》，汕头大学出版社，2000 年，第 13 页。

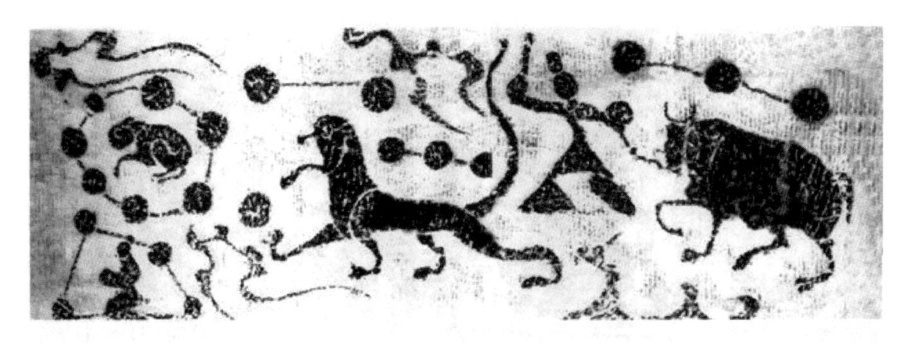

图 4－15　牛郎织女星象图

河南省南阳市白滩出土

汉画中的虎有辟邪、镇墓的作用，也是力量的象征。南阳汉画像石中的虎形象，在形态上，几乎都呈咆哮怒吼状，有压倒一切的气魄与阵势，显现出老虎张扬的个性，传达出一种雄伟的气势；在构图上，常常打破现实中的真实，形态比例关系极为夸张，增强了画面的艺术感染力。汉画像中搏虎、斗虎的场景多出现在角抵之中，这些事例都直接影响到了汉画像石中的内容题材，所以在南阳的汉画像石中才会常常出现搏虎、斗虎的场景。

南阳草店出土的一幅斗虎图（图 4－16），画像中右边是一骑手，拉弓欲射杀一只老虎，虎怒吼回首，一猎人手持长矛向前刺杀虎首，画像左边还刻有两犬，夹击一獐，獐仓皇而逃。周围云气缭绕，视野开阔。画面整体上动感协调，气势如云，是富有很强的节奏感的游猎场面。画面中无论是人的形象还是虎的形象，都没有一丝畏惧之感，勇猛无比，使整个画面看起来雄伟壮观。虎与其他野兽搏斗的场景在南阳汉画像石中也经常出现。如南阳靳岗乡出土的虎熊斗图（图 4－17），一猛虎凶神恶煞地扑向一熊，熊回首相斗，张牙舞爪，虎的形象占据画面的主要部分，使虎形象显得更加凶猛威武，从另一个角度来说，匠师是在巧妙地通过虎的威武霸气来比喻墓主人生前的神武。

从上面两幅画像中，我们可以看到汉画像中虎形象威猛的一面，其实汉代画像中的虎形象也具有祥和的一面。比如发掘于南阳魏公桥的搏虎图（图 4－18），画面左边刻有一象人，飞步向前，与虎迎斗。该象人挥动双臂，

图4-16　斗虎图

河南省南阳市草店出土

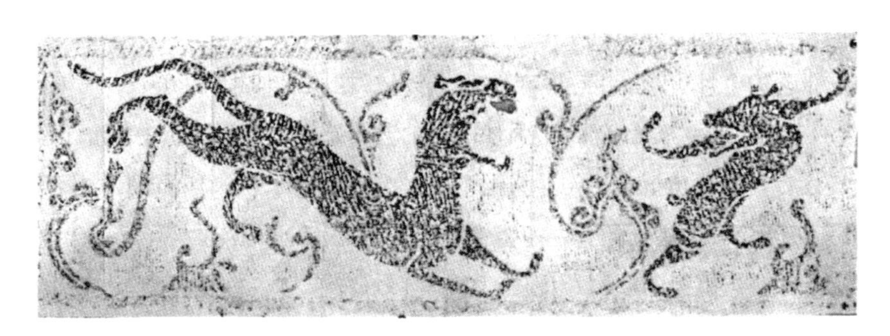

图4-17　虎熊斗

河南省南阳市靳岗乡出土

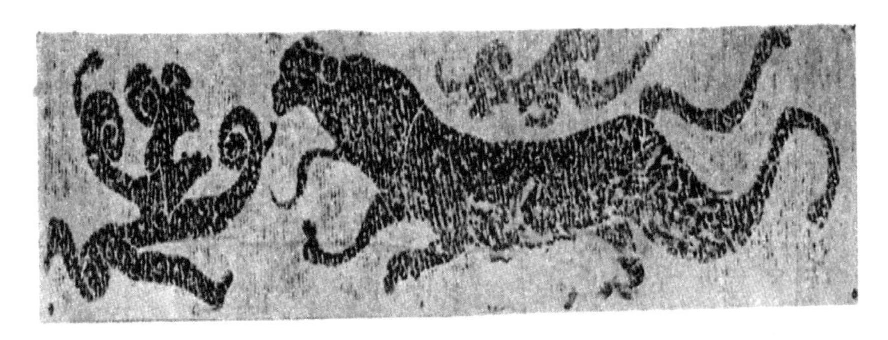

图4-18　搏虎图

河南省南阳市魏公桥出土

头戴假面具。虎睁大双目，张着大口，很多地方运用圆滑的手法将虎和人的形象在形体的转折处进行描绘，使画面增添了许多和谐气氛。在搏虎图中，匠师有意夸张了虎和象人的形象，象人好似在安闲的戏耍之中，形态柔美自然，图中的虎形象也是步伐轻盈，与象人的姿势形成和谐的统一，整个画面中人与兽好似具有一种亲密之感。人不仅没有紧张和恐惧的表情，而且还更多地展示出一种平静和自然放松的姿态。

汉代是一个封建社会，迷信思想盛行，人们认为很多事情的发生都是因为鬼怪在作祟，因此，每年举行驱魔逐疫的仪式成为当时皇帝的惯例。南阳出土的汉画像石墓中，有许多驱魔逐疫的场面，并且刻绘多处神灵辟邪之物用来保护墓主人免遭恶鬼的吞噬。

《风俗通义》曰："虎者，阳物，百兽之长也，能执搏挫锐，噬食鬼魅。"说明了汉代人认为虎是有驱魔逐疫的作用的，在墓室中的虎形象表现了诸多的灵怪意境，最常见的是刻白虎在墓门上以及铺首衔环图。南阳唐河县汉画像石墓出土的铺首衔环图中（图 4－2），白虎昂首挺胸、高翘尾巴，前爪踏在铺首的耳上，形象栩栩如生。驱魔逐疫图同样展现出灵怪意境。南阳唐河县针织厂出土的虎吃鬼魅图（图 4－3），画中刻有一熊，回首站立，张开双臂驾驭翼虎，并与虎"吞食鬼魅"。画像石中虎紧紧按住鬼魅，瞪眼张口，意欲吞食。汉代人认为鬼祟是导致不祥之事的原因，甚至连旱灾也归为是旱鬼在作怪。所以便在墓室中刻上虎的形象，以求驱除鬼怪。除此之外，还有很多虎形象出现在其他汉画像石上，可见虎在汉代人的心目中占据非常重要的地位。

南阳汉画像石中虎的形象有其独特之处，更多的时候体现出一种不拘小节的风格。这种风格试图通过简单的轮廓来突出整体的效果，较为豪放，将夸张和变形展现得恰到好处，并能够在各式各样的场景中创造出栩栩如生的虎形象。在构图上，运用细腻柔滑的线条巧妙地把各个不同的形体造型结合起来，又不显得生硬。值得一提的是，南阳汉画像石中很少有虎头与人正面相视的图像，基本上所有的虎形象都是侧身，这凸显出了汉代绘画的特点，比较缺乏透视效果，而更注重平面构图，也体现出汉代人追求完美的理念。

早在 5000 年以前的新石器时代，在黄河流域就有虎出没，和我们的祖先打交道了。可见中华民族诞生文明伊始，就有了虎文化。后经过长期的发展和文化的流传，直至出现了汉画像。汉画像是我国古代文化艺术宝库中的重要组成部分，是我们研究汉代社会极其重要的原始资料。汉代的虎形象已经超越了动物的范畴，而具有了超越人类的某种神力。这种虎形象和虎的神力正是汉代社会政治、社会文化、百姓生活，宗教信仰等社会心理的反映。从文化艺术的角度看，汉画像石中虎的形象既写实又写意，充分展现了汉代人当时的思想风尚、社会生活以及民族特点。虎与其他动物形象经常在姿态上进行变换，引发着人们奇异的幻想，也体现出汉代人对于虎的敬畏与崇拜。这是我们在后世诸多虎的形象描绘中难以看到的，它们都是虎形象刻绘中不可多得的瑰宝。

### （二）汉画中“虎”图像符号的象征

从符号学的角度看，虎形象作为一种符号体现了某种含义和意义。卡西尔认为，作为人类社会能够持续发展下去的基本技能和特征，符号的表现对人类社会产生了巨大的影响，符号活动产生了文化，使得人类的知识和劳动生产经验得以保存并延续下去。“文化的世界不是自然的对等物或模仿物，而是人创造的符号象征物。”[1]从原始社会文化开始，一直到汉代，虎的形象一直在演变，其不同时期栩栩如生的形象和深厚的文化内涵，表现出人们对于虎的敬畏和崇拜。汉画像中的虎形象不仅是汉代文化的缩影，也是汉代具有文化意义的符号象征。“这些象征符号之体系不要仅仅被理解和解释为趋于多种不同方向，而且弥散于我们精神生活领域与人类心灵的简单表露。它们尽管有其差异，但都具有一种内在的统一性。”[2]

“汉画像是汉民族集体无意识的图像呈现，表现为一种宇宙象征主义的图式。”[3]具体体现为人对死后世界的理想构建，而不仅是人们在现实世界

---

［1］ 朱存明：《汉画像的象征世界》，第 23 页。
［2］ ［德］恩斯特・卡希尔：《符号・神话・文化》，李小兵译，东方出版社，1988 年，第 25 页。
［3］ 朱存明：《汉画像的象征世界》，第 76 页。

的生活图景。符号性的隐喻象征是汉画像的审美根源。汉画像由一系列的图像、符号、语言及其象征、隐喻的内容所组成，可以从两方面来理解其内在的意蕴。一方面它体现了人心中呈现的世界构造及其形式。它代表了汉民族对世界的理解，以及建立在这种理解基础之上的形象呈现。另一方面它是借助外在世界物体对自有信仰的一种呈现和文化展示。这种展示借助于人的直觉、符号、意识和无意识，通过象征表现，进而构成了中国文化与审美的根基。

如果从西方美学思想的角度分析，汉画像的艺术形式属于黑格尔所谓的象征型艺术。这种艺术形式体现了民族的集体无意识，具有一种宇宙象征主义的模式。同时也表达了汉民族对死亡的认知和死后世界的美好建构，这种愿望构成了汉民族的心理原型。汉民族将虎文化以及天文融合在一起，表现了对宇宙的幻想和一种神圣化的宇宙观念。他们在生活实践当中赋予世界一个结构，并再创造一个类似的结构，把它作为安身立命的意识领域。在这个领域中，汉代人不断地探讨人在宇宙中的地位，并将天人关系作为自己信奉的理念。因此，许多虎形象展示的正是这种宇宙的象征主义信仰。从墓穴到祠堂画像，作为表现死亡的艺术，汉画像展示了那个时代的人们对于死亡的认知和死后的期望。死亡从更大的方面说也是一种宇宙观的体现，同样也属于象征艺术。汉画像中的典型图像都是在宇宙象征的模式中进行图示化的，例如天文图、升仙图、祥瑞图、狩猎图等等。

在中国古代，生产力水平低下，人们长期面临着自然灾害的困扰和毒蛇猛兽的侵袭，于是就对集威猛和神秘于一身的虎产生至深的崇拜情结。原始人借其百兽之王的形象祈祷保护部落百姓平安，不受蛇虫侵袭。在很多部落、家族、村寨里，虎被视为神加以膜拜。甚至在有些原始部落里，虎被视为祖先。很多考古资料都显示，在某个原始社会时期，虎被作为某种神的形象或者是图腾形象加以崇拜，这在那个生产力水平低下的社会里是一种非常普遍的现象。

在中国古代，有“天圆地方”之说。人们经常用方和圆作为宇宙模式的象征，而方和圆即是一种表现符号和图像，墓穴便是典型的象征表现。从河南省濮阳市西水坡发掘的 45 号墓来看(图 4-1),“这种奇特的墓穴形制,正是古老的盖天宇宙学说的完整体现”。[1] 青龙、白虎象征着沟通天地的方式,表达了人们升天的原始信仰,也反映出人们从很早就开始了对于虎的信仰和崇拜。

人是有思想的动物,死这个概念在人的思考中占有很重要的位置。虽不知什么时候,却一定会死,可出于生的本能,又会排斥死亡。于是产生了种种灵魂的信仰、对永生的追求、丧葬的习俗等,并逐步转化为一种深刻而严肃的文化信念。死亡不可避免,升仙则是对死亡的一种心理安慰。这种社会心理广泛存在于汉画像之中。通过虎形象的象征含义,人们表达了渴望实现升仙的心理。墓室、椁棺、祠堂里,这种象征含义经常存在。神仙信仰在两汉时期非常盛行,不仅体现了统治阶层的愿望,也是普通百姓的理想。

关于灵魂不死的概念,恩格斯在《路德维希·费尔巴哈和德国古典哲学的终结》中做了充分的论证,他说道:“在远古的时代,人们产生了一种观念,他们的思维和感觉不是他们身体的活动,而是一种独特的寓于这个身体之中而在人死亡时就离开身体的灵魂的活动。……既然灵魂在人死时离开肉体而继续活着……这样就产生了‘灵魂不死’的概念。”[2]班固的《汉书·艺文志》道:“神仙者,所以保性命之真,而游求于其外者也。聊以荡意平心,同死生之域,而无怵惕于胸中。”这句话可以看作班固对神仙下的定义,神仙与凡人相比最主要的特点是长生不死。在战国中后期,人们把这种“长生不死”作为主要追求。到汉代,道家的“肉体不死”“灵魂升天”的思想和信仰盛行于统治阶级内。自此以后,历代的帝王们便与神仙信仰结下了不解之缘。而帝王们的此种“升仙”情怀对中国几千年的封建社会产生了持久和深远的影响。人们崇拜虎不是为了死,而是为了得到灵魂的永生。虎配属西方,代表了秋天,主残杀之气。白虎的象征在深层上可以和西王母的神话联系在一起,西王母的原型和虎是有关系的。到了汉代,西王母由虎神转变成了掌管生命和

---

[1] 冯时:《中国天文考古学》,第 289 页

[2]《马克思恩格斯选集》第四卷,人民出版社,1972 年,第 219—220 页。

生死的大神。汉代画像石当中，西王母往往端坐在龙虎座上，龙虎座就是苍龙与白虎的象征。西王母的神格得到提升，白虎也有了驱魔逐疫的功能。因为虎代表着天上的星象，所以在一些汉画像中虎往往配有翅翼，象征其是天上的神兽。在一些升仙图当中，也有白虎拉云车的形象，象征着带着墓穴的主人奔向仙界。

### （三）汉画“虎”形象的审美特征

从艺术特色来看，汉画像石具有很高的审美价值，正如鲁迅先生所说的那样：“唯汉人石刻，气魄深沉雄大。”汉代艺术是一种充满生命力的阳刚之气的美感。它的美学内涵反映了汉代社会的生活习惯和审美趋向。

汉画像石是一种悲剧艺术形式。作为一种丧葬艺术，表现了生者祭祀、悼念死者的主题。但无论是从艺术创作的目的或是艺术表现的手法内容上看，均体现出人们对死亡世界充满乐观的精神，它甚至排斥将这种丧葬艺术表现成一种恐怖和悲惨的意境。因此，它应该是浪漫主义和古典现实主义的完美结合。所谓浪漫主义，是它极力使人们突破对死亡的恐惧，将另一个世界描绘成一片美好；所谓古典主义，是其对现实社会的真实体现，也反映了时代礼制和风俗习惯，是对特定环境下的典型事物形象的刻画。这种浪漫主义与古典主义的结合体现了汉代整个民族的艺术观念。现实和理想的矛盾冲突成了汉画像虎形象创作的基础。

随着历史文化和人文信仰的发展，虎形象从最初的图腾形象到汉画中的形象，在每个阶段都呈现出不同的特点。汉画像作为一种视觉艺术，通过视觉感知的方式表达了人们的宗教幻想和历史文化。巫鸿先生曾讲过：“汉画的贡献在于，它由过去的非纯粹艺术欣赏变成了视觉艺术。”所以虎形象的产生，有着丰富的文化内涵和独特的美学特征。下面笔者将根据汉画像中出现的虎形象和由虎形象产生的神话故事来解读汉画图案的审美特性。

汉画像中这些形态各异的虎形象隐含着汉代人希望死后通过虎的庇护来追求灵魂不死的愿望梦想。从刻画手法上看，汉画像雕刻工艺多样化，使其图案的造型简洁而生动，规范而不乏夸张。通过汉代人的聪明才智和丰富的想象力，运用简单的线条勾勒出一幅幅汉代社会生活的历史画卷。如汉画像中的白虎与三足乌图（图 4－5）。首先，它采用简单的剪影式平面造型方法刻画出虎的外形，然后运用阴线的雕刻突出虎正在奔跑的动态特征，其余的细枝末节则一概省略掉。通过对虎形象的概括，我们可以发现，一方面，汉代受材料工艺的制约，其刻画出来的形象具有简约概括的特点；另一方面，其大胆夸张的主体形态又体现了强烈的艺术性，且这种图像的夸张往往是围绕着形态夸张和动态夸张两个方面展开的。形态的夸张主要反映在主体部分的夸大上。例如搏虎图（图 4－18），匠师有意夸张了虎和象人的形象，象人好似在安闲的戏耍之中，形态柔美自然，图中的虎形象也是步伐轻盈，与象人的姿势形成和谐的统一，整个画面中人与兽好似有一种亲密之感。它采取人物形象适应平面性的工艺特点，其形象多用方圆结合的手法，整幅图像没有更多的细节刻画，只是表现出人物大体的形象特点以及动态特征。采取意象化的夸张手段创造出人和虎安逸戏耍的形象。动态的夸张主要是指汉画像形象的运动形态和气势上的夸张，这是汉画像图像最重要的美学特征之一。画面中人虎动作协调，它们之间的彼此呼应构成了和谐之美。综上所述，汉代画像石上雕刻的虎形象既运用平面剪影式的概括简化的手法，也采取强化和夸大的方式突出了对象的典型性，使最终呈现出来的形象不仅简洁明了，而且粗犷生动，充分展示出汉代艺术的力量之美、运动之美和气势之美的时代特色。

以上是对虎形象的一些分析，由此可见，汉画像的第一个审美特征是注重图像的形式美。在原始社会，图案是图腾和巫术的综合产物，它是远古时期人们丰富的想象力和对生活的美好愿望的凝结。到了汉代，由于对董仲舒新儒学的推崇，形成了儒学和巫术的统一。这时的汉画像图案运用简单的线条来再现想要表达的形象，题材是来源于现实的，但是又超越了现实主义艺术手法，它经过双关谐音、象征寓意、借用、夸张、变形、抽象等一系列方法展示了汉民族的艺术创造力，使之成为装饰化和理想化的图形。如“搏虎图”的形象采取了解析组合的构图方法，人们运用丰富的想象力把动物和人的形象中具有的美的因素组合在一起，形成了中国人基于理想之上的现实创造。在形式的表达上，汉画像中的图像也存在着在对比中追求整个画面的统一完美的特征。另外，汉代画像石具有归纳简化的特点，并运用夸张变形、添加组合、分析重构的手法，使表现出的形象充满内涵和象征意义。

“象征是以彼物比此物，引譬连类；寓意则是借物托意。它们都是以具体事物的形态、色彩、生活习性等为根据，取其相似或相近加以类比，用以表达某种抽象的内涵意义。”[1]因此，人们在图像的创作中善于把某些自然生活中的动物、植物、人物和景物转化成表达人们某种意念和情感的符号模式。汉画像中的虎形象就是一个典型。中国远古对虎就有了图腾崇拜，这种图腾文化虽然后来逐渐弱化，但直到现在我国一些少数民族依然保有崇虎的习俗，历史的洪流中它存在的价值仍不可忽略。

汉代人将虎比作是天上的星象，与西王母神话相结合，是人们希望灵魂永生的愿望的寄托。通过对虎形象的文化意义上的探讨，可以总结出汉画像中形象的另一个审美特征——注重图像内涵的表达，这种内涵的表达不是简单的图示或者说教，而是以人类丰富的想象力做基础，运用具体而生动的纹样形式和象征寓意的艺术手法，使形式美和内涵美融合在一体，成为一种有意味的形式。

汉画像中虎形象是古人对大自然变化规律的关注和领悟，是人类思想意识活动的反映。一幅图像的审美价值往往取决于它内在意义的表达，图像创作的原动力不是来自图像的外在形式多么华丽、铺张，而是来自图像创作者的情感追求。汉画像中的虎形象启迪我们，在艺术创作过程中，不应局限于对客观事物的简单摹写，而要将客观事物与人的精神需求相结合，使二者在物质和精神的构架中互相依存。内涵美借助形式美的表达，使图像呈现立象达意、以形传神的美学特征。

综上所述，虎形象反映出中国图案的双重特点——形式美和内涵美，即创作出来的图像既要注重图像的审美性，又要注重图像的表意性。虎形象是中华先民对虎的崇拜以艺术形式表现的杰出代表之作，它造型精炼、线条流

[1] 回顾：《中国图案史》，人民美术出版社，2007年，第7页。

畅又极富美感，具有非凡而独特的徽识特征。

## 四、结语

在我国古代，最早发现并有记录的虎形象大约在一万年前的东北黑龙江等地。从中我们可以看出，虎文化具有悠久的历史渊源和文化传承。原始社会末期，人们便对虎产生了古老的图腾崇拜观念。原始社会时期的虎图腾崇拜不可避免地对汉文化产生了影响，这反映在汉代的画像中。本文从图像和文本的角度入手，联系汉画像中的虎的形象和文本里虎的形象，对虎形象的转变和汉画像里虎的形象进行了详细的分析。通过分析不仅再现了汉代虎形象的文化内涵，更向人们展示了汉代人的精神世界。

在汉画像中出现虎形象时，有着多种表现形式，概括起来主要有以下几种：刻绘虎形象会保护墓的主人免受恶鬼吞噬；颂扬政治统治的开明；表现祥瑞文化的盛行；作为德政和王道的表现；解释大自然气候变化和昼夜交替等星系运动规律。总而言之，以虎图腾为基础的汉画像展现了古人崇虎敬虎的信仰观念。

作为图腾崇拜的遗存，汉画中的虎形象具有多种表现方式，“四神”“铺首”“角抵”“龙虎座”“人首虎身”等形象都具有各自的内涵和特征。虎形象的审美价值研究，不能仅停留在对汉画像中虎形象的艺术手法和技巧，以及画面展示的绘画要素进行的审美追求上，更应该体现虎画像所蕴含的时代文化含义和社会心理。对这种精神层面上的审美追求才最能体现虎文化的艺术内涵。

我国上古的虎神话，既源自先民们的现实生活，又融进了他们丰富的想象。把上古产生的虎神话传说镌刻在墓葬（祠堂）上，描述在传说故事里，绘画在浩繁纸卷里，这不仅表达汉代人对虎的笃信与崇敬，还充分反映了汉代人与自然相抗衡及期望改造自然的坚定决心、坚强意志与不屈不挠的进取精神。因此，虎成了中华民族的精神象征之一，在中华民族的心目中留下了深深的烙印，并形成了一股不可遏制和永不可分的向心力与凝聚力。

# 第五章

# 汉画像“鸟啄鱼”图像

刘立光

“鸟啄鱼”图像有悠久的历史，在岩画、彩陶纹饰、地画、青铜器等艺术形式中，都有“鸟啄鱼”图像。这种图像在汉画像中也很常见，它所显现的文化意义是基本稳定的，形式上也有历史的传承性。本文在对“鸟啄鱼”图像进行图像学解读的基础上，在氏族图腾、生殖崇拜、祖先崇拜、阴阳和合与生生不息的发展中，展示民俗心理的发展历程及其功能意义；从生命哲学的角度，结合古人的宇宙观，探讨了汉画像“鸟啄鱼”图像的文化原型意义。

## 一、汉画像“鸟啄鱼”图像的类型分布与源起

汉画像“鸟啄鱼”图像的分区与汉画像的分区基本重合，也分为山东、苏北、南阳、陕北、四川等地区的不同类型。各地区的汉画像“鸟啄鱼”图像各有其特点，但构型差别不大，区别侧重在表现技法上。因此在分类上，也具有接触式与隔离式两种形式。但其技巧纯熟与否差别较大，这也是分区分类的原因之一。

“鸟啄鱼”图像在原始岩画中就已经出现，它表达的意义可能仍为古代意义，要确切地理解它的意蕴，我们只能从原始文献与民风民俗中去探知其一鳞半爪。在原始艺术样式中，鸟与鱼的关系密切，可能两者都做过某个氏族

图腾物，也可能因为同是渔猎的对象，位置几乎同等重要。在古代艺术作品中，鸟与鱼具有可以相互替换的聚合关系，也有十分密切的组合关系。这两种关系传达出鱼鸟关系的紧密，更有甚者，还出现过鱼鸟同体的样式。这样一来，鱼鸟真是一对快乐的老搭档，难怪汉画像中“鸟啄鱼”图像众多。在汉画像中，“鸟啄鱼”图像构型较为典型，但也有比较松散的。根据鱼鸟的组合关系，我们可以把汉画像“鸟啄鱼”图像分为接触式和隔离式两种，两者传达同样的意义。这些图像，生动灵活，丰富了鱼鸟文化的意蕴，也使得其生命力更为强大。

## （一）类型与分布

“汉画像石的存在，是一种文化现象，其内容所反映的正是汉武帝以后两汉时期的主流思想，所以汉画像石盛行之地，这种思想一定占统治地位；反之，那里就不会出现这种画像石。”[1]汉代人重丧，“崇饬丧纪以言孝，盛飨宾旅以求名”[2]，也是帝王以“孝”治天下的反映。经济与教（文）化的差别，反映在汉画像中，即可表现为“鸟啄鱼”图像的分区和不同的类型。下面我们就区域与形式的不同，对汉画像“鸟啄鱼”图像予以分别介绍。

### 1. 山东汉画像“鸟啄鱼”图像

山东是两汉时期经济、文化极为繁盛的地区。自战国以来，这一地区盐、铁、丝织品等工业最为发达，人们安居乐业，十分富庶。山东邹城一带，“豪人之室，连栋数百，膏田满野，奴婢千群，徒附万计。船车贾贩，周于四方；废居积贮，满于都城。琦赂宝货，巨室不能容；马牛羊豕，山谷不能受。妖童美妾，填乎绮室；倡讴伎乐，列乎深堂”。[3] 中心区域的齐鲁之地，自春秋晚期以来，更是文人荟萃之地。儒家学说与早期道教都发源于此一地区，为汉画像

[1] 俞伟超：《中国画像石概论》，《中国画像石全集・第1卷》，山东美术出版社，2000年，第15页。
[2] ［汉］王符著，［清］汪继培笺，彭铎校正：《潜夫论笺校正》，中华书局，1985年，第137页。
[3] ［南朝宋］范晔：《后汉书・仲长统传》，中华书局，1999年，第1112页。

的出现提供了丰富的素材。并且，这里的汉画像出现较早，雕刻技法为阴线刻，风格粗犷，成就斐然。

到了东汉后期，山东地区的汉画像艺术达到极盛，画面宏大复杂，内容题材丰富，数量也比较多，艺术成就超过了其他地区的汉画像。特别在技法上，此地的阴线刻的汉画像很出名，运用剔地平面凹刻及阴线刻，被滕固誉为“拟绘画”的线画。在此地区还可以找到最早的“鸟啄鱼”图像的组合。这是一块刻有生命树的早期石椁，图像很简单，在一株生命树上刻有一只鸟、鱼在地面上，这种配置可以作为“鸟啄鱼”图像组合的较早来源。特别是微山湖周围的汉画像石，画面中大多配置有水榭图，图中多有妇人观渔的图像，以及渔者持竿钓鱼、罩鱼，用渔网捕鱼、鸟啄鱼等众多图像。图中鱼的数量众多，取意“丰稔、有余”之意。随着思想观念的演进，图像也进一步抽象起来，脱离了水域，成为独立的图像。后来有些图像构图较为固定，具有献祭之意，特别是铺首衔环中铺首的山字冠，两边是鸟首，又分别衔鱼，这种图示十分少见。铺首，到现在仍然用作门环，表达界限之意，“鸟啄鱼”图像与之匹配，应该是旧有界限的突破、新的化生的开始。

(1) 接触式

山东济宁师专院内出土的门阙画像，为凹面线刻，在渔猎部分有“鸟啄鱼”图像，这是西汉元帝到平帝时期的作品。图像中鱼尾人仿拟鱼儿，进行捕猎，他的捕鱼量一定会大增，图中的鱼饼可能就是劳动的成果。在山东曲阜市城关镇旧县村，出土了一块汉画像(图 5-1)，上方刻有一只立鹤，仰首展翅，口衔一条鱼，下刻玉兔捣药。在山东省济宁市喻屯镇城南村出土的东汉晚期画像中(图 5-2)，其上部刻有三幅“鸟啄鱼”图像，上下为交颈鸟，而鸟儿又双双啄鱼，中间一幅是两只鸟共同啄食一条鱼。该地另一幅图像刻画鸟交尾(图 5-3)，两怪兽衔鱼，旁边还有鱼群。山东邹城郭里乡，也出土有汉画像“鸟啄鱼”图像(图 5-4)，它是元帝到平帝时期的画像，在画像的右侧，刻有两只鸟儿共同啄食一条鱼的图像；左边鸟儿的一只爪儿还抓住另一条鱼。梁山县城关镇的朱雀铺首衔环图(图 5-5)，环内刻鱼，该镇后集村也出土了几块铺首衔环与鱼大量配合的画像。

图5-1 鸟啄鱼

曲阜市城关镇旧县村出土

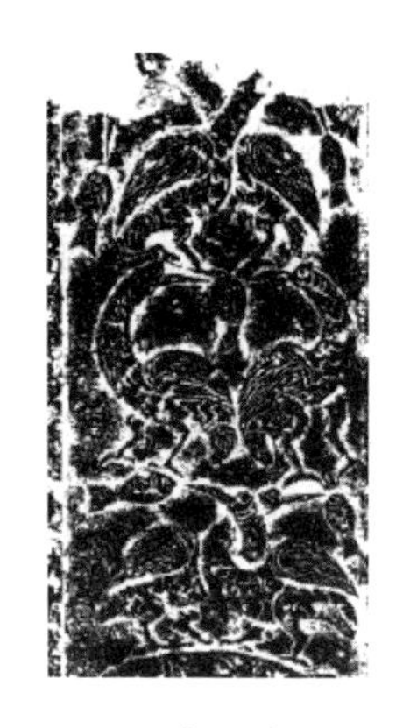

图5-2 鸟啄鱼(局部)

济宁市喻屯镇出土

图5-3 鸟啄鱼(局部)

济宁市喻屯镇出土

图5-4 鸟啄鱼

邹城郭里乡出土

图5-5 铺首衔环

梁山县城关镇出土

微山湖周围出土过很多块的汉画像石刻。微山两城镇的一块汉画像石(图 5-6),画面中心是一头熊,旁边是两个铺首衔环。铺首上部呈山字形,两边为鱼鹰首,鱼鹰嘴上各衔有一条鱼。这种鸟啄鱼的图示在汉画像中很少见。微山两城镇的鱼鹰捕鱼图(图 5-7),是现实中的鸟啄鱼的直接反映。但是,这幅图配置于石棺画像的一个挡板,应当具有一种文化象征意义。

图 5-6 铺首衔环

山东微山两城镇出土

图 5-7 鸟啄鱼

山东微山两城镇出土

在邹城孟庙藏有一块画像石(图 5-8),分三格,分别刻有二龙相争,虎斗人吃牛,三鸟共同啄食一条鱼。还有一块画像石为东王公正面坐着,伏羲女娲分侍左右,手举日轮,下部刻有三幅"鸟啄鱼"的图像。滕州市马王村出土一个"鸟啄鱼"图像(图 5-9),两个亭檐上各立一只鸟,二鸟共同啄食一条鱼,鱼身在空中与鸟颈共同形成一个拱门,两个亭子中间,有一人执盾,二人执戟。临沂白庄"鸟啄鱼"图像中刻有两只鸟儿相对啄鱼(图 5-10),"鸟啄鱼"图像刻于整个图像的中部,上部为女娲图像,腹部刻月轮,月内刻有玉兔与蟾蜍,下部刻有二个人,一人执竿捣鸟巢,另一人抱树摇撼。临沂独树头镇出土一幅"鸟啄鱼"图像(图 5-11),整个图像分三层,上层刻一只鸟,左向侧立啄鱼(鱼为俯视图)。中层刻有一人执弩侧立。下层刻有一个尖顶冠者,执戟侧立。兰陵县城前村门楣画像(图 5-12),上层右面为两条鱼儿鱼口交接,两只鸟儿分别一足踏鱼尾,交颈啄鱼。左边为龙虎,下层为观乐图。

图5－8　鸟啄鱼　邹城孟庙藏石

图5－9　鸟啄鱼

滕州市马王村出土

图5－10　鸟啄鱼

临沂白庄出土

图5－11　门楣画像

临沂独树头镇出土

图5－12　门楣画像(局部)　兰陵县城前村出土

(2) 隔离式

隔离式“鸟啄鱼”图像反映了鸟鱼的组合关系，这种组织配合与接触式“鸟啄鱼”的意义大体相同，只是形式更为活泼，构图更为多样，意义更加含蓄。山东莒县东莞镇东莞村出土一车马过桥图(图5-13)，有七八层之多，以桥面为界，上面为鸟的天堂，下面是鱼的世界。临沂永流石鼓村的铺首衔环(图5-14)，也是上有鸟下有鱼的图式。临沂乙烯厂出土羊头朱雀和鱼，羊头好像铺首，下有对鱼，两侧是两只鸟，一只展翅，一只敛翅。与陕北墓门门楣画像“鸟啄鱼”图像很相近。

图5-13　车马过桥图

莒县东莞镇东莞村出土

图5-14　铺首衔环

临沂永流石鼓村出土

滕州市东寺院出土的画像石刻有四象图(图5-15)，图中鸟儿衔珠，鸟足下刻有鱼、龙、玄武。山东济南历城黄台山仙人戏凤画像中(图5-16)，中间是一个云间仙人，上面刻一只凤鸟，下面刻一条鱼。济南市出土的画像上刻一头熊(图5-17)，抓一物，中部为一鸟，下部刻有一条鱼。在一块石椁的北部挡板上，重檐楼阁，顶上立一只鸟，而两个屋檐的角上各挂一条

图 5-15　四象图

滕州市东寺院出土

图 5-16　仙人戏凤

济南历城黄台山出土

图 5-17　熊

济南市出土

鱼,树顶有鸟相对而立。[1]

山东新泰市西柳村的“人身蛇尾”画像中(图 5-18),蛇尾组成的环内刻有两条鱼,环外刻三只鸟,下面刻有一只羊,在鸟啄鱼图像上又增加了吉祥色彩。阳谷县八里庙出土的画像中(图 5-19),下层是铺首衔环,环中刻有双鱼,而铺首衔环的上部为山字形,两边为鸟首,旁边有群鸟飞舞。山东嘉祥武梁祠天井石祥瑞图中,鱼鸟居于不多的动物画像之中,其吉祥意义不言而喻。

[1] 焦德森主编:《中国画像石全集·第 3 卷》,山东美术出版社,2000 年,第 168 页。

图 5-18　人首蛇身

新泰市西柳村出土

图 5-19　鸟与铺首衔环

阳谷县八里庙出土

### 2. 河南汉画像“鸟啄鱼”图像

在战国时期，河南南阳地区的冶金与工商业较为发达，宛城就是这一地区一个比较繁荣的都会。这一地区的汉画像艺术以南阳为中心，艺术水平相对较高。在西汉末年，此地汉画像艺术兴盛起来，其减地阳刻的技法，很细腻，地纹尚没完全消失，且出现多墓室的结构。汉阙在河南境内保存较为完好，并且在阙身上，多幅图案清晰可见，特别是“鸟啄鱼”的图式，也具备其他地区“鸟啄鱼”图像的共同意义。

河南永城固上村“鸟啄鱼”图像中(图 5-20)，在双凤穿璧的右侧，刻有三只鸟儿，其中一只鸟儿一只脚踏在鱼背上，一只脚腾空，敛翅弓身，鸟儿头部翎毛舞动，用喙啄食鱼背，另一只鸟儿伸颈徜徉顾盼，而另一鸟呈起飞状。新郑画像砖中，有双凤戏鱼的图式，二凤相向对立，中间有一条鱼，鱼下有一只老鼠，画面活泼有趣、生动传神。

图5-20　鸟啄鱼(局部)　河南永城固上村出土

河南省的中原三阙很有名气,它们保存完好,图像也很清晰。在太室阙西阙南面的最下方,刻有一条单体鱼的图案(图5-21),北面刻有两只鸟前行(图5-22),前面的一只回头张望,看一条鱼从旁边游过。在此阙的西面,刻有一幅鱼鸟图(图5-23),上面是一只鸟,下面是三鱼共头,传达“三世其昌”的美好祝愿。在启母东阙北面左侧下数第二层(图5-24),刻有二鸟儿分别用一只脚踏在鱼头、鱼尾上,用喙啄鱼背,鱼儿张口瞪目。少室阙东阙南面上部的铺首衔环两侧,刻有相对的鸟儿站在鱼背上啄食鱼头的图像,并且鸟羽与鱼鳍相似。少室东阙西面(图5-25),刻有双鸟育雏的图像。在这幅图画中,通过育雏传达生生不息之意,这种直观的表现,把民俗中的“鸟啄鱼”的化育之意表现了出来。

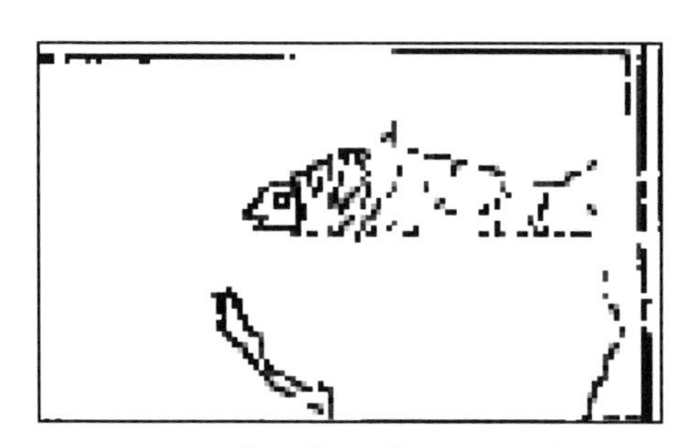

图5-21　鱼图像(局部)　河南太室阙西阙南面

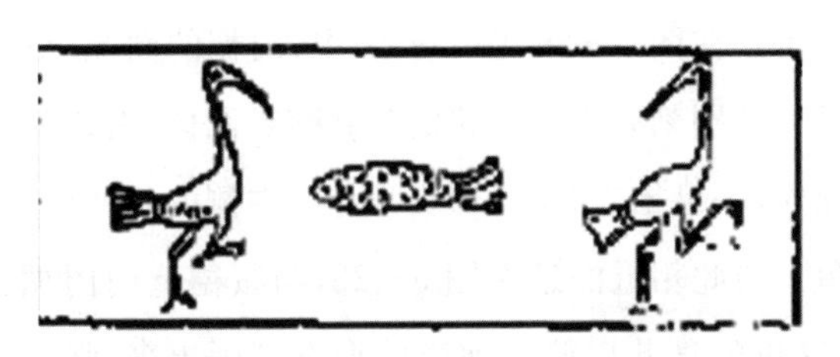

图5-22　鱼鸟图(局部)　河南太室阙西阙北面

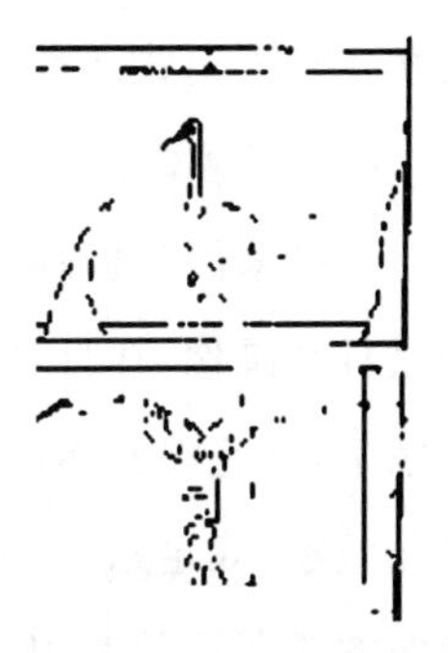

图5-23　鱼鸟图(局部)　河南太室阙西阙西面

图5-24　鸟啄鱼(局部)　河南启母东阙北面

图5-25　育雏图(局部)　河南少室阙东阙西面

### 3. 陕北汉画像"鸟啄鱼"图像

陕北的汉画像图像，以减地阳刻为主，并以朱、墨、白等线条勾勒，平涂一些色泽，构成汉画像的瑰丽画卷，但其色彩在画像出土时，大都脱落。本地区"鸟啄鱼"图像的构图形式与位置比较稳定，特别在门楣的两端刻画较多。显然，当地干燥的气候影响人们对"鸟啄鱼"图像的生活图景的感知，"鸟啄鱼"图像以外来图样的样式，进入当地人们的思想观念之中。陕北汉画像"鸟啄鱼"图像大多刻在墓门上，包括门扉、门楣、立柱。它们形式相近，也可以分为接触式和隔离式两种类型。

(1) 接触式

绥德墓门门楣画像图像丰富。在图5－26、图5－27中，门楣的两端，分别是日月画像，在日月画像下面，分别刻有不同形状的“鸟啄鱼”图像，右边的画像中，鸟儿展开翅膀、单足独立，一足抬起，张口仰头啄鱼。左侧的画像中，鸟儿敛翅、双足站立，低头啄鱼。与此相近的还有图5－28，与绥德墓门门楣画像图式布局基本相同，但是这里的鸟儿以侧面剪影的形态刻画出来，强调头部顶饰，中间还有羊头、羽人骑鹿、朱雀、飞鹤、奔马、博山炉等吉祥图案。绥德墓门左右立柱画像分别分上下三格，最下一格上部刻有一幅“鸟啄鱼”图像，一只鸟儿啄鱼，呈行走状，前面一只鸟儿回首顾盼，图下方有两只梅花鹿，一驻一卧。图5－29的绥德墓门门楣画像之中，门楣的主要图案为几何纹，

图5－26 鸟啄鱼(局部)

绥德出土墓门门楣画像

图5－27 鸟啄鱼(局部)

绥德出土墓门门楣画像

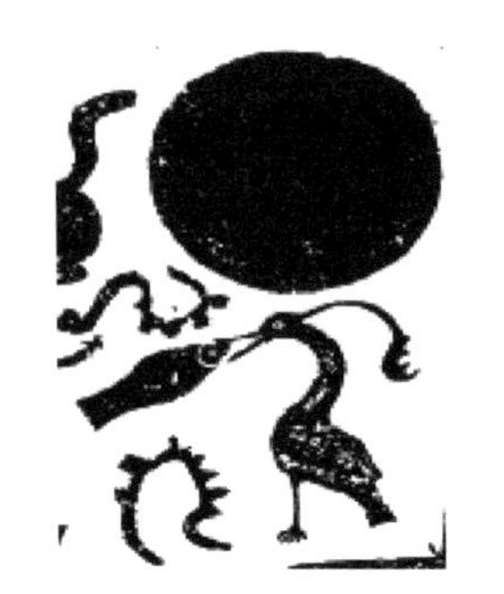

图5－28 鸟啄鱼(局部)

绥德出土墓门门楣画像

图5－29 鸟啄鱼(局部)

绥德出土墓门门楣画像

形制似屋顶，中间刻有两只鸟儿相向而鸣，两端各刻“鸟啄鱼”图像。右边的鸟儿，敛翅低头，啄食一条鱼，单足独立，另一爪抓一条鱼首；左边鸟儿展翅张口。

(2) 隔离式

榆林段家湾汉墓左右门扉的最顶部(图 5－30)，刻有一只凤鸟，张口、展翅、尾部打开，单足站立，另一足抬起，鸟儿的后方跟着一条游鱼。绥德墓右面门楣画像上刻有“鸟啄鱼”图像(图 5－31)，图案中心是一只形体很大的铺首，铺首上面立有一只鸟，展翅张口，一足单立，一足抬起，羽翎突兀。铺首下面有一只兽，兽前肢粗壮，后肢稍细小，在它的角落里，刻有一条鱼，头上尾下，与榆林段家湾的“鸟啄鱼”图像有相近之意。这种上下分离的“鸟啄鱼”图像与山东汉画像上有鸟、下有鱼的图式具有相同的意义。绥德墓门左右门柱上也有分离的鱼鸟图，人首蛇身的伏羲女娲相对而立，在女娲的尾部下面，刻有一条鱼，头上尾下、张口睁眼的鱼儿，而伏羲的蛇尾较女娲的粗壮，也更长，有两个曲折，尾下刻有鸟头云纹，可以看作隔离式的“鸟啄鱼”图像。绥德墓门右立柱下部(图 5－32)，刻有一只鸟儿在水中缓缓前行，前后都有鱼儿随行。与图 5－31 相近，可以看出，鱼与鸟儿之间并非单纯的食用关系。

图 5－30　鱼鸟图(局部)

榆林段家湾出土门扉顶部

### 4. 四川汉画像“鸟啄鱼”图像

四川地区的“鸟啄鱼”图像也较多，大多出现在砖石结构的汉墓中，图像多刻在石棺上。技法上多有地纹，后来地纹渐渐消失，图像剔地较深，高浮雕比较多见。其题材内容十分丰富，但是每一单幅图案都比较简单。“鸟啄鱼”图像在四川汉画像中，其生殖意义与阴阳交合的意味更为明显。

图 5 - 31 鸟啄鱼

绥德出土墓右面门楣画像

图 5 - 32 鱼鸟图

绥德出土墓门右立柱画像

(1) 接触式

四川内江白马石棺上的“鸟啄鱼”图像很有特色。图像中的鸟儿刻画稚拙、构形稳健,鸟儿头上顶着长长的翎羽,短喙、双翅展开竖起,尾部支撑地面,侧颈啄鱼。还有类似的鸟儿与伏羲女娲并列,并且形体比伏羲女娲还要大些。在金堂二号石棺的西王母、伏羲女娲的画像中(图 5 - 33),“鸟啄鱼”图像和伏羲女娲分别列于西王母的两侧,在图的右侧,伏羲女娲做接吻交尾状,“鸟啄鱼”图像刻在左侧,与伏羲女娲接喙交尾相对应。这两组图像的对比,有独特的生殖意义。整幅图像中的鸟儿尾部羽毛扬起,飞动流畅,比内江石棺上的更加俊美、劲健。合江二号石棺上刻有相欢图(图 5 - 34),图像的右侧刻有四个人,中间两个人手儿相携,神态默契;两边两个人躬身向中间两个人俯首道贺,图像左边刻有“鸟啄鱼”图像,与内江白马石棺上的图式相似,只是线条更加流畅、物象更为传神。泸州市十一号石棺“鸟啄鱼”图像(图5-35),是双鸟啄鱼的形式,一只鸟儿啄鱼腹,另一只啄鱼背,图像中它们线条流畅,体态优美,神态安详,鱼鸟完全沉浸其中。这幅图像的左半面,刻有一男一女在帷幕中密语,这两幅图的组合,表现了两个人情感的深挚与两性阴阳的和悦。

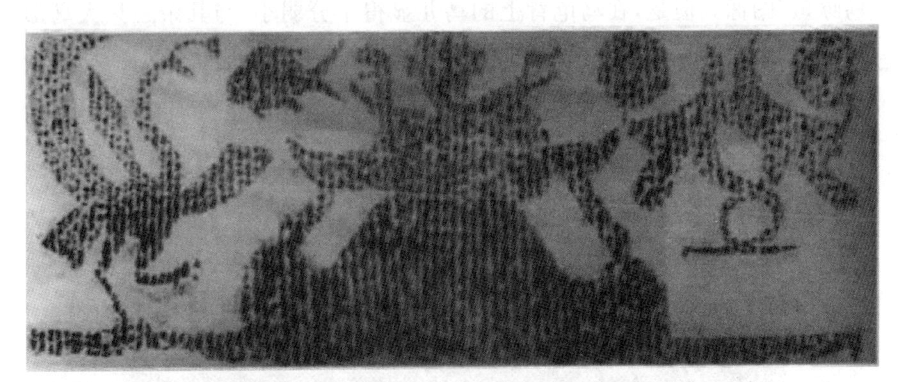

图5-33 西王母 金堂二号石棺画像

图5-34 相欢图 合江二号石棺画像

图5-35 鸟啄鱼 泸州市十一号石棺画像

(2) 隔离式

四川南溪一号石棺“鸟啄鱼”图像(图 5-36),刻在石椁的一块侧板上,画面上均匀分布三只水鸟,左边两只都是昂首挺胸,单足独立,一足抬起,爪尖向下,呈起舞状,后面一只鸟儿向前俯冲。在左边两只鸟儿的中间,是鱼的图像,鱼的体量很大,呈飞跃状,下面有一只鸟儿站在乌龟背上,是隔离式的“鸟啄鱼”图像。但是,在乌龟背上的鸟儿显得十分弱小,与其余三只大鸟形成对比。泸州一号石棺刻有白虎衔雀(图 5-37)。白虎体量庞大,突兀,欲张口噬鸟,虎尾被另一只鸟儿相逐,老虎的尾巴下有一条鱼,鱼的形体大小与鸟儿相近,两者体量与老虎相差较大。

图 5-36 鸟啄鱼 南溪一号石棺画像

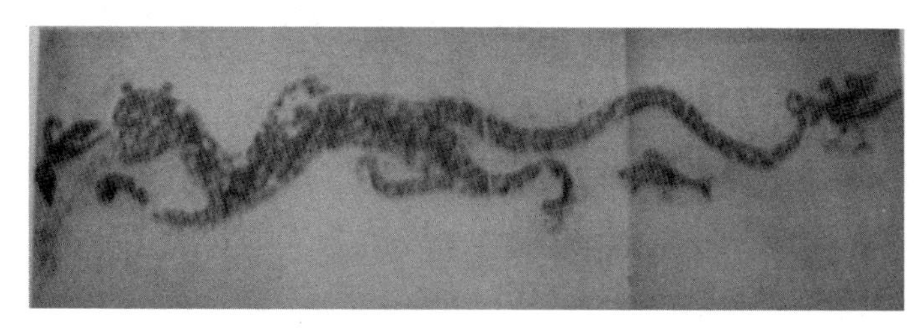

图 5-37 白虎衔雀 泸州一号石棺画像

图 5-38 鸟啄鱼 泸州四号石棺画像

泸州四号石棺中的“鸟啄鱼”图像(图 5-38),两者形体大小相近,鸟儿正在走向鱼儿,鱼儿翻腾,与南溪一号石棺画像中的鱼有相似之处。图像的上面有柿蒂形纹饰,似“胜”,但是统观墓室的结构，应为柿蒂纹。泸州九号的“鸟啄鱼”图像与泸州四号的“鸟啄鱼”图像相似，鱼鸟仿佛在舞蹈，姿态优美、韵律和谐。在两者的翻腾中，它们表情安详、惬意，好像正在享受它们美妙心灵的交流和肢体的亲近。在江安二号魏晋石棺上的“鸟啄鱼”图像中（图 5－39），鸟儿的体态更加变形，翅、尾翼、顶翎皆成曲线，上翻于头顶，腿部比较短小。在鸟儿的身后，有两条鱼儿相对，悠游于莲叶之下，这是写实的图像；左侧，远行的男子，眼望着家中的阁楼，怅惘徘徊。这两幅图像的类比之意，表现了分离的艰难，同时也把鱼鸟的悠游与它们往昔相谐度日的情景溢于石面，表达感伤的离愁别绪。

图 5－39　鸟啄鱼　江安二号魏晋石棺画像

长宁二号石棺上刻有标准的“鸟啄鱼”图像（图 5－40），图中的鸟是鱼鹰的形态。画像上的“鸟啄鱼”图像刻画在砖的中央，鸟儿是抽象的，除腹部以外，其余部分就像 X 光片一样，鸟儿尾随于鱼儿的尾部，两端有圆形环纹及“胜”一样的纹饰。

图 5－40　鸟啄鱼　长宁二号石棺画像

## 5. 苏北地区

徐州汉画像石馆藏凤鸟、常青树画像(图 5-41),是栖山汉墓中石椁足部挡板,内侧刻有菱形边饰,中间方形内分三个竖格,中间一格只有菱璧底纹,左右为常青树,顶端各有一只鸟站立在树梢上,这是东汉时期的作品。这种初期的单独的意象表现出鸟儿在墓葬中的突兀地位。徐州铜山汉王乡出土东汉元和三年的题铭汉画阙中(图 5-42),刻有一个重檐门阙,阙顶立二只鸟儿共同啄食一条鱼,阙内有门吏,在图像左侧有铭文曰:“元和三年三月七日三十示大人侯世子豪行三年如礼治冢石值□万五千。”

图 5-41　凤鸟、常青树

徐州汉画像石馆藏

图 5-42　鸟啄鱼(局部)

徐州铜山汉王乡出土

江苏邳州陆井乡汉墓出土汉画像图像,画面分三层,上层中间刻一个人端坐榻上,上面罩有华盖,头戴笼冠。这个神人是东王公,东王公右侧有一个牛头人身者和羽人献食,右侧为三人拜见;中间一层刻有珍禽异兽图像;下层刻凤鸟接喙和鸟头人身、鸟头兽身的动物,还有飞禽追鱼。外框是菱纹。[1]

---

[1] 汤池主编:《中国画像石全集·第 4 卷》,山东美术出版社,2000 年,第 103 页,图 141。

江苏徐州洪楼村出土祠堂天井汉画像，图中有鱼龙漫衍，四脚鱼与鸟前后相随，神态祥和。

### 6. 其他地区

安徽萧县出土的“鸟啄鱼”图像中（图 5－43），两枝莲花亭亭而立，莲花上面各立一只鸟儿，共同啄食一条鱼，莲花的妩媚动人、鱼鸟的吉祥和畅，充溢其间。中央的莲花姿态妖娆，令人心荡神摇，喜不自禁。鱼鸟与玄武在安徽濉溪古城也有出土（图 5－44），图中鱼儿神态祥和，眼圆睁、口微张，鸟儿则神采飞扬。后面是玄武，龟蛇口儿相接，在嬉戏玩耍。

图 5－43　鸟啄鱼　安徽萧县出土

图 5－44　鱼鸟与玄武　安徽濉溪古城出土

安徽定远县靠山乡出土的墓门门扉和陕北的墓门门扉有异曲同工之妙（图 5－45）。这幅画的主体为铺首衔环，铺首上部刻有龙凤，铺首所衔之环内是双鱼。鱼的下面是执戟武士和一个羽人，这种鸟上鱼下的表达从山东到陕北、定远都有存在。这个图例如不结合其他地区的汉画像，可能要把龙凤看成一体，而割裂了鱼鸟的关系。这是“鸟啄鱼”图像的一个典型。安徽霍山洛阳河乡油坊村出土的一幅门扉画像（图5-46），自上而下分别刻有舞凤、啸虎、铺首衔环，环内有双鱼，环下还有一条鱼。鸟、虎、鱼都面向同一个方向，有四象的原初之意。此图像表现定位，起了确定墓穴在宇宙中位置的作用。

图5-45　铺首衔环　安徽定远县靠山乡出土

图5-46　铺首衔环　安徽霍山洛阳河乡油坊村出土

## （二）图像的源起

在历史发展的长河中，民族融合的发生是不可避免的。历史上一些先进的民族或国家，常常被落后的民族或国家所吞噬。而率先崛起的民族，为人类历史的进步做出了贡献，但他们的业绩甚至名字，却被历史湮没了。公元前4500年到公元前3000年，一个在陕西关中地区活跃了1000余年、以“鱼”为族徽的集团的发展及灭亡就是这样的例证。

1954年,彩陶鱼纹首先在西安半坡仰韶文化遗址中被发现,学术界公认它是某一个集团的族徽。“近30年来的考古成果表明,彩陶鱼纹在西起甘肃天水,东到伊、洛平原,南至秦岭南侧的汉中盆地,北到内蒙古草原的边缘地带都有分布。特别是最有代表性的人面鱼纹,无论是器物造型或是纹饰布局及人面鱼纹形象,其一致性的程度说明,如果不是同一文化体的人不可能画出这样相似的纹样。”[1]《山海经》中的“鱼妇”即与中华民族的始祖颛顼有关。夏禹的父(母)亲是鲧,也和鱼图腾有关。《淮南子》中,把周人的始祖说成了半人半鱼的怪物。从上面的传说以及文献中,我们可以看出,史前时期,以“鱼”为族徽的部族是存在的。从出土纹样也可以看出,彩陶鱼纹饰已经具备了东方美术主观性的特征,以及中国传统美术散点透视的方法。并且,彩陶鱼纹由象生性形象向图案化演变的规律,终至于变成象征性符号,是中国传统艺术的先声。

在中国,鸟部族比鱼部族幸运多了,传说和典籍中有关鸟的记载是十分丰富的。在古代典籍的记录中,商朝和西周的王族都与“鸟”有关。《国语·周语》曰:“周之兴也,鸑鷟鸣于岐山。”《诗·商颂·玄鸟》:“天命玄鸟,降而生商。”《左传》也有少皞氏以众鸟为官的记录以及孔子“凤鸟不至,河不出图”的感叹,都表现了鸟与古代部族的密切关系。彩陶鸟纹在考古发掘中,尽管没有彩陶鱼纹数量多,但发现的数量也是非常可观的,而且在早期,鸟纹往往与鱼纹相组合或者同体。在仰韶文化彩陶中,我们就发现了鱼鸟相关的纹饰,这种相关性纹饰一直延续到战国、秦汉而不衰,特别在汉画像中达到高峰。鱼鸟相关性纹饰,是自然界中水鸟捕食鱼类的真实写照,同时,蕴含了中国古代鱼鸟神话的内容。“北冥有鱼,其名为鲲。鲲之大,不知其几千里也。化而为鸟,其名为鹏。鹏之背,不知其几千里也。怒而飞,其翼若垂天之云。”[2]《淮南子·说林训》:“鸟有沸波者,河伯为之不潮,畏其诚也。”高诱注:“鸟,大鹏也,翱翔水上,扇鱼令出,沸波攫而食之,故河伯深藏于渊,畏其精诚为不见。”从这些论述我们可以知道,鱼鸟相关性纹饰具有其深刻的社会意义。

---

[1] 钱志强:《古代美术与中国文明起源研究》,中国社会科学出版社,2007年,第2页。
[2] 陈鼓应:《庄子今注今译》,中华书局,1983年,第1页。

长期以来，鱼鸟图案密切相关，在半坡遗址中，就有丰富的遗存。“半坡双鱼人面彩陶盆有两种图案，一种是双鱼人面相对和双鱼追逐旋转相对；一种是双鱼人面相对与一对所谓‘鱼网’符号相对。这个至今仍然被学术界视为‘鱼网’的符号，实际上是与鱼网及渔猎生活毫不相干的符号。这是一个生生不息的生命符号，与双鱼追逐旋转、生生不息的生命符号内涵是一样的。”[1]其中“鱼网”是鱼的形象的延伸，也是捕鱼的工具，“鱼网”的符号与“卐”符号几乎相同，可以确定两者是相互关联的，表达“万字不断头”和“富贵不断头”之意。浙江余姚河姆渡遗址出土的四鸟旋转纹豆盘，盘中旋转鸟纹呈“卐”状，与“卐”符号显然具有深刻的关系，清晰地展示了其中绵延不绝的意蕴。这种圆天旋转，生生不息的宇宙图示，最能体现宇宙万物生生不息的哲学观念。我们可以发现，在这两幅纹饰中，鱼鸟分别被放入同一个格套中，鱼与鸟具有替代性和互换性，鱼和鸟属于同一聚合群，在意义上应该有相同之处。在王世昌的《陕西古代砖瓦图典》中，图 397、398 是西汉千秋万年瓦当，中心圆内是一只鹤，含长寿之意；[2]图 449 鹤云纹，轮中饰两只鹤（未央宫附近出土）；[3]图 567 是甘泉上林宫瓦当，中心圆内是一对鱼的形象，这两幅图画，内容相当，只是中心圆内鱼鸟互换。但在当地其他瓦当中，中心圆内也未发现鱼鸟以外的其他动物。由此可以看出，鱼鸟之间有对应与替换的关系，它们是一个聚合群。[4] 鱼鸟图像的组合关系也是存在的。西安市三桥阿房宫遗址出土鱼纹瓦当，已残，在内外栏之间以双线“十”字栏为界，仅见两区间，各饰一条鲤鱼。鱼鳞少见，此种鱼纹瓦当也相当少见；同时还有一块鸟云纹瓦当，当径 15.1 厘米，轮宽 0.8 厘米，当面饰一只羽冠昂首、展翅翘尾、双爪屹立的凤凰，线条明快简洁，形象生动。上海嘉定法华寺地宫出土南宋玉饰——玉鹅与玉鱼[5]；江苏无锡元代钱裕墓出土春水玉饰与玉鱼[6]；北

[1] 靳之林：《绵绵瓜瓞与中国本原哲学的诞生》，第 10 页。
[2] 王世昌：《陕西古代砖瓦图典》，三秦出版社，2004 年，第 235 页。
[3] 王世昌：《陕西古代砖瓦图典》，第 257 页。
[4] 王世昌：《陕西古代砖瓦图典》，第 310 页。
[5] 张明华：《中国古玉发现与研究 100 年》，上海书店出版社，2004，第 159 页。
[6] 张明华：《中国古玉发现与研究 100 年》，第 155 页。

宋河北定县静志寺塔出土水晶鱼、玉龟、双鸟纹白玉盒、云雁纹青玉综尾[1]；明代双体鸟白玉坠与双鱼白玉坠一起出自上海卢湾打浦桥[2]；上海松江西林塔有鹭鸶与玉鱼的玉雕出土[3]。

除了鱼鸟聚合关系与组合关系以外，鱼鸟同体的艺术品也不在少数。陕西临潼姜寨出土仰韶文化鱼鸟纹葫芦彩陶瓶，瓶上一面为鸟纹，一面为鱼纹，鸟代表阳性，鱼代表阴性，结合起来代表阴阳交合，化生万物。从鱼鸟合体和鱼鸟合一的观念看，早期人类以鸟喻天，喻阳。以鱼喻地，喻水，喻阴。河南殷墟妇好墓出土的商代“鸟啄鱼”纹样(图 5 - 47)，这种图示直到在近代图案(图 5 - 48)中仍有发现。因而这种观念应该是跨越很大的时空的一个母题，不能只作为某一特定历史阶段思想观念的反映。我们还发现，在鱼鸟的图示中，“有许多通天符号和通天通地的符号，建鼓、建木和植物形态的扶桑、若木生命之树以及动物形态的下面是鱼，上面是鸟和‘鸟衔鱼’等，寓意也都是通天通地、生命永生”。[4] 关于通天的意义，鱼鸟也有相同的反映，汉代青铜器对龙圆鼎通天生命树纹样，画面上有五条鱼。山东大汶口出土文化陶盆的对鱼通天生命树图案(图 5 - 49)；匕首上纹样为双鸟相交(图 5 - 50)，相交部分即通天符号，象征阴阳交通，化生万物。

图 5 - 47　鸟啄鱼纹样　商代

河南殷墟妇好墓出土

图 5 - 48　鸟啄鱼民间剪纸　当代

陕西安塞

[1] 张明华：《中国古玉发现与研究 100 年》，第 148 页。
[2] 张明华：《中国古玉发现与研究 100 年》，第 178 页。
[3] 张明华：《中国古玉发现与研究 100 年》，第 180 页。
[4] 靳之林：《绵绵瓜瓞与中国本原哲学的诞生》，第 49 页。

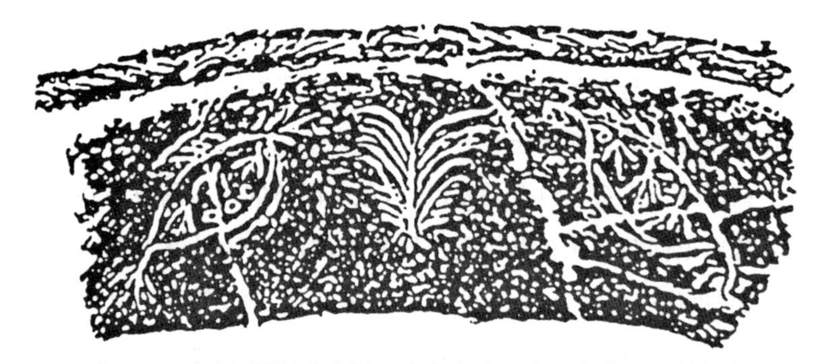

图 5-49　对鱼通天生命树　山东大汶口出土文化陶盆的图案

图 5-50　骨制匕首

“鸟啄鱼”图像被配置在汉画像中有其深刻的历史渊源。在山东画像石中，有一块刻有生命树的石椁，从画像题材上看，是早期石椁画像。图像是很简单的，在一株生命树上刻有一只鸟，有一条鱼配置在地面上，这可以作为“鸟啄鱼”图像组合的较早来源。鱼鸟形象在图像组合中出现较早，也是汉画像中有生命动物的起源，从中可以看出鱼鸟图像的联系是十分密切的。这种密切的关系不是在汉代才出现，而是在很早以前就已经存在，是一个恒久的母题。浙江余姚河姆渡遗址出土的骨制匕首，匕首上纹样为双鸟相交，相交部分为通天符号，象征阴阳相交通天、化生万物。此前，在不同的艺术形式中都有鱼鸟的图像出现过。岩画在旧石器时代就已经出现，经过长时间的推演，有些岩画的图像漫灭不清，但其意义仍可加以研读。我国不少地区都有岩画的遗存，其中鸟啄鱼的图例也不少。如西藏日松任姆栋一号岩画，其上部刻有马、牛和人骑羊的图像，紧挨着下面是太阳、月亮和男女生殖器的图示。中部是首尾相接的环形大鱼，大鱼的一侧，平行斜列着三条小鱼，在两条小鱼之间，有鸟头人身纹饰的舞蹈状图像，其中一鸟头人身纹与一条鱼口喙相接，是典型的“鸟啄鱼”的样式。下面是一排陶罐，共十个。再往下是两个骑羊人，手持树枝，在他们的下面，有九排羊头纹，是一大群羊的体现。大鱼体内有十条小鱼。其中“卐”符号与西藏苯教的“雍仲”符号相同。[1] 张亚莎等以为是血祭的图景。[2] 可以得出，“鸟啄鱼”图像出现在祭祀的场景中。

彩陶上“鸟啄鱼”图像更是数不胜数。例如，河南临汝阎村出土仰韶文化鸟啄鱼纹彩陶缸；陕西宝鸡北首岭出土仰韶文化鸟啄鱼追逐纹彩陶壶；陕西武功游凤出土仰韶文化鱼鸟纹合体彩陶壶等。下文还要详述。

青铜器上的鱼鸟也有密切关联，上海博物馆藏西周早期父庚壶，鱼形外有鳞，壶的颈部铸有鸟纹饰；战国青铜壶上有采桑女、射手、乐人，其中下层为弋射，右侧群鸟中箭坠落，左侧上有飞禽，水上有水鸟，水中有鱼，一片生机盎然的景象。在河南殷墟妇好墓中，也出土刻有“鸟啄鱼”纹饰的青铜器。[3]

1983 年，于陕西凤翔雍城遗址出土的鹳鸟啄鱼纹瓦当(图 5 - 51)，当径 14.8 厘米，轮宽 1 厘米，鹳鸟昂首长嘴，圆眼羽冠，傲然阔步急走，张口啄食嘴下一条大肥鱼，鱼尾作摆动状，是我国秦代瓦当的精品。[4] 陕西历史博物馆藏鸟云纹瓦当，当径 15.1 厘米，轮宽 0.8 厘米，当面饰有单线弦纹，单线中心圆，双线栏界直交圆心，内外圆之间四个扇面区间，三个区间饰有羊角形云纹，一区靠轮边饰单云纹，云纹下面饰有一只展翅直立、头部下俯、口中啄鱼的小鹤，这是比较少见的图像。

图 5 - 51　鸟啄鱼图像　陕西凤翔出土秦代瓦当

[1] 叶玉林：《苯教的形象标本——对日土任姆栋一幅岩画的探讨》，《西藏艺术研究》1992 年第 4 期。
[2] 张亚莎：《西藏的岩画》，青海人民出版社，2006 年，第 255 页。
[3] 靳之林：《绵绵瓜瓞与中国本原哲学的诞生》，第 35 页，图 3 - 12，见本文图 2 - 48。
[4] 王世昌：《陕西古代砖瓦图典》，第 34 页。

湖北江陵凤凰山汉墓 M168 出土的三鱼纹杯，内底正中为四叶纹，其周围绕有三条大鲤鱼，其立体纹饰口沿内侧刻有变形鸟纹，外侧子耳上绘有波折纹与圆圈纹。[1] 后代鱼鸟关联的器物更加丰富，构成了中国艺术的瑰丽画卷。

## 二、汉画像“鸟啄鱼”图像的内涵

在神话时代，传说就是历史，传说与信史的差别仅在于存在方式的不同。在文字出现之前，历史都以传说的方式呈现。信史大多是指文字材料，文字是历史的工具与载体。神话传说比文字记载的历史要长久得多，因此，神话传说也是历史的材料，也是历史的载体。“因为初期文字的寡少，不惟无法普遍行使，就是拿他们写一篇简短的文章，记录社会内经过的巨大的事便也很不够。所以在早期发展的各民族（用这一词的广义）中，他们最初的历史总是用‘口耳相传’的方法流传下来的。”[2]随着时代的发展，文字工具的记录功能进步了，“至于把一切口耳相传的事实搜集起来、整理起来、记录起来，他们当时还没有那样的能力，也没有那样的兴趣”[3]。殷商时，人们才开始书写历史，并把历史作为主要的表述对象，以至于历史典籍汗牛充栋。文献的丰富使得我们现代人对于神话时代的传说的历史就不敢相信了。

然而，新历史主义认为，历史是历史学家根据自己的眼光对世界的选择，是书写与叙事。这种理论在鱼鸟图的发展中得到了准确的说明。

在仰韶文化中，有一种十分重要的图案，是将鱼和鸟描绘在同一个器物上，这种鱼鸟彩陶纹饰具有古朴素雅的艺术风格。这种图式开创了鱼鸟配置的先河，形成了一组从古到今的鱼鸟纹的系列组合图案，反映了其文化分支

---

[1] 洪石：《战国秦汉漆器研究》，文物出版社，2006 年，第 128 页。

[2] 徐旭生：《我们怎样来治传说时代的历史》，《二十世纪中国民俗经典 · 神话卷》，社会科学文献出版社，2002 年，第 150 页。

[3] 徐旭生：《我们怎样来治传说时代的历史》，《二十世纪中国民俗经典 · 神话卷》，第 151 页。

之间的关系和中国文化观念的发展变化。关于解读这些图案的文章,迄今已有几十篇之多,作者们都做了细致的推理和分析,取得了很大的成果。我们的研究,将以他们的成果作为起点,结合不同时代的鱼鸟图例的变化,赋予鱼鸟变化以民族文化发展与融合的意义。对于这些图画的考证,我们缺乏足够的文字材料,因此将从神话时代的传说入手,结合部分典籍,来解析它们的内涵。

20世纪80年代初,《鹳鱼石斧图》(图5-52)在河南临汝阎村遗址被发现,立即引起了专家学者的高度重视。图案画在一个陶缸上,陶缸属于夹砂红陶,通高49厘米,口径32.7厘米,底径19.5厘米。口径上刻有对称的四个鹰嘴形的泥突,底部穿有圆孔,图画约占缸体的一半,高37厘米,宽44厘米,是迄今为止发现的较大尺幅的古代绘画作品。图画中绘有一只白鹳,口中衔有一尾鲢鱼,旁边竖立一把大石斧,石斧的柄上,画有"×"形符号。[1]这幅作品一经出土,就受到专家学者的高度重视,产生了丰富的研究成果,形成了几种代表性的观点。第一种观点是以严文明先生为代表的,严先生从石斧入手,他认为,石斧是权力的标志,"这位酋长生前必定是英武善战的,他曾高举那作为权力标志的大石斧,率领白鹳氏族和本联盟的人民,同鲢鱼氏族进行殊死的战斗"。[2]这幅图画就是战斗过程的记录,抑或是对战争结果的美好的祝愿。第二种观点是以陶思炎先生为代表的,陶先生认为,《鹳鱼石斧图》(图5-52)和《水鸟啄鱼图》(图5-53)中的鱼和鸟,分别是两个部族的图腾,而"鹳鱼相连正是两图腾氏族外婚制的标记。石斧是物质生产的象征,鸟鱼是人口生产的象征,它们体现了原始初民求生存、生殖的两大功利目的"。[3]以赵国华先生为代表的学者,发出了另外一种声音,他们的解释是,"石斧"在远古象征"男根","×"是"五"字,是初民的极数,鱼象征女性,鸟象征男性,图画表达的是对子孙"瓜瓞绵绵"的愿望,是对男性成员的渴求。[4]

---

[1] 参见汤文兴《临汝阎村新石器时代遗址调查》,《中原文物》1981年第1期。

[2] 严文明:《〈鹳鱼石斧图〉跋》,《文物》1981年第12期。

[3] 陶思炎:《鱼考》,《民间文学论坛》1985年第6期。

[4] 赵国华:《生殖崇拜文化论》,中国社会科学出版社,1990年,第109页。

从这几种解释中,我们可以深刻地体会到深厚博大的中华文明对《鹳鱼石斧图》和《水鸟啄鱼图》的浸渍以及图像对中华文化构成的巨大影响,这几种不同的解释方法,明确地解答了鱼鸟观念在中国文化历史发展中对中国文化阶段性的影响。

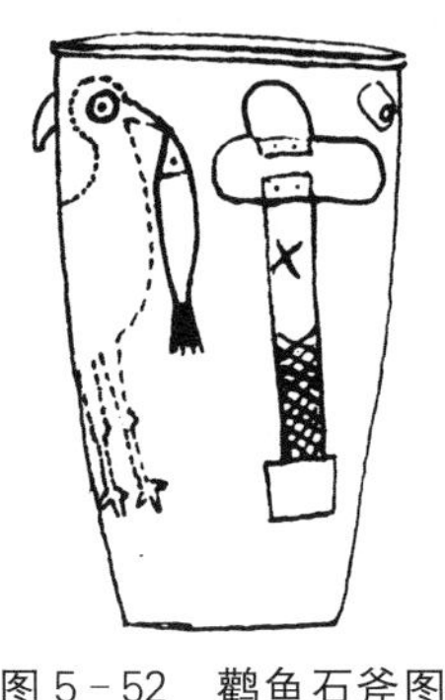

图 5-52　鹳鱼石斧图

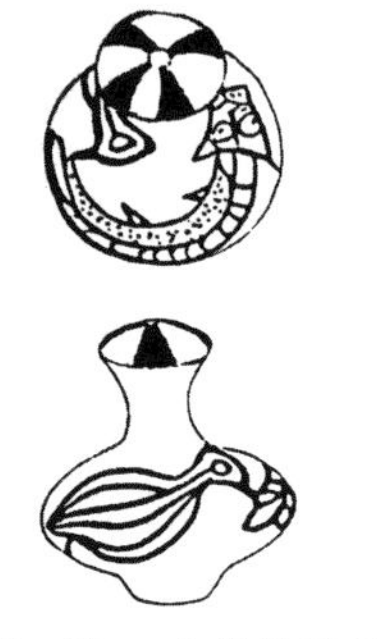

图 5-53　水鸟啄鱼图

## (一) 图腾佑护

关于图腾,论著颇丰。本文不拟对其加以探讨,只是使用通常意义上的部分术语,以利阐释。

对于《鹳鱼石斧图》图像的研究,关于图像所表达的内涵与意蕴,严文明先生的说法出现得比较早,影响也比较大,这种解释是中国革命史观或朝代更替史观的体现。石斧曾经以玉制的形态出现在上古的玉器中,同类的器物还有玉铲,这类器物没有什么实用价值。但是它们温润的质地、晶莹的色彩和工具性的造型,却代表了使用同类现实工具的民众的利益。因此,玉铲和图中的石斧(或玉斧)都是民众共同利益的体现,它的执掌者就是这个阶级或阶层的代表人物,也就是这个部族的首脑人物,它是一种象征,一种极大的权力象征。图案的命名中"啄"字的使用,体现了我们的认知方式,它表达一种动作或进程,包含了斗争的意蕴,而斗争的主体即是图腾部族之双方。同地区同时期的出土文物也对此作了印证。陕西武功游凤遗址出土了一只细颈瓶,"小口如花苞状……腹中腰以下向内收敛,在口唇上绘辐射状的条形花纹，中腹以上绘有鱼纹”。[1] 画面上有一条大鱼，张开大口，正在吞噬一只小鸟。可怜这只小鸟，头部已被吞入鱼的口中，身体露在外面，显露出小鸟的凄楚与渺小。这幅画与《鹳鱼石斧图》比较起来，其意蕴应该是相同的，但他们情绪和欲望的表达却是相反的，应该分别属于相对立的部族。按照严氏的说法，这两幅画都可以认为是战争宣传画，藐视敌人，鼓舞士气，在战斗与教化中能起到积极的作用。但这只是一种理想，一种祈愿，这两个氏族靠发动战争来发展自身是不能达到双赢的目的的，而现实的对立，也不允许他们双赢。

鱼鸟图在仰韶文化中很常见，这种图画是仰韶文化的代表图案，它在所发现的图画中占有比较高的比例，并且绘画的艺术成就在同类图案中也最高。鱼鸟在当时对社会生活影响巨大，是分别作为部族的图腾崇拜出现的。在鱼鸟部族对峙的时代，这两个部族文明的发展程度相对较高，实力也大体相当。鱼鸟部族之间的战争的旷日持久，在民族的记忆中留下如此深刻而沉重的记忆。“歼敌一千，自损八百”，想必鱼鸟两个部族也有着血的教训，这使他们正视了现实，他们试图相互接纳对方。陕西宝鸡北首岭遗址出土的仰韶中期的《水鸟啄鱼图》就是表达了这种思想。这幅图画绘制在一只细颈瓶的上腹部，细颈瓶为细泥红陶，通高 21 厘米，口径 1.5 厘米，顶部直径 9.6 厘米，腹径 20.7 厘米，底径 8.4 厘米，颈部作花苞状，折腹，平底。顶部绘有四道黑彩，瓶的腹肩处用黑彩画一只水鸟在啄食一条大鱼的尾巴。这只水鸟张翅抖翎，向大鱼发动进攻，没有击中大鱼的要害，只是啄了大鱼的尾巴。大鱼的鳍翅横起，反身拧腰，怒目圆睁，关节突显，奋力反抗。[2] 绘制者抓住了这一回合的瞬间，表现了鱼鸟争斗的动作性和韵律感，这相持不下的争斗的描绘，与其说是表现氏族之间的争端，不如说是动态美的表达。图画的绘制者对旷日持久的战事的厌倦以及对美的向往都通过这种方式表达了出来，也体现着绘制者对战事结局的暗示与预言，抑或就是战事的真正结局的刻画。陕

---

[1] 西安半坡博物馆等：《陕西武功发现新石器时代遗址》，《考古》1975 年第 2 期。

[2] 参见赵青青《从鱼鸟相战到鱼鸟相融——仰韶文化鱼鸟彩陶图试析》，《中原文物》2000 年第 2 期。

西临潼姜寨二期 M76 出土葫芦瓶腹颈，葫芦瓶为泥质红陶，高 21.5 厘米，口径 3.5 厘米，腹径 9.5 厘米，底径 6 厘米，口微敛，口径分界不明显，饰双耳，最大腹径接近底径。口腹完全饰以黑彩纹，器耳所在左右两侧绘有鸟头的画面，器耳之间的正反两面均绘有一幅圆形二等分的鱼鸟共存图，其中，左半部分是一对合体的鱼纹，右半部分则是一只鸟的头。[1] 这种鱼鸟合体的图案不是只此一例，半坡遗址也有类似的文物出土。图中，鸟的眼睛予以特写，以其三角形的构型，突出犀利威猛。在这幅图画之中，鱼鸟和平共处，平分秋色。[2] 鱼鸟合体的图画是鱼、鸟部族进一步融合的体现。在陕西临潼姜寨二期出土的 H467：1 葫芦瓶上，其器耳所在的侧面分别是写实的和抽象的鱼纹，间隔的两个单元分别由上半部的人面鸟纹和下半部的鸟纹组成。这里，鱼、鸟、人面纹有机组合，和谐统一，互相融合，把三者亲密无间的关系表达了出来。[3] 这种图示的出现，展示了鱼鸟两个部族关系的改善，从而可以了解严先生从战争的角度分析图像，有他的合理性。尽管战争不是部族的主要融合方式，但是，在古代文明发轫时期，战争作为一种主要的融合手段是不可缺少的。这个过程是两种文明接触、交流、碰撞、融合的过程，这种生活的自然法则，任何时代概莫能外。

从上述图画的表现内容，我们可以清晰地感受到，渭河流域的仰韶文化“鸟”集团与豫西地区仰韶文化的“鱼”集团东西对峙，相互交战，为了战略动员，他们以象征的方式，把战事构思成利于己方的图画，表现出来以鼓舞士气，同时也表达一种良好的祈愿和对美好未来的向往。

### （二）生殖崇拜

在仰韶文化史家类型早期偏晚阶段，“鸟”集团的战略目的业已达到，他们占领了“鱼”集团的地盘，且与之相互兼容，鱼鸟成了不可分割的一家人。

---

[1] 西安半坡博物馆等：《姜寨》，文物出版社，1988 年，第 244 页，图一七三：10。
[2] 西安半坡博物馆：《西安半坡》，文物出版社，1963 年，第 117 页，图一二六：3。
[3] 西安半坡博物馆等：《姜寨》，第 247 页，图一八三：1、2。

于是，他们把主要的精力，放在了部族的共同发展上。

从以上鱼鸟图的演变中，我们可以体会到这两个部族融合得艰难，但是，两者发展成为族外婚制的族群之后，融合便加快了。这个过程在初期以战争为手段，石斧就是见证；战略相持阶段两个部族之间主要以文化交流为主，作为权力象征的石斧，退出了鱼鸟图的图案构成。他们试探、接触，双方相互妥协，军事实力强大的鸟集团以博大的胸怀接纳了鱼文化的豫西部族；同时，生机勃勃的豫西部族文化，以它处于军事的劣势地位而能够以文化的强势来影响两个部族的关系，可见其文明程度较高。两个部族和谐相处，强强联合，优势互补。自然的族外婚制，使得两个部族之间互相通婚。这种族外婚制在当时很盛行，“同姓不婚，恶不殖也”[1]。“异姓则异德，异德则异类。异类虽近，男女相及，以生民也。同姓则同德，同德则同心，同心则同志。同志虽远，男女不相及，畏黩敬也。黩则生怨，怨乱毓灾，灾毓灭姓。是故取妻避其同姓，畏乱灾也。故异德合姓，同德合义。义以导利，利以阜姓，姓利相更，成而不迁，乃能摄固，保其土房。”[2]由于血统的不同、文化的差异，两个部族通婚所产生的新生儿十分健壮、聪明，显露出勃勃生机。鱼鸟部族之间婚媾群体的扩大，使鱼鸟图的战争意味迅速减弱，进而成了两个图腾部族的族外婚的标记。这时的鱼鸟图如陶思炎先生所说：“鸟鱼的相接正是阴阳男女的相合，其象征作用服务于生殖的目的。”[3]“特别是陕西武功游风出土的‘鱼吞鸟头图’陶瓶，更为突出地表现了鱼鸟的两体相接，象征地演示了男女性器交合的情状。”[4]阴阳的标识，一般以鸟为天，为阳；鱼为地，为阴；阳主动，阴主静；阳主动，阴被动。它符合阴阳五行的思想，符合生物的习性，也反映了鸟部族军事力量的强大。也有人认为，鱼是男性生殖器的象征，其柔化的体型与男性生殖器相像，并且鱼鳃圈和鱼头前端的鱼口，恰似男性生殖器的造型，这样的图示在鱼鸟图中展示无余。这样的生殖图腾模式，是鱼部族自尊、

---

[1] 《国语·晋语四·文公》。
[2] 同上。
[3] 陶思炎：《鱼考》，《民间文学论坛》1985年第6期。
[4] 陶思炎：《中国鱼文化》，中国华侨出版社，1990年，第86页。

自信的体现，表达了他们强烈的心理需求，他们以柔美的风格，把男欢女爱的自由和谐以鱼水合欢的方式表达出来，和现代的生殖观念的距离大大地缩短了。王大有先生对于“鱼吞鸟”的图画有自己的看法，王先生认为，“鱼吞鸟”即是鱼“含章”，是联姻氏族的图腾。[1]“按照中国人的习惯，男阳女阴，但也曾有过女阳男阴。总之，一定一方为阳，一方为阴。于是出现只有中国才有的语言中的‘阴阳对转’问题，因异姓合婚，男女相及所生。”[2]这些说法，有些冲突，但是并不矛盾，而是要以多元的视角来剖析世界，以新历史主义的思维反映书写的历史，即便那个时代没有真正的“书写”，我们也要注意口头“书写”的历史背后的真实。

鱼鸟图的性意识的背后是生殖崇拜，生殖崇拜有其深刻的心理根源和现实意义。半坡时代的社会生活对男性劳动力的需求量很大，战斗的减员又使成年男子的数量锐减，这样一来，生殖特别是男婴的出生就具有十分重要的意义。姜寨二期墓葬中出土了大量的随葬品，其中以葫芦瓶、细颈瓶和尖底瓶居多，还可以发现这个墓葬群与鱼鸟图的崇拜部族有关。并且入葬者的性别比例变化较大，在 2 087 具人骨架中，中年男子 1 009 具，中壮年女子 525 具，成年男子的死亡率是成年女子的二倍，这种现象应该是部落之间战争的结果。这些男子生前都受过不同程度的伤害，留下如腰骨、肢骨骨折和头骨凹陷等痕迹。可以看出这是劳动强度过大或者人际关系恶化的结果。[3] 非正常死亡的死者是会化为恶鬼的，回不了祖先的居住地，要有氏族的图腾导引他们才行。而且由于当时的观念的影响，人们认为人的死亡是一种化生，为了让他们早日化生，弥补大量男子的伤亡带来的男丁稀缺，他们在陪葬品上绘制鱼鸟图，祈求男丁大量降生。姜寨二期陶器上的鱼纹更多地具备了幼鱼的特征，符合“象生性与非象生性的双重特征”，并由此产生了“似鱼非鱼”的形象。[4] 使人联想到的是人类的胚胎，加之旁边形似男性生殖器的花纹，

---

[1] 王大有：《三皇五帝时代》，中国社会出版社，2000 年，第 459 页。
[2] 王大有：《上古中华文明》，第 276 页。
[3] 参见张幼萍《史前半坡文化的鱼崇拜》，《文博》2002 年第 5 期。
[4] 参见钱志强《试论半坡期彩陶鱼纹艺术》，《史前研究》1988 年辑刊。

完全就是一幅鱼鸟图。西安南殿村庙底沟类型陶钵上的花纹，形成了亦鸟亦鱼的图形，其变形的尾部，可以说它是象征了鱼、鸟和人类的生殖功能，具有了人类生殖图腾的吉祥意义。赵国华的分析恰如其分，要生就生男丁（即现代所谓“带把儿的”），远古就以石斧作为男性的象征。“鸟啄鱼”即男女的交合，要生男丁（石斧），并且多多益善，达到极数“五”，这是对战争灾难的补偿心理，同时也为下次的战争做物质资料的积累。如果先民们没有这种强烈的生殖要求与欲望，男性的丧失会使人类社会的人口再生产受到破坏，社会无法正常运转，今天，我们也就不会在这里探讨生殖我们自身的“鸟啄鱼”图像了。

### （三）鱼鸟化生

中国自古以来就以地大物博著称，各地独特的地理环境和空间方位的影响，使得中国从古代到现代都存在着地区发展不平衡的问题，造成了生产活动与社会习俗的差别。鱼、鸟是古代部落的图腾，鱼鸟文化曾经主宰过我们的世界，从各地民俗中，我们仍能够找到散落在不同时期、不同地域的鱼鸟文化的碎片。这里我们将从更广阔的空间来展现鱼鸟图腾的演变，认真地考察与拼接，从其一斑中，窥得鱼鸟文化的全部意蕴。

四川广汉三星堆遗址被发掘迄今，整个学术界备加关注。蒋南华先生认为，三星堆文化的创造者——古蜀国人是大皞、神农和少皞的后裔。[1] 李维明先生认为，古蜀文化源于中原文明，但是后来发生了蜕变。[2] 也有学者认为，三星堆文化是古蜀人创造的与中原文化相并列的文化样式之一，后来被夏商征服，崇鱼、崇鸟的习俗是文化交流的产物。[3] 不管古蜀与中原的关系如何，但是有一点可以确定——他们同样具有鱼鸟的崇拜，时间在半坡之后，这些鱼鸟图在观念上是有关联的。现在，我们从三星堆金杖的图案来谈鱼鸟

---

［1］ 蒋南华：《三星堆文化源流考略》，《贵州文史丛刊》2002 年第 1 期。
［2］ 李维明：《试析三星堆遗址》，《四川文物》2003 年第 5 期。
［3］ 冯广宏：《考古复原的古蜀史新论》，《天府新论》2005 年第 2 期。

的化生。

三星堆金杖是三星堆遗址出土的一支很独特的金杖。它应是一根木棍，外面包裹着刻画图案的金箔，由于年代久远，木棍碳化，金杖现在只剩下一个圆筒状的金箔。金箔长 143 厘米，出土时呈筒状，金箔上有一幅阴刻的图案，图上有两组图画，刻画的是一支箭射中一条大鱼，中间箭杆处有鸟做飞腾状，箭尾处有一组头戴五齿冠的人面像。金沙冠饰带图案中也刻有鱼鸟图案，与此大体相同，可见这种图案在四川流传较广。关于此金杖的解读不少于十种，有的学者认为三星堆金杖是灵杖、法杖、权杖（王杖）；有的学者认为此图为渔猎祈祷图、生殖崇拜图；也有学者认为此图是鱼族式微的神话。白剑先生认为，这是夏后氏文化的正宗，以五行“金”指西方，是一种葬具，也是权力的象征。[1] 我们以为白先生观点的合理性成分是比较高的。

三星堆遗址出土的金杖，我们以为是王杖，抑或是王杖的复制品，是作为葬具出现的，其图画的内容与丧葬有关联，它向我们讲述了一个敬祀与鱼鸟化生的观念。鱼凫的后代有变化的能力。“不死”即是“变化”，从一种物态形式转化为另一种物态形式，《山海经》载：“有鱼偏枯，名曰鱼妇，颛顼死即复苏。风道北来，天乃大水泉，蛇乃化为鱼，是为鱼妇，颛顼死即复苏。”这个传说认为，一种叫“鱼妇”的神鱼，是北方水神颛顼死而复生，化生而成的。颛顼帝是托体鱼胎而生成的，枯鱼，即指干鱼，腌制的鱼，具有保存的功能。（在英语中，“Preserve”一词，既有“保存”之意，又有“腌制”之意，“保存”和“腌制”是同源词语。）我们可以认为，金杖图案所表达的观念是鱼图腾部族的化生思想。鱼图腾部族认为他们死后，尸体就像腌制的咸鱼一样，身干体轻，随风飘摇，超脱了水的限制，像水汽一样，一有机会便乘风而起，化为飞鸟。形体的转变完成了生命的延续，以达到不死的目的。图画中，鱼中箭，表示鱼的死亡，而后便在飞升中羽化成飞鸟，这种变化不是凭空的，而有其根本的依据，其依据就是五齿冠人。五齿冠人是太阳的化身，是生命的支配者。同时，鸟

[1] 白剑：《三星堆金杖“鱼鸟图”——华夏古老神奇的“鲲鹏之变”》，《阿坝师范高等专科学校学报》2004 年第 2 期。

也是他的化身，部族成员死后都会成为图腾的样式以皈依祖先，这种思想广泛地深入到图腾部族民众的心里。鱼鸟已经化为一体，《山海经·西山经》有云："有鸟焉，其状如翟而赤，名曰胜遇。""胜遇"即"神鱼"，神鱼与神鸟的合一可以看出鱼鸟两个部族经过长时间的婚配融合，已完全结合成为一个整体。这两种事物的演变是不死的体现，是一种循环往复，无始无终的环状动态结构，较单一图腾的部族有着更为完善的社会心理结构系统。与这一系统相关的还有赫哲族、布依族和水族的鱼图腾的传说神话。现在，这些颛顼文化圈仍有这一神话的遗存，与当时的鱼水的环境有关。它的保存与其地理环境关系很大，可以说是风俗的活化石。

战国时期，庄子《逍遥游》的开篇就刻画了鱼鸟互变的神话传说，它表达的是宇宙的模式和精神的自由与超越。"北冥有鱼，其名为鲲。鲲之大，不知其几千里也。化而为鸟，其名为鹏。鹏之背，不知其几千里也。怒而飞，其翼若垂天之云。是鸟也，海运则将徙于南冥。南冥者，天池也。""鲲"有的注家考证为鲸，也有人考证为龙，但属于水族动物是无疑的。水族动物生活在水中，生活在黑暗之中，诸如地下的世界（马王堆帛画的底部描画的就是用双鱼驮着的世界）。鸟代表太阳，鹏是鸟类的一种，是飞行的动物，有其力量和气势。鹏在太空中飞舞，是天界的光明使者。黑暗深渊中的鱼化为翱翔的光明使者——阳鸟，是一个质的飞跃。当太阳中天的时候，是极阳的时候，是光明的、活跃的、勃发生机的，它向反面转化、发展，以达到阴——以鱼为表征。至于极阴，即鱼的死亡。鱼的死亡不是寂灭，而是再生，没有再生就没有阴阳的转化与运行。这最重要的一环就是鱼化鸟的过程，这个飞跃是壮丽而又激动人心的，是太阳出于大海，照临于东方，极炽于南方的运行方式。庄子的描述就是表达了这种宏大的气势与非凡的意义。从极阴向极阳的转变，从最低层的黑暗向最高层的光辉的跃迁，其中包含着阴阳与五行的相克相生的观念，是太极运动的方式，正如阴阳鱼图中阴鱼尾连着阳鱼头。这种宇宙的运行，叶舒宪认为是宇宙形成论的神话，吴光明先生也认为，"庄子书开端的那伟大的鱼鸟故事必定是模仿当时通行的宇宙形成论的打油诗文"，"可是在庄子的书里，却只有普通的景色，如鱼、鸟、升潮、刮风，它们就已经能够有力震撼我们的想象力，使我们飞回到事物的开始，事物每天的开始”。[1] 日之升落，是阳鸟驮日，周行于天，夜晚浴归，经过地下黑暗的水域返回东方，这种轮回是日的运行，它表达的也是新的寂灭与开创。[2] 这种模式的扩大即是鱼与鸟的再生互化，这种互化如同核聚变一样，维持了世界的运行、物质的演变。这种规则也同事物的发展进程相似，“这条鲲在北冥中，由小变为大，正如我们人世间的求学与奋斗，惟有一点一滴的努力，才有一点一滴的成就，才使我们慢慢地经验丰富了，知识渊博了，意志坚强了，而变成了一位巨人，从世俗中脱颖而出”[3]。以至于庄子的圣人、至人、神人，这对我们这些平常之人意义也是很重大的，它至少给我们讲述了事物发展的规律。尽管现实中还不会发生鱼鸟的巨大转化，但这种观念反映了一种哲学精神，两者之间依存在于转化，这样会调和两极，消解矛盾，达到价值的相互认同。从黑暗深渊里的鱼向在天空翱翔、光芒万丈的鸟的转化，发挥了海潮的万里雷霆和鹰击长空的现实图景的想象力，把个体自由的欲望表达无余。这种对自由的渴望，是中国人超越精神的反映，他们已经摆脱了物质层面的需求，而倡导了自由的先声，预示了魏晋达观与放旷思想的兴盛。

鱼鸟图画到了庄子的时代，已经演变成为自由的理式，这是实物崇拜的极致。这里的鱼已然是鲲，鸟是鹏，它们的体积已然大到不知几千里。这种从实物到宗教的历程，显示了人类智能的提高和知识的进步，后世的学人更加成熟，他们又赋予鱼鸟图以新的变化。

鱼生于卵，初生时的数量众多的鱼卵是混沌的一团，可以作为宇宙蛋的原型。蛋内分阴阳，一朝天地成，物以小渐大。鱼，由无而有，成为拦河之鲸。(古人可不管什么种类，只说水生鳞介而已。)尽管鱼鸟化生，但是鲸死海岸的例子也不在少数，现实使得鱼鸟化生的幻想无处着落，于是鱼化龙说应运而

---

[1] 吴光明：《庄子》，东大图书公司，1998 年，第 136 页。

[2] 袁珂：《山海经校注 · 西山经》，上海古籍出版社，1980 年，第 44 页，“是多文鳐鱼，状如鲤鱼，鱼身而鸟翼，苍文而白首赤喙，常行西海，游于东海，以夜飞。其音如鸾鸡，其味酸甘，食之已狂，见则天下大穰”。

[3] 吴怡：《逍遥的庄子》，东大图书公司，1991 年，第 54 页。

生。黄河壶口，激浪磅礴，有鱼飞跃龙门，便化为飞龙。[1] 龙是神圣之物，高山仰止，这时鱼鸟之说的古老神话已经淡化，便以龙凤呈祥来表达美好的祝愿。龙凤仍旧保留着远古鱼鸟的意义，只是更加虚化，这样的演变给鱼鸟找到了落脚点，给龙凤找到了根源。鱼鸟图画与龙凤呈祥的有机结合，是古老的中华民族人文心理发展的一把钥匙。

图 5-54　鱼龙变换镜　金代　采自《文物与考古》1982 年第 3 期

## （四）龙凤呈祥

“在最早表现出神话想象的地方，决不被当作一种想象和精神表达的方式。相反，这种想象如此之深地扎根在人们对事物世界‘客观’实在和客观过程的直觉中，把这些看作是神话想象整体的一部分。而且在现实和理想之间，在‘存在’范围和‘意义’范围之间，最初根本没有界限，相反在这两个范围之间，即在人类思维和信念中，又在他的活动中，都存在着持续的流动。”[2] 鱼鸟图像在初期以写实的形态进入神话，表达着现实实在的精神，这种实在与理想相连，它们在任何地方都没有纯粹的审美表现的意义，只是与实物相融合。莱布尼兹在《论神学神秘性的保持》中，提出了一种符号的理论：“符号

[1]《说文解字》：“蛟，龙之属也，池鱼满三千六百，蛟来为之长，能率鱼飞。”
[2][德]恩斯特·卡西尔：《神话思维》，黄龙保、周振选译，中国社会科学出版社，1992 年，第 261 页。

最终抛弃所有特殊和偶然的特性；符号已经成为一种普通秩序的纯粹的表达方式。在普通协调的系统中不再存在‘奇迹’。”[1]莱布尼兹对波苏特(Bossuet)写道：整个自然界都充满着奇迹，然而是理性的奇迹。符号的神秘性取代了现实中理性的神秘性，理性的奇迹成为神话的依托。中国几经变革的鱼鸟图像以其原始的物体形态宣告结束，但是它的观念的意义仍然存在着，存在于龙凤呈祥的奇瑰的“理性奇迹”之中。

“有鹊衔火于清溪之上，鹊化为龙。”[2]“郭磻者……本成都豪族，不事生业，唯好畜鹰鹞，常募能以鹰犬从禽兽者为伍焉。雍熙中，将鹰犬猎于学射山，鹰拿一雄雉，救之得活。其雉每足有二距，徒侣皆异之。以巾包而负之，觉其渐暖，行一里间，如火彷徨间。俄而阴晦，乃风雷震雹，林木摆簸，不知所归，遂弃雉于涧下，奔及至真观避之。时雨如注，中宵方霁，不胜其惊。因尔时有范处士者闻其说，即云：‘雉者，龙也……斯龙为雉服也，自贻其患……’”[3]鸟在龙身体上的体现，是在于龙爪子上的，它象征权力，具有政治意义。“刑名从商，爵名从周。”“殷罚有伦”[4]，法家推崇刚毅，任法释情，赏罚严明，是太阳文化的精神。法家是龙的利爪，权力支配着传统的中国。鹰爪关系着龙的起伏，龙即官，即达，即官之达者，即权力的掌握者。中国人有惧官和结贵的心理，即是龙文化之利爪观念的遗存。凤鸟是图腾徽铭的转化变质，它具有鱼尾，与性有关联，具有生殖意义。[5] 有对不孤，凤鸟配龙而为阴阳，造就了龙凤呈祥的文化奇观。另一方面，两汉太后专权，把持朝政；唐武则天帝临天下；清叶赫那拉氏东陵石刻中，有凤在上龙在下的图案，充分显示了凤鸟作为权力的象征意义。凤鸟的鱼尾，还显示了它作为生殖图腾的意义。

龙凤呈祥的意义在婚姻中是常见的图案，龙又发挥了鱼所表达的性和生

---

[1] [德]恩斯特·卡西尔：《神话思维》，黄龙保、周振选译，第285页。
[2] (清)永瑢、纪昀修撰：《洞冥记》卷三，《文渊阁四库全书》(影印)，第1042册，子部，台湾商务印书馆股份有限公司，1986年，第307页。
[3] (清)永瑢、纪昀修撰：《茅亭客话》卷五，《文渊阁四库全书》(影印)，第1042册，子部，第940页。
[4] (清)阮元校刻：《十三经注疏》，《尚书正义·康诰》卷十四，中华书局，2003年，第204页。
[5] 钱济鄂：《凤凰考》，宏文艺苑，2001年，第53页。

殖的观念，它代表的是鱼戏莲叶的阳性生殖器。龙即是鱼，在鱼跃龙门化龙时，鱼的尾巴被电光所裁，因此龙具有鱼身，而无鱼尾，鱼的尾巴被放在了凤凰的身上，龙凤合体——合体处在尾部，即交尾，就成了一条完整的鱼，是“育”，是“余”。李逵口里的“鸟人”，是与鱼相对应的；与鸟对应，鱼就又变成了阴性，鱼自身阴阳的对转，可见鱼之生殖意味的深长。人们相见谈天，不几句就谈论几个“士子”，几个“女儿”，也是中国生殖文化的体现。

中国人重生、重娶、重丧，出生始于嫁娶，起于阴阳的交合，龙凤呈祥就具有性的意义，性预示着生，生生不息的绵延。因此，性的意义上的阴阳交合具有吉祥的意义，蕴含着生殖的吉祥色彩。《山海经》中轩辕国的人，人面蛇身，尾交首上；并逢鸟兽、并逢蛇、并逢猪、并逢龙虎（西王母的龙虎座），都是吉祥的图案。丧事是人的死亡的盛典，是人的生命的转化，也有做乔迁之解，如果不是凶死，则“老丧奔喜”。死者夫妻的合葬，有合婚之意，具有性的文化色彩。香火不断的祭祀——祖先崇拜的潜在意义就在于“瓜瓞绵绵”的生殖，没有了后代的祭祀，祖先就没有着落了。所以，丧葬礼仪中的交合图画（并逢图）与墓葬中的龙凤图像一样，表达的是交合与生殖的吉祥。商代妇好墓出土的礼器有并逢龙螭、并逢龙凤、并逢夔；汉代画像伏羲女娲人首蛇身交尾，阴阳构精，化育万物。再如中国的圆钱通宝，法天象地，亦是天地交泰，表达福寿安康之吉祥。2008年北京奥运会的吉祥物有兄妹五个，其中“贝贝”以鱼为原型，第一个出场。她的创作灵感来源于中国年画——《年年有余》、中国传统鱼纹样和水浪纹样，其含义是“盈余”，她象征着中国人民吉庆有余、年年有余。老小“妮妮”以鸟为原型，创作灵感来源于燕子、沙燕和风筝。她代表“燕京”，同时也表达了中国人民好客的传统。鱼鸟图像在新时期又一次发挥了它们的独特意蕴，以中国文化代表的形象面向世界，配合着老大——火娃“欢欢”升腾的火焰纹样的太阳神，反映了中国文化的独特内涵，表达了中国当前和谐美满、生气勃勃、吉祥有余、前程似锦的安定祥和的局面。

鸟啄鱼的图像是龙凤呈祥图像的前身，是理念的自然形态向精神形态的转化，它们从渔猎、战争、权力、性事、生殖、吉祥几个方面贯穿了中国历史的全部，最后以符号化的形式，纳入了龙图腾信仰的主流。这是中华民族之民族融合的结果，但以鱼鸟图腾为骨干的龙文化的传人，其原始的观念保留得较为明显，它是民族文化得以保存的巨大力量之一。“理性的奇迹”在闪光，我们内心深处的图腾，仍以文化基因的模式承载着整个的光怪陆离的生活。

## 三、汉画像“鸟啄鱼”图像的功能

汉画像“鸟啄鱼”图像的意象是丰富的，它在现实生活中也会发挥一定的功能。汉画像“鸟啄鱼”图像的功能是一个发展的过程，但“鸟啄鱼”图像的原生意义却是相对稳定的。原型理论家弗莱在概括作为西方文学之基础的原型象征模式时指出：“人类的想象一开始便遵循着某种自然现象的循环变易所提供的‘基型’(Prototype，也译作原型)，阳光每天都要消失，植物生命每逢冬季即告枯萎，人类的生命每到一定期限也要完结。但是，太阳会重新升起，新的一年又将到来，新的婴儿也要问世。或许在这个生命世界中，想象的最初的、最基本的努力，所有宗教和艺术的根本要旨，都在于从人的死亡或日和年的消逝中看到一种原生的衰亡形象，从人类和自然的新生中看到一种超越死亡的复活形象或基型。”[1]

鸟啄鱼，是人类捕鱼的一种方法，首先是为了解决人们生存的需要。这种需要是低层次的，但也是基础性的。这种功能是其他一切功能的前提。这种物质性功能是精神性功能的前提，它会随着生产力的发展而减弱或者消失，也逐渐衍变为丰稔的意义。从现代中国人“一哄而上，一哄而下”的处事方法，可以窥见中华文化中实用功利性思想的精髓。这种图示还具有原始的动物崇拜的印记，即是为了充饥的目的。充饥转化为疗饥之鱼，就变成了求偶匹配的隐语。“维鹈在梁，不濡其咮；彼其之子，不遂其媾。荟兮蔚兮，南山朝隮；婉兮娈兮，季女斯饥。”[2]诗中“鸟啄鱼”的意象就是男女匹配，以充朝

[1] 叶舒宪：《中国神话哲学》，中国社会科学出版社，1992年，第7—8页。
[2] (清)阮元校刻：《十三经注疏》，中华书局，2003年，第385页。

饥。《九歌·湘夫人》云:“登白薠兮骋望,与佳期兮夕张。鸟何萃兮蘋中,罾何为兮木上?”男女对配,以匹恋情。《铙歌·朱鹭》:“朱鹭! 鱼以(已)乌,路訾(鸬鹚)邪! 鹭何食? 食茄(荷)下,不之食,不以吐,将以问诛(姝)者?”诗中描写心焦女子埋怨男子,像是鱼鹰捕鱼,捉到了鱼,含在嘴里,既不吃下,也不吐出。男子与女子藕断丝连,不放弃她也不娶她,为什么嘛? 诗中已经把鸟啄鱼的意象从恋情发展到婚姻,表现了“鸟啄鱼”图像叙事性的功能。鱼鸟组合在婚恋方面有其独特的意义。“在原始社会里,婚姻是人生的第一大事,而传种是婚姻的唯一目的,这在我国古代的礼俗中,表现得非常清楚,不必赘述。种族的繁衍既被如此重视,而鱼是生殖能力最强的一种生物,所以在古代把一个人比作鱼,在某一意义上,差不多等于恭维他是最好的人,而在青年男女之间,若称其对方为鱼,那就等于说:‘你是我最理想的配偶。’”[1]

这样一来,汉画像“鸟啄鱼”图像就从身体(生理)的疗饥转化为心理(精神)的疗饥,生殖意义骤然加强。生殖使得家族得到强化,宗族力量增大,后代人数增多。这种两姓(性)的和合,使得个人的生命转化成家族的代代传承,其生殖意义上升为家与国的传承有序。后代子孙对其家族的先人,图录赞誉,形成祖先崇拜的图赞模式。

汉画像“鸟啄鱼”图像还可以表达阴阳互化以形成时间,时间就是日头的轮转。日头的轮转使得事物的影子忽东忽西,切割了空间。时空的一体化即是宇宙。“宇宙是自然的,对宇宙的言说则是人文的。存在只能通过人来表现它自身。当人们的视野从实用的功利中脱离出来以后,人对天地的看法就有了审美的属性。”[2]在古代传说中,宇宙的生成、毁灭、新生完全与生殖有关,伏羲女娲生成天地宇宙,帝俊生十日重造天地宇宙,这是宇宙的人伦化、秩序化的过程。宇宙的有始有终,有新生有死亡有再生,一一寄寓于“鸟啄鱼”画像的意象“生生不息”的化生之中。

我们的祖先也知道,生命是短暂的。但是面对死亡,我们要生活,也不能

[1] 孙党伯、袁謇正编:《闻一多全集》卷三,湖北人民出版社,1993年,第248页。
[2] 朱存明:《汉画像的象征世界》,第96页。

因为死亡之后的虚无而否定生命的价值。我们要以生生不息之精神，为人类创造可以延续的精神文化。我们的死亡能通过“鸟啄鱼”的象征，变成另外一种生命的存在在宇宙中延续，尽管这个宇宙只存在于我们的观念意识当中，但是它对于后辈而言却是真实的。只有这样，生命才具有意义，出生之后就面对死亡的人类，才会生活得更加绚烂、明丽。

## （一）材质与功能

汉画像的命名来源于汉画像石、汉画像砖等具体的艺术品，其中汉画像石的比重最大，数量最多，并且保存相对完整，这表明当时的墓主在建造墓穴时就对石头材质有相当的认识。坚如磐石就是指石头的耐久性，能够长时间存在，这种永恒的存在表达了岩石在墓穴中的功能意义，以山为陵是墓上堆置封土的习俗发展的极致，也是对石材认知的结果。

河北满城，徐州龟山汉墓、楚王陵等陵墓都是这样，这些墓穴有的深深地凿入山体内部达40多米。墓穴与石头之间有其内在的联系，“不同身份的个体的墓也与他们各自在等级制度中的身份有关：主要墓葬凿入岩石内部，而次级墓葬则由石块和砖构成”。[1]“江苏的一些墓中的刻纹石代替了岩洞墓内精致复杂的壁画和家具”，[2]墓室深处其中所取的意义，可能也是由于岩石的耐久性的原因。刘胜墓也在山体之中，但是他的身上又多穿了一套玉制的衣服——金缕玉衣。玉，石之美者也，金缕玉衣也就是石制的衣服，玉石的敛尸防腐的功能，就是石质恒久性的体现。“玉衣的威力被刘胜的石墓本身加强了。他的石墓深深地凿入到一个山崖的内部。玉衣平放在一个内室的棺中。内室本身在山体的中心，由石板搭建而成，在过道的尽头，一个中央大墓室旁边。内室有它自己独立的石门，这座石墓用碎石与钢水密封。在这个刘胜墓的内室里有小的仆人俑，也是用石头雕成的。在中央

[1] （英）罗森：《中国古代的艺术与文化》，孙心菲译，北京大学出版社，2007年，第399页。
[2] 同上，第399页。

用以举行仪式的墓室里，这和仆人俑和他的妾窦绾墓中的俑一样是陶质的，因此只有离刘胜尸体最近的那些俑才是用最耐久的材料石头做成的。玉衣可能是了解物质的与智力的意图的关键。玉衣、石仆从、石板搭成的内室与山体中心的墓可能都具有同一个目的，那就是严格地借助材料的质地并模拟诸侯王将来的生活。”[1]在这座山的堡垒中，石的永恒与不朽强化了死者祈求不朽的意识，石料的永恒与耐久也强化了生者的意识——与死者分离的明确距离。

生人倾向于用木，死人则用石。古代希腊、埃及等文化都具有此类相似性。石料的永恒价值在汉代诗词中也有反映，“命如南山石，四体康且直”，是具体的写照。“人生非金石，岂能长寿考”，表达了生命的有限，同时也表现了对金石历久不衰的羡慕之情。臧克家《有的人》说：“有的人，把名字刻入石头想不朽”，用的也是此意。

玉与鱼是谐音词，鱼与玉也有一定的关联。《山海经·西山经》“鳛鳛之鱼，其状如覆铫，鸟首而鱼翼鱼尾，音如磬石之声，是生珠玉。”玉的敛尸功能与鱼的意象相关联。由此可见，鱼与祭祀、葬俗关系的密切，不是没有缘由的。

石质材料具有生硬、冰冷的特征，它代表了长命与长寿，以及不朽的意义。但是，人们对于它的阴冷有所忌讳，要加以改造。所造坟墓一定是“幽墓既美，鬼神既宁，降之以福，于以之平。如春之卉，如日之升”[2]。诗中写的不是对死亡的恐惧，而是充满朝气蓬勃无往不胜的浪漫情怀。于是，石面装饰便产生了。在徐州汉画像馆三楼的墓室复原展厅中，有一个复原墓室，墓室上排的一圈画像的构图都是鸟图像的二方连续，下层刻石上也有鱼的图像，装饰味非常浓重。在其他的“鸟啄鱼”图像中也有类似情况出现。我们经常可以发现，“鸟啄鱼”图像有一大部分不是单幅出现的，而是连续出现或者鸟鱼的数量发生变化。这种现象本身具有数术的意义，同时也具有装饰的色

---

[1] (英)罗森：《中国古代的艺术与文化》，孙心菲译，北京大学出版社，2007年，第369—370页。
[2] 张震泽校注：《张衡诗文校注·冢赋》，上海古籍出版社，1986年，第253页。

彩。装饰性是汉画像的共同功能，所以我们在分析“鸟啄鱼”这一单一图像的功能时，也要关注它的装饰性功能的存在。

## （二）生殖崇拜与祖先崇拜功能

在我国，鱼是一种数量巨大、种类繁多的生物。在人类社会早期，鱼就是人们食物的主要来源之一。《尸子》：“燧人之世，天下多水，故教民以渔。”《尔雅》中的很多鱼名，现代人大都不认识了，当时鱼类繁多可见一斑。在新石器时代，仰韶文化、良渚文化、河姆渡文化、龙山文化等处，都出土了许多种捕鱼工具，如带索鱼镖、骨制鱼钩、石质或陶制网坠等物。“我国关于渔猎之最早记载，为殷墟卜文，罗氏所辑卜文共 1 169 条，分作祭祀、卜告、卜享、出入、渔猎、征战、卜年、风雨、杂卜等九项。除祭祀共 538 条占大多数外，197 条渔猎占次多数，而此 197 条之渔猎中，11 条是渔。……郭氏并断言：‘渔在当时已不是主要的生产手段’，‘当时的生产手段已超过了渔猎时代。’”[1]这些食物供应充盈，常年不缺，并用以祭祀祖先，以求赐福。[2]《史记》载“舜渔于雷泽”，胶鬲举于渔盐之中，可见渔盐可致身政治。范家相《诗渖》：“言万物盛多。但言鱼者，在下动物之多莫如鱼也。”《尔雅・释地》：“鱼丽，言太平、年丰、物多也。”《诗经・小雅・无羊》中记载：“牧人乃梦，众维鱼矣，旐维旟矣，大人占之；众维鱼矣，实维丰年，旐维旟矣，室家溱溱。”可以看出，鱼是丰年的象征，诗中表达了鱼的丰富和丰饶物阜的意义。

鱼的食用性及其丰饶的象征意义，使得人们加强了对鱼的占有的欲望。但如何才能捕到鱼呢？汉画像中有其鲜明的图解。在山东微山县的汉代画像中，有许多的水榭楼阁图。图 5－55 中有一水榭，榭中有一人，垂竿钓到一条鱼。另外两条鱼在水中悠游，榭外有一渔人驾舟捕鱼。图 5－56 中水榭中有众多的鱼儿，种类繁多，形态各异，有不同的透视效果，还有头部叠交的三

[1] 李士豪、屈若搴：《中国渔业史》，上海书店出版社，1984 年，第 1 页。
[2] 《周颂・潜》：“猗与漆沮，潜有多鱼。有鳣有鲔，鲦鲿鰋鲤。以享以祀，以介景福。”

条鱼。下部为捕鱼图，有人用罩罩鱼，也有鸟儿啄鱼。鸟啄鱼在这里是作为捕鱼的手段出现的。这种图式在山东汉画像中十分常见。鱼作为丰稔的象征，鸟儿捉到鱼，就象征获得了各种生活资料。“鸟啄鱼”图像就具备了获得之意。获得财物，生活充裕，是有福，也有祈福、祈丰之意。

图 5－55　垂钓图

图 5－56　水榭观渔图

阴间世界——黄泉，水本身就多。水中有众多鱼的地方，是孝子贤孙为祖先选择富庶之地作为坟茔的标准之一。传统堪舆即风水就与鸟鱼有关。在隔离式鸟啄鱼图像中，我们也可以认为，鸟是相风鸟，鱼是龙脉。《拾遗记》：“帝子与皇娥，泛于海上，以桂枝为表，结薰茅为旌，刻玉为鸠，置于表端，言鸠知四时之候。……今之相风，此之遗象也。”《相风赋》：“栖神鸟于竿首，候祥风之来征。”相风鸟起保卫作用，使亡灵不受侵扰；还可以通过观测风来预示吉凶，使主人趋吉避凶；相风鸟还能起引导作用，引导墓主人灵魂升入仙境，并为子孙带来福寿。[1] 鱼儿代表着丰稔、富有，灵魂的居住地要有水有鱼，用鸟儿啄食鱼儿来捕鱼的方法，本身是件雅致之事，当然很高兴。我们可以看到此类捕鱼图中有人物观渔的图像，这种悠游出世的闲情逸致，超越了食用的范畴，当作娴雅的赏玩。因为鸟啄鱼比较人捕鱼的功利性更小，更具有玩赏性，所以鸟啄鱼的图像在这里多有呈现。

鸟啄鱼的生活图景表达了人的生存的需要。食物是初级层面的需求，这种需求可以表现在水榭观渔图当中，这种图示表达了对烦扰的排遣，同时也表现了阴间生活的另一个方面。《诗经·雎鸠》："关关雎鸠，在河之洲，窈窕淑女，君子好逑。"诗中的情语可以说是"鸟啄鱼"图像的生活再现，《诗经·衡门》："衡门之下，可以栖迟。泌之洋洋，可以乐饥。岂其食鱼，必河之鲂。岂其取妻，必齐之姜。岂其食鱼，必河之鲤。岂其取妻，必宋之子。"把乐饥与男女之嬉戏展示无余。水榭观渔图像之中的食用意义也加入了鸟啄鱼的男女嬉戏之情。

对于生殖崇拜，我们可以做一个推理，鱼是女性的表象，象征女性的诸多方面；鸟是男性的象征，象征男性的诸多方面。我们的祖先每每仰视苍穹，观星象、月相是古人的常事。月色如水之夜，空中之星即水中之鱼。"水是宇宙万物之根……因为'水'的创生与渊深，故以为'水'可藏育神怪，……从'水'性衍生的治水之说，或由水土的交互影响，衍至水、民之合'性'……"[2]这在彩陶中也有体现，彩陶上的鱼图纹较多，我们可以认为是母系氏族社会的产物。《说文》："娲，古之神圣女，化万物者。"《太平御览》卷七八引《风俗通义》："俗说天地开辟，未有人民。女娲抟黄土作人。"《山海经·海内经》曰"鲧复(腹)生禹"，鲧为女祖。《史记·天官书》："黄帝，主德，女主象也。"古代的祖先崇拜都是女性。商代是父权社会，以青铜器为主要工艺，青铜器上的鸟

[1] 耿超：《浅议观风鸟在墓葬中的作用》，《文博》2007 年第 5 期。
[2] 王奕然：《试论〈管子〉之"水"哲学——兼及对〈老子〉第八章的承继与异诠》，《中华学术年刊》2007 年第 29 期。

图像十分丰富，鸟儿是男祖先的象征，鸟卵的生殖意义被古代人们所知，男子的阴囊——卵，还被赋予鸟卵的形象。太阳的阳性崇拜也由此而生，良渚文化、山东大汶口晚期文化中，鸟崇拜十分盛行，鸟首形陶鼎等纹饰都是男根的反映。[1]

鸟啄鱼的生殖意义给我们展示了一段人类繁衍由原始群婚制向族外婚制和一夫一妻制发展的历史，中国抒情诗的王国另加入了一种图像的叙事。从上文分析可以得出，鱼是女性的象征，鸟是男性的象征，鸟啄鱼的图示的变化与发展，完全是由于人类对生殖的朦胧认识到理解的过程。“《管子·君臣篇》、《商君书·开塞篇》及《吕氏春秋·恃君览》皆有太古之民，兽居群处，未有夫妻匹配之合，当此之时也，民知其母而不知其父……一类之言，不啻间接承认曾有母系社会，且为血族内婚也。”[2]此说不尽然，不知父母也可以为族外婚制，只是从一个侧面反映了当时夫妻关系的无序，并逐渐向一夫一妻制过渡的历史。初古之民，未知夫妻之道，发生了伏羲女娲兄妹成婚的事件(有合烟成婚说，也有滚磨成婚说)。这种事件的发生，是早期人类对生殖的无知，同时，也反映了当时人民的数量较少，兽居群处，没有与兽类严格地区分开来。而族外婚制的发生使人们了解了人与人之间的亲疏、血脉的远近关联，用鸟啄鱼的手法来图示化，给人清晰的认识。禽兽可以同类近亲交配而繁殖，但是人类不可以。这种做法结出的苦果，当时的人们应该吃得很多了。他们理解了人中之同，同性(姓)、同族；也理解了人中之异，异性(姓)、异族。鱼鸟分别是鱼类、禽类，虽同处于世，但和而不同，这样的结合，后代也比较强壮，是富有生命力的。(当然也有例外，但较少。[3])因而，这种图像被作为生殖图腾的标志性图像留存了下来。四川有一幅汉画像(图5-57)，其左边是秘戏图，中间是鸟啄鱼的图像，右边是鱼纹的变形菱形纹；另有一块汉画像中间是西王母的图像(图5-58)，在西王母的两侧，一边是伏羲女娲交尾图，一边是“鸟啄鱼”图像。把它们两者结合起来，其叙述线索明白清晰。阴阳交合

[1] 唐善纯：《华夏探秘》，江苏人民出版社，2003年，第476页。
[2] 陈顾远：《中国婚姻史》，商务印书馆，1937年，第22页。
[3] 马佳：《基因宝岛为何近亲通婚后代健康》，《化石》2007年第2期。

有其序，有其度，和而不同，乃生万物，其中婚姻制度的发展也在图像中可见一斑。

图5-57　鸟啄鱼图像　泸州市十一号石棺画像

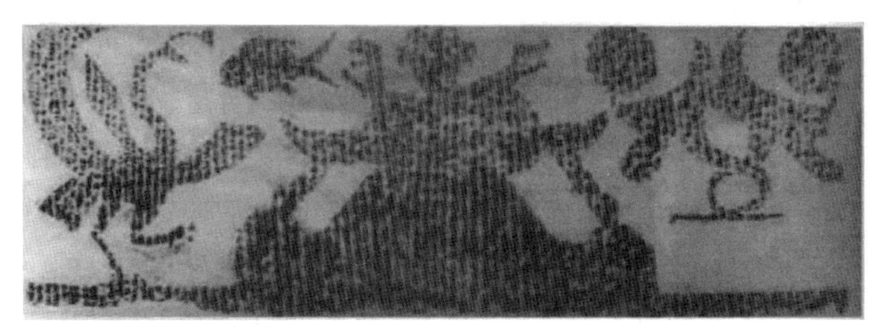

图5-58　西王母　四川金堂二号石棺画像

婚姻的目的性是很明确的，“支配婚姻的动机，依社会学家言，初以经济居先，生殖次之，恋爱又次之；次以生殖居先，经济次之，恋爱仍次之；最后始以恋爱居先，生殖次之，经济再次之”[1]。这不单是个体的问题，而且关系到家族与部族的发展与壮大，《礼记·昏义》：“昏礼者，将合二姓之好。”“上以事宗庙下以继后世也。”

一个部族的壮大要以人为力量之源，部族领袖对此十分重视。《汉书·外戚传》：“《易》基‘乾坤’，《诗》首《关雎》，《书》美厘降，《春秋》讥不亲迎，夫妻之际，人道之大伦也。”“礼之用，唯婚姻为兢兢，夫乐调而四时和，阴阳之变，万物之统也，可不慎欤？！”《管子·入国》：“凡国都皆有掌媒，丈夫无妻曰

[1] 陈顾远：《中国婚姻史》，商务印书馆，1937年，第6页。

鳏，妇人无夫曰寡，取鳏寡而合和之，予田宅而家室之，三年然后事之，此之谓合独。”做得好的部族为了扩大影响，宣传自己，就把婚姻制度的优势加以弘扬，《礼记·大传》：“系之以姓而弗别，缀之以食而弗殊，虽百世而婚姻不通者，周道然也。”这时婚姻制度已经初步完备，达到了“鸟啄鱼”图像表象所传达的效果。

“鸟啄鱼”图像作为婚姻方面的和而不同的作用只是阶段性的，鸟啄鱼传承的序列，部族发展壮大，建立大而统一的国家，这样先祖的地位被突显出来。在四川泸州大驿坝2号石棺画像棺身右侧，刻有鸟鱼图，图上格是一个玉胜，是西王母的象征符号，玉胜成了装饰，“鸟啄鱼”图像完全取代西王母，成为祖先崇拜的图案。在上面的图示里，我们还可以看到，“鸟啄鱼”图像，也是配合伏羲女娲和媒神图像的重要构件之一，这本身也说明“鸟啄鱼”图像背后的祖先崇拜的意义。

汉画像“鸟啄鱼”图像作为祖先崇拜的模式出现不是偶然的，而是有其特定的基础。黑格尔说：“中国纯粹建筑在这一种道德的结合上，国家的特性便是客观的家庭孝敬。”[1]“卜辞显示了商朝有极其系统的祖先崇拜制度，而祖先崇拜反映的是古代中国社会结构中氏族拥有超乎寻常的力量，因此，与祖先崇拜相联系的首先是族权，其次才是王权。”[2]《汉书·李广苏建传》：“甘露三年，单于始入朝。上思股肱之美，乃图画其人于麒麟阁，法其形貌，署其官爵姓名。……皆有功德，知名当世，是以表而扬之，明著中兴辅佐，列于方叔、召虎、仲山甫焉。”《汉书·赵充国传》：“初，充国以功德与霍光等列，画未央宫。”《后汉书·阳球传》：“诏敕中尚方为鸿都文学乐松、江览等三十二人图像立赞，以劝学者。”皇家的这种像赞的艺术形式，直接催生了民间的像赞的流行。赵岐于建安六年卒，年九十余，在他生前自筑墓室中，《后汉书·赵岐传》：“图季札、子产、晏婴、叔向四像居宾位，又自画其像居主位，皆为赞颂。”山东武氏祠堂西壁第四幅，图中左侧刻有一个木像，丁兰跪于像前，其妻跪于

[1] [德]黑格尔著，王造时译：《历史哲学》，生活·读书·新知三联书店，1956年，第65页。
[2] 王伟：《夏商周的上帝神话与王朝变迁》，《天问》，丙戌卷，凤凰出版传媒集团，2006年，第483页。转引自[美]本杰明·史华兹著，程刚译：《古代中国的思想世界》，江苏人民出版社，2004年，第21页。

一边,榜题为“丁兰,二亲终殁,立木为父,邻人假物,报乃借与”。从这种民间形式,我们可以看出,木人或者图像都代表祖先,是祖先崇拜的体现。武氏墓室的入口处绘有少量图像,墓门的横梁上绘有鱼的图案,其阴宅及祭祀之意显而易见,也兼具祖先崇拜的意义。

鸟啄鱼在显示祖先崇拜的功能上,略逊于生殖崇拜,因为这个图像反映的是“天地之大德曰‘生’”的宏观意义。而重个体感知的后人,把生殖作为恋爱的副产品,养生是意外收获。这样一来,把主观享乐与庄严的人类生存隔离开来,成为个人情感与心灵体验的个人行为。这种观念的改变,直接导致了现代西方国家人口下降的严重后果。而中国的“鸟啄鱼”观念哺育下的人们,现在仍然沉醉于崇尚文王百子、多子多福、十子开石门等瑰丽的习俗。[1]

### (三)时空与宇宙模式功能

“对人来说,人活着是所有人的问题的出发点,生命总是表现为宇宙中的生命,具体说人是生存在此天地之间。因此,对天地的认识就是人类一个永恒的话题。人的生存受制于自然,白天黑夜在转换,一年四季的交替对人类来说都是至关重要的。日月星辰的变动,风雨雷电的变化,与人的生命息息相关。”[2]“鸟啄鱼”图像在生殖崇拜和祖先崇拜方面意义重大,同时,它也可以表达时间与方位的意义。我们可以想象,天地始开,浊而重者下沉为地,清而轻者上扬为天。水在地下(水就下,古人因看见泉水涌出于地下的直观感受,而创造了黄泉世界,泉水使然也),气(水汽)在空中,水、气异质同构。天上飞鸟,飞于空中;水中游鱼,游于水中,鱼鸟为具有共同特征的动物,是人类所不能及的。人在地上行走,想象如鸟飞天,如鱼游水,遨游于宇宙上下不可得,只能依靠孙悟空的筋斗云与避水诀来完成人类的幻想了。鸟与鱼是空

[1] 在安徽省固镇县任桥镇,有刘氏祖祠——九座林(坟)。传说刘氏弟兄九人,为了去开启一个只有十兄弟才可以开启的藏有宝藏的石门,认一个干兄弟,凑够了十兄弟。后来在搬运财物过程中,一个兄弟喊“干哥”暴露九兄弟的事实而众兄弟全部罹难。后九兄弟葬于此处,称九座林(坟)。此故事中,多子多福之意溢于言表。

[2] 朱存明:《汉画像的象征世界》,第95页。

间方位上的上与下(天上神仙与地下鬼魂世界的鸟与鱼也是上下分布的),大多数隔离式的汉画像“鸟啄鱼”图像都是如此布局的。这种空间方位的图示布局不言自明,但是徐州汉画像石艺术馆藏有一块汉画像石,鱼上鸟下。我们可以认为,这幅图中的鱼儿是天河中的鱼,当然在飞鸟之上,仍然表示方位的意义。[1]

鱼鸟的方位除却上下之外,还和四方有关。我国的“四象”图示很早就出现了,东方青龙、南方朱雀、西方白虎、北方玄武,这是一种定式。但在这之前,北方以鱼为代表,在陕北的汉画像墓门上,我们可以理解这种图示的确切意义。鱼与鸟是相对于北南而言的两种相对的方位,《庄子·逍遥游》:“北冥有鱼,其名为鲲。鲲之大,不知其几千里也。化而为鸟,其名为鹏。鹏之背,不知其几千里也。怒而飞,其翼若垂天之云。是鸟也,海运则将徙于南冥。南冥者,天池也。”这种由北向南的方位的变化与鱼鸟的形态变化相契合,明确地表达了北南方位与鱼鸟之间的关系。“鸟啄鱼”图像表现的方位是一个有机的整体,四方的交织可以组成“十”字或“亚”字等符号,以拱卫中央。这样五方才有落脚点,才有意义。我们的四方是以自己的立足点为依据来划分的,四方的划分是为了自己的中心位置的表达。这样一来,“鸟啄鱼”即南方的鸟与北方的鱼的沟通,才使五方的划分具有了现实的意义。

五方的来源我们可能不甚明了,但太阳会给我们以区分。早上,太阳从东方升起,晚上落到西方。这样一来,我们可以看出,四方是以太阳的升降为依据而生发出来的。日在东,影在西;日在南,影在北,夜晚是日在北方之地下(阴)。太阳被太阳鸟背着飞于空中,夜晚浴日以回。从扶桑到若木的行程由太阳鸟来完成,浴日以回,一个“浴”字,表现了鸟与鱼的功能的一致性;一个“回”字,表现阴阳之间的化生。《太玄经》:“日动而东,天动而西,天日错行,阴阳更巡,死生相摎,万物乃缠。”由此看来,鸟和鱼是把握时间的神圣精灵,“鸟啄鱼”图像是时间转换与空间转换的契合点,它们的工作交接是白天与黑夜主宰的轮值。“鸟啄鱼”图像把文明低下的人类投入了茫茫黑夜的心

[1] 汉画像中有《河伯出行图》,河伯所乘鱼车,就是在天上行走。

理恐惧或迎接明丽阳光的时间跨越之中，他们期待着光明和新生，同时也忍受着黑暗和死亡。汉学家克洛德·拉尔认为，阴阳的交互影响构成了一切有形存在物"春生、夏长、秋衰、冬亡"的直接原因。因此，时间概念和阴阳交替是浑然一体的。[1] 古代传说中有能把日头钉住的人，这个人可能就是汉画像中射鸟的人吧。他射中了鸟，使鱼鸟不能转化，钉住了太阳，就凝固了时间，人们就可以自由、悠然地做自己想做的事情了。

鸟啄鱼的时空转换的功能不止于此，它们还反映四季的轮回。我们知道，我国存有汉画像"鸟啄鱼"图像的区域的纬度，都是四季分明的温带气候。春种、夏长、秋收、冬藏，这一系列时序的变化，使人们仔细地研究了四时的太阳方位与四时植物荣枯和鸟兽行踪的关系。于是，四时又与四方相契合。东方为木为龙为春、南方为火为鸟为夏，西方为金为虎为秋，北方为水为玄武(原为鱼)为冬。春秋二季差别在古人看来不明显，是寒暑的过渡。在人类文明初期，人们苦于寒，也苦于暑，并且印象深刻，鸟啄鱼也刻在人们的心中，一寒一暑，万物复苏而老去者繁多。这种寒暑交接、时光易逝的感受，使人们把握了鱼鸟工作交接的年度变化和时序的增加，"鸟啄鱼"图像印证了一日的阴阳变化，也印证了一年的寒来暑往。季节的变化、年岁的更迭深深地印在生存寿命并不长久的祖先的脑子里。

"时间就是金钱，效率就是生命"，这是新的提法。我们从《易经·益卦》可知，时间是阴阳，时间是生命的本源，时间是变易活动的本身。人们对时间的一维性的感受根植于生命有机体向往生存、恐惧死亡的本能，时间与生命具有同等的价值。生命是美轮美奂的女神，她被时间的利剑一刀一刀地蚀刻、剖析，以致成为一幅皮囊，一个地下的孤魂。生命就是生死的更替与轮回，祖先的生养，复制了自己，他们会回到自己的一方处所，抑或转生、复生，抑或长生，这里面的细节的描摹在汉画像中展露无遗。"鸟啄鱼"这种生命的图示，就讲述了阴阳生死互化理念的转换。

---

[1] (法)路易·加迪等:《文化与时间》，郑乐平、胡建平译，浙江人民出版社，1998 年，第 38—39 页，转引自詹冬华《中国古代三种基本的观时方式——切入古代时间意识的一个维度》，《文史哲》2008 年第 1 期。

《文子·自然》:“往古来今谓之宙,四方上下谓之宇。”时空化育,相互交接,构成世间万物。对世界的探求与认识,是人们不懈的追求,其中也包含了他们的宇宙观。宇宙观主要讲述宇宙的起源与构造,宇宙从混沌到分化的过程,也是制度化的过程。列维-斯特劳斯对此有较为完整的陈述:“我们称作原始的那种思维,就是以这种对于秩序的要求为基础的,不过,这种对秩序的要求,也是一切思维活动的基础,因为正是通过一切思维活动所共同具有的那些性质,我们才能更容易地理解那类我们觉得十分奇怪的思维方式。”[1]

我国的创世神话以三国魏晋时期的盘古传说流传最广,它反映了中国古圣先贤的献身精神。但是,伏羲女娲的创世神话流传更早,它又用祖先生殖的模式,映衬了宇宙万物的生生不息。《楚帛书·甲篇》:“曰故大熊雹戏,出自□,尻于□□。厥□鱼鱼,□□□女,梦梦墨墨,亡章弼弼。□晦水□,风雨是于,乃取□□子之子,曰女□。是生子四,□是襄,天践是各,参化号逃。”前人对此做过宇宙观的考察,即伏羲女娲创造天地。[2] 伏羲娶妻,生了四个儿子,创成了天地。这符合“太极生阴阳,阴阳生四象,四象生八卦”的建构模式。“先秦两汉变化神话的‘生’与‘化’乃至于‘变’,都具有生命繁衍、生殖的意涵,是宇宙生殖繁衍的不同形式。”[3]而“女□”“生子四”,其生殖功能十分明显。而《山海经》中,女娲亦具有强大的生殖功能,除见于古籍的记载之外,在现今中国地方民间信仰传说中,仍可以看见作为生殖女神崇拜的信仰。[4] 在《易》中,“乾元”“坤元”;《淮南子》中的“二神”“二皇”作为天父地母的象征,是生殖创世的神话表达。“鸟啄鱼”的阴阳和合在汉代是天父地母的观念象征化、符号化的结果。由此可见,古人把始祖宇宙化,同时,也把宇宙人伦化、秩序化。

秩序化、人伦化的宇宙有了时间和空间,但是,宇宙又再次失衡。“四极

---

[1] [法]列维-斯特劳斯:《野性的思维》,李幼蒸译,联经出版事业公司,1989 年,第 14 页。

[2] 李学勤:《楚帛书中的古史与宇宙观》,《楚史论丛》,湖北人民出版社,1984 年,第 146 页。江昌林:《子弹库楚帛书“推步规天”与古代宇宙观》,《简帛研究》第三辑,广西教育出版社,1998 年,第 122—128 页。

[3] 高莉芬:《神圣的秩序》,《中国文哲研究集刊》2007 年第 3 期,第 14 页。

[4] 杨利慧:《女娲的神话与信仰》,中国社会科学出版社,1997 年,第 144—165 页。

废，九州裂”，天地倾侧毁坏。“炎帝乃命祝融，以四神降，奠三天，□思□（保），奠四极。曰非九天则大□，则毋敢蔑天灵。”帝俊生日月，日月正常运行，宇宙又恢复了秩序。神祇又是以生殖重新创生了世界，重新创生了宇宙。原初旧有宇宙的毁灭（死亡），而新的宇宙从毁灭中“重生”，在“破坏/创建”，“死亡/重生”的宇宙秩序形成与建立的过程中，生殖起了关键的作用。

在神话思维中，时间并非线性的流逝，而是可逆的循环。“中国人时间的可逆性，则多半是通过对历史上的黄金时代或古圣先贤及其嘉言懿行的思考而创立的。”[1]中国宇宙模式在“过去”与“现在”之间架起连接的桥梁，在“生”“死”与“重生”之间编织了不断的连续，“鸟啄鱼”的生生不息的意蕴深深地渗入到中国古代的宇宙模式当中。

### （四）生命意识——生生不息

“和宇宙虚廓合而为一的生生之气，正是中国画的对象”，“绘画是托不动的形象以显现那灵动而变化动（无所见）的心。绘画不是面对实景，画出一角的视野（目有所见，故所见有所不周），而是以一管之笔，拟太虚之体。那无穷的空间和充塞这空间的生命（道），是绘画的真正对象。”[2]汉画像“鸟啄鱼”图像，在汉代观念中，还表现出它的生生不息的生命意识的功能。

我们知道，气就上，水就下。鸟在天上飞，鱼在水中游，是自然的状态，也是事物的公理。汉代人认为，鸟为阳性，鱼为阴性。在“鸟啄鱼”图像中，鸟在上，如空中之日；鱼在下，如水中之地。“鸟啄鱼”图像就成了阴阳和合生人的汉代宇宙模式，这种“道”，是汉画像所反映的真正对象。鸟为阳，为天；鱼为阴，为地。鸟啄鱼，即阴阳和合而生人。“天地合气，人偶自生。”[3]这种说法在《太平经》中也有相关的描述：“宇宙由元气组成：元气包含三种基本气：

---

［1］［德］恩斯特·卡西尔：《语言与神话》，于晓等译，桂冠图书公司，1990年，第41页。

［2］宗白华：《中西画法所表现的空间意识》，《宗白华全集》第二集，安徽教育出版社，1994年，转引自林木《中国传统中的“常”、“变”、“经”、“权”——中国绘画传统的体系性研究》，《民族美术传统的当下意义——中国美术成都论坛文集》，四川美术出版社，2007年，第133页。

［3］刘盼遂：《论衡集解》，古籍出版社，1957年，第68页。

太阳、太阴与中和。太阳产生地，而太阴、太阳相结合的中和则产生人。”因而，人得到生命是阴阳之气混合的结果。从这个意义上说，汉画像“鸟啄鱼”图像是阴阳交合的形式，是天地交合大德生人的壮举，同时也是汉代宇宙的模式。人，是立于天地之间的天、地、人三才之一，人的地位是不容置疑的。人生于天地，死也归于天地，“人未生，在元气之中，既死，复归元气。元气荒忽，人气在其中”[1]。司马迁对于神形、死生也有自己独到的认识：“凡人所生者神也，所托者形也。神大用则竭，形大劳则敝，形神离则死。死者不可复生，离者不可复反，故圣人重之。由是观之，神者生之本也，形者生之具也。”人死之后，魂归天，魄归地，正像《礼记·郊特牲》记载：“魂气归于天，形魄归于地，故祭求诸阴阳之义也。”人的死亡就是魂魄的消散，主要是魄被夺走，《春秋三传·宣公十五年》：“不及十年，原叔必有大咎，天夺之魄矣。”这样一来，招魂也变得意义重大起来。魂游于天，倦乃知返。如果魂游归来，则复归于魄中就会真魂入窍，起死复生了。“鸟啄鱼”图像在江苏徐州白集汉墓中，位于墓葬后室的主要位置上，在铺首衔环的下面的宁静空间。“鸟啄鱼”所表达的意义应该是阴阳交合，即魂魄交接，更新生命。他们所向往的既是魂魄交合的祖先的复生，又是阴阳交合的子孙的新生。这两个环节的相互叠加，构成了“鸟啄鱼”生殖崇拜与祖先崇拜的深刻内涵。这种文化象征意义完全建立在“鸟啄鱼”阴阳和合的基础之上。

汉代人对待“生”也是非常理性的。汉代人所崇尚的“生”的观念，甚至被提高到与“道”的本身等量齐观的地步。他们讲道：“生，道之别体也。”[2]“生”还表达生生不息的观念，“道乃主生，道绝，万物不生；万物不生，则无世类，无可相传；万物不相生相传则败矣”[3]。同样的观念在《老子想尔注》中也可以看到，例如它在一处讲：“道重继祠，种类不绝。”《太平经》在谈论弃女婴时讲道：“男者乃承天统，女者承地统；今乃断绝地统，令使不得复相传生，其后多出绝灭无后世，其罪何重也！此皆当相生传类，今乃绝地统，灭人类，

[1] 刘盼遂：《论衡集解》，第416页。
[2] 饶宗颐：《老子想尔注校证》，上海古籍出版社，1991年，第62页。
[3] 王明：《太平经合校》，中华书局，1960年，第701页。

故天久久绝其世类也。”[1]从这些我们可以知道汉代人对生的渴求,就会理解“鸟啄鱼”图像阴阳交合化生万物的功能了。

“生”有新生之意,同时也有长生之意。《左传·昭公二十年》中的一段话表达了齐景公的愿望:“古而无死,其乐若何!”《庄子》:“藐姑射之山,有神人居焉,肌肤若冰雪,绰约若处子。不食五谷,吸风饮露,乘云气,御飞龙,而游乎四海之外。”长寿与升仙经过秦始皇与汉武帝的演练,使人们认识到升仙的无望。王充说:“世无得道之效,而有有寿之人。世见长寿之人,学道为仙,逾百不死,共谓之仙矣。”王充反对升仙,但他自己也“年渐七十,志力衰耗,乃造《养性书》十六篇,裁节嗜欲,颐神自守”。尽管如此,他们也清楚地认识到“河清不可俟,人命不可延”,“人生非金石,岂能长寿考!”“飘风不终朝,骤雨不终日,孰为此者? 天地。天地尚不能久,而况于人乎?”由此人们面死而生,“服食求神仙,多为药所误;不如饮美酒,被服纨与素。”曹丕对人生意义的理解则更加明澈:“寿命非松乔,谁能得神仙;遨游快心意,保己终百年。”老子还从发展的角度对生死的转化做了描述,“人之生也柔弱,其死也坚强”。使得生命的萌生、发展、壮大、死亡的过程,正如阴阳的变换。《太平经》也有更加理性的记录:“凡人有三寿……上寿一百二十,中寿八十,下寿六十。”这种理性的记录,在《论衡》与《太平经》中都有记录。由此可见,这种观念已深入普通民众中间了。

人们能够了解自己的生死过程,也能冷静地对待生死,直面死亡的人们能够对自己的坟墓加以修建,并且很多是在年轻的时候就开始修筑,他们的心态是怎样的呢? 我们通过汉墓中鸟啄鱼的图像的解读,就能很好地了解汉代人的生命观,理解他们的生命意识的真谛。

从“鸟啄鱼”所表达的意义应该是阴阳交合,即魂魄交接、更新生命的意义的角度来看,人是“天地合其德”的产物。张岱年在《文化与哲学》一书中说:“中国哲学中天人合一观点有复杂的含义,主要包括两层意义,第一层意义是,人是天地生成的,人的生活服从于自然界的普遍规律。第二层意义是,

---

[1] 王明:《太平经合校》,中华书局,1960年,第36页。

自然界的普遍规律和人类道德的最高原则一而二，二而一的。”由此可以看出，人的死亡也是由天地变化引起的，人“与天地合其德，与日月合其明，与四时合其序，与鬼神合其吉凶”[1]。天地的四时变化与人的生老病死相对应，《论语·颜渊》：“死生有命，富贵在天。”《论语·子罕》：“天之将丧斯文也，后死者不得与于斯文也；天之未丧斯文也，匡人其如予何？”董仲舒认为，“天地人，万物之本也；天生之，地养之，人成之，天生之以孝悌，地养之以衣食，人成之以礼乐，三者相为手足，合以成体，不可一无也”。[2] 人与天地四时相关联，“天将阴雨，人之病故为之先动，是阴阳相应而起也。……病者至夜而疾益甚”。[3] 这样，董仲舒把人的死亡问题也与天地变化结合起来。接着，朱熹得出，“人死虽终归于散，然亦未便散尽，故祭祀有感格之理”。[4] 即人死了，气未散尽，子孙可以通过祭祀感通先祖之气。列维·布留尔指出，世界上各民族以这样或那样的方式进行祭祀，生者的最高任务之一，就是在父母死后，给他们供奉食物与其他生活用品，以便死者在新的国度生活下去。祭祀在祠堂中进行，除了斋戒和献祭的功能之外，祠堂也和庙宇一样，是祖先之灵的所在之地。“古礼庙祭，今俗墓祀”，“鬼神所在，祭祀之处”。[5] 从中国的习俗中，可以看到生命的统一性和互渗性的信念。

“鸟啄鱼”画像是表示“生”的意义，它被广泛地刻画在墓室中，表达了族类繁衍超越了死亡。“虽我之死，有子存焉。子又生孙，孙又生子，子又有子，子又有孙，子子孙孙，无穷匮也。”在天地家国这一系统中，个人是家族生命链条上的一环，他是生身父母的直接结果，又是本族祖先的间接结果。“个体的人有生有死，但族类却生生不息，只要个体为族类生养了新的生命，在族类绵延的接班中便会超越死亡，获得不朽的价值和意义。”[6]“不孝有三，无后为大。”中国人对幸福有一个重要的观念——多子多福。“只要生养了大量的子

[1] 傅以渐、曹本荣：《易经通注·乾文言》卷一，中华书局，1985 年，第 6—7 页。
[2] （清）苏舆撰，钟哲点校：《春秋繁露义证·立元神》，中华书局，1992 年，第 168 页。
[3] （清）苏舆撰，钟哲点校：《春秋繁露义证·同类相助》，第 359—360 页。
[4] 黎靖德编，王星贤点校：《朱子语类》卷三，中华书局，1999 年，第 36 页。
[5] 杨宝忠：《论衡校笺·四讳篇》，河北教育出版社，1999 年，第 740 页。
[6] 靳凤林：《窥视生死线——中国死亡文化研究》，中央民族大学出版社，1999 年，第 35 页。

孙，自己的基因、血液在大地上四处流淌，那就心满意足，死而无憾。反之，如果个体未能为扩张族类的生命之流贡献应有的力量，那么个体的存在便毫无意义，虽生犹死。”[1]在这种思想的影响下，人们为了家族的存续，为了生儿育女，他们想尽办法，愿意为娶妻、生子，付出任何代价。中国的养儿防老的观念较深，但是，中国的父母对子女的养老要求不是多么强烈，他们要的是传宗接代，光耀门楣，供奉香火。这样一来，他们的生命在族类群体的传播中，得到绵延、扩展，这是最开心的事，也是中国人生命的最高意义。他们就是鸟啄鱼中的基础的一个环节，鸟啄鱼也就保证了人们生命的绵延——生生不息，这是中国文化几千年没有中断的一个主要原因。

个体为了族类的繁衍，奉献了自己的力量，那么，部族对个体也有一定的保护。“同氏族人必须相互援助、保护，特别是在受到外族的伤害的时候，要帮助复仇。个人依靠氏族来保护自己的安全，而且也做到了这一点。凡伤害个人的，便是伤害了整个氏族。”[2]子女对父母的回报，就是赡养父母，繁衍子孙，追求功名。汉代以“孝”治天下，“孝”即“顺”，就是儒家的人伦秩序——三纲五常。子女对父母的“孝”，除了生养，还有死祭。他们认为，人死之后，并非化为乌有，只是魂魄分离而已，神鬼仍然是有生命的，是肉体生命的延续，也一样需要衣食住行，后世子孙就是物质的提供者。“以为酒食，以享以祀。”[3]“玄酒在室，醴盏在户，粢醍在堂，澄酒在下；陈其牺牲，备其鼎俎；列其琴瑟，管磬钟鼓，修其祝嘏，以降上神。与其先祖，以正君臣，以笃父子，以睦兄弟，以齐上下，夫妇有所，是谓承天之祜。”[4]有时，政治或观念意义也是相当重要的，高祖五年，刘邦下诏说：“故粤王亡诸世奉粤祀，秦侵夺其地，使其社稷不得血食。”“不得血食”意味着亡国丧家或者绝嗣，在古代人的观念中，无论对于生者还是死者，都是最大的不幸。正如挖坟掘墓的行为和断子绝孙的咒骂，在中国都是让人最不能容忍的。在宗祠祭祀时，同宗同族的人，

[1] 靳凤林：《窥视生死线——中国死亡文化研究》，第 36 页。
[2] 《马克思恩格斯选集》第四卷，人民出版社，1972 年，第 83 页。
[3] （清）阮元校刻：《十三经注疏》，第 467 页。
[4] （清）阮元校刻：《十三经注疏》，第 1416 页。

在这个庄严的时刻，面对着共同的祖先，他们与死者生者的灵魂交流着，他们会感到他们血管里奔流的热血是同样火热，他们的血缘是那样地亲近。他们共同为祖先供奉着酒食，感叹着人丁的兴旺，暗自充满对祖先的崇敬，也暗自以祖先为榜样，祈盼着自己家庭人丁的兴旺。“鸟啄鱼”的生生不息的家族传承、丰稔富贵的象征、年年有余的美好祝愿，使得人们祭祀时用鱼，并且用“鸟啄鱼”的形式来获得这些福贵的意象。

大“孝”即是“显亲”。《史记・太史公自序》“孝始于事亲，中于事君，终于立身。扬名于后世，以显父母，此孝之大者”。还有“杀身成仁，舍生取义”，“宁为玉碎，不为瓦全”。这些生命观念，都为显亲扬名而做，同时反映了他们道德操行的高尚，也反映了中国“诗书传家”的优良传统。

汉画像“鸟啄鱼”图像还表现了死亡主题的狂欢。庄子面对死亡“鼓盆而歌”；妻子死，庄子面对尸体，击盆唱歌。孔子表述得非常准确（庄子借孔子之口）：“彼以生为附赘县疣，以死为决疣溃廱，夫若然者，又恶知死生先后之所在！假于异物，托于同体，忘其肝胆，遗其耳目；反覆终始，不知端倪；芒然彷徨乎尘垢之外，逍遥乎无为之业。彼又恶能愦愦然为世俗之礼，以观众人之耳目哉！”[1]在对历史的时间、空间与世事的兴衰中，体验死亡的严峻冷酷，这是宇宙与自然的法则。“庄子站在人与天、自然与社会的高度，面对茫茫宇宙和悠悠历史，凝思宇宙中生与死的律动和历史中新与旧的更替，孜孜不倦地去体验死亡的底蕴，直面而不回避与死亡相联的苦闷、磨难，并执着地探求死亡在人生中的地位和价值，坚韧地追求存在于死亡背后的出路和希望。正是这种对死亡的高度关注，这种人在宇宙天道面前的沉思、醒悟，使老庄对于死亡的思考显示出了审美观照与哲理思辨融为一体的特征，在深度和力度上都胜过了同时代与之争鸣的其他学派，由此不但获得了时代的具体性，而且也获得了超越时代的永恒性。”[2]我们从人生的结局——死亡来反观人生，来找寻生存的希望与出路。我们把对死亡的担忧，升华为生命力的表现，把

---

[1] 陈鼓应：《庄子今注全译・大宗师》，217—218 页。
[2] 靳凤林：《窥视生死线——中国死亡文化研究》，第 63 页。

死亡的空洞结局，添加成子子孙孙的生生不息，这样，“面死而生”就有了依托，个体生命也就纳入了族类的序列，彰显了汉画像“鸟啄鱼”图像的鲜明内涵与功能。

## 四、结语

汉画像“鸟啄鱼”图像起源较早，是人类认识自然的结果。它们结合鸟鱼的活动空间，蕴含了天空与水体的不同组成。鱼鸟的互化，也结合了水与汽的转化，云与水的互生。鱼鸟的图腾显示了人类飞天涉水的希冀，氏族的融合是族外婚制的要求，使得鱼鸟的生殖意义得以彰显。鱼鸟为祭祀的祭品，也是阴阳的代表，它们能代表生殖的意义，也能代表生殖的主体——祖先。这种祭祀已然包含了祖先崇拜的信仰。祖先可以是伏羲女娲似的祖先神祇，也可以是“鸟啄鱼”的符号。这种符号承载的意义显然不只是某一种，而具有另外的功能内涵。

汉画像“鸟啄鱼”图像的阴阳图式，也与太阳鸟的运行方式相契合，推演出“鸟啄鱼”图像与昼夜、四时、五方的关联。这种时间与空间的契合，本身就是宇宙的模式。在墓室虚拟的宇宙空间中，又用“鸟啄鱼”图像产生小的宇宙空间，其本质的特征，就是阴阳合和，阴阳化生，即生生不息。人类个体的生命是有限的，而家族的绵延是永恒的；人们对生命的认识是理性的，而对生活却是满腹深情的。这种情感是面死而生的大度，更是对祖辈薪火传承的执着。个人的生命是有限的，人类的历史是无限的；人类的历史是有限的，时间的历史是无限的。这有限与无限的平衡，就是“鸟啄鱼”图像的内涵与功能——阴阳和合、化生万物、生生不息。

## 第六章
# 汉代艺术中的“天马”形象

陈 迪

在中国古代社会中，马作为六畜之首，既有温良可驯的秉性，又有能征善战的特点，自从被人类豢养以来，就在人类的文明中扮演着不可或缺的角色。马的自然属性与人类生活密切相关，在长期的社会发展进程中，马不可避免地进入了文化领域，并被赋予了神秘的色彩和民族文化特征，在艺术表现上也逐渐形成了特定的文化符号。

在图腾崇拜的时代，上古游牧民族将马视为至高无上的保护神，这古老的构想经过后人不断地丰富和变化，马最终被描绘成具有超自然力量的神马。到西汉时张骞出使西域，在大宛国发现了汗血宝马，并认为它是当时世界上最好的马。当汉武帝得知此事后，立刻意识到此良马的战略意义，便下令引进汗血宝马。后历经两次战争，耗时四年，终于得到良马，汉武帝在得马之际即命名汗血宝马为“天马”，更挥毫写下流传千古的《天马歌》。为西域来的良马冠以“天”的含义，使得汗血宝马被赋予了神性和威力，这实际是上古崇马的思想在汉代人心目中的印证。所以，天马在汉代人心中的位置是至高无上的，由此“天马”在汉代盛行，并在艺术表现领域得到了广泛体现。

本文以汉代艺术中的天马形象为研究对象，如画像石、画像砖、青铜器、玉雕、漆器等，在这些艺术式样中出现的天马形象形成了独特的艺术风格，在今天看来仍具有极强的艺术表现力。它体现了汉代人的审美情趣、文化精神、美学品格、审美活动的特点以及观照世界的方式。

# 一、汉代崇马的历史渊源

## （一）图腾与神话传说

马克思在《摩尔根〈古代社会〉一书摘要》中提到："原始人认为自己的氏族都源于某一种动物、植物或自然物并以之为图腾，图腾是神化了的祖先，是民族的保护者。……在民族的生活、服饰和艺术形式中，都留下许多图腾的痕迹。"[1]从本土到国外，对祖先神祇崇拜的实质探讨中，图腾"成了一种不可侵犯的具有维系部落成员的魔力了。因而原始人对于其图腾标志的重视，或者比今日资本主义国家的资产阶级对其国旗的重视，还要实际"[2]。通过对古代社会的大量研究，表明图腾崇拜是原始人普遍存在的一个阶段。尤其在科学知识匮乏的原始社会，先民们对许多自然现象的变化迷惑不解，自然力的强大与人类自身力量的弱小形成了强烈反差，对于他们来说，图腾正是人们所向往的具有超自然力量的载体，是可以战胜强大自然的幻化。尽管事实上图腾的神性是人类本身所赋予的，但人们依赖于这种神性，在对它膜拜的过程中求得心理上、精神上的力量。因此，先民各氏族都有自己的图腾标志。

中华民族在最初的新石器时代产生了原始农业和畜牧业，原始人在长期的狩猎过程中经过不断的实践和观察，逐渐熟悉并掌握了野马的生长和活动规律。大约从距今一万年前开始，原始人逐渐地把野马驯养成为家畜，从此马成为人类直接使用的工具。一些氏族便把马视为自己的祖先、氏族的保护神，马成了人们企慕、虔诚崇拜的生灵，于是出现了马的图腾崇拜。原始马岩

[1] [德]马克思：《摩尔根〈古代社会〉一书摘要》，中国科学院历史研究所译，人民出版社，1965年，第134—135页。

[2] 吕振羽：《史前期中国社会研究》，生活·读书·新知三联书店，1961年，第73页。

画(图 6-1)是远古时期马在人类生活中所留下的生活印记,有着极为丰富的内涵,有些岩画也证明了马图腾氏族或部落曾在这些地区生活过。“岩刻和岩画能够当作图画语言——文字使用,它的用途是记载和传递信息,如记载狩猎和战争等情况。”[1]图 6-2 就是一幅内蒙古乌兰察布地区的车马图岩画,这也充分说明了马在很早的时候就已经成为人类的伙伴。人类从认识马、食用马到驯服马、利用马,并在马身上寄托了一定的精神信仰。据历史学家考证,我国远古北方游牧民族中的东胡系民族,其各氏族祖先的图腾都为马或同马有关,如拓跋鲜卑、慕容鲜卑、乞伏鲜卑的祖先都以马为图腾。《楚辞·招魂》所载“晋制犀比,费白日些”,说明春秋时期在东胡、山戎同一联盟内,所有成员都使用犀比式带钩。犀比带钩多以马、鹿图腾为装饰。在辽宁省西丰县西岔沟出土的兽噬马铜牌(图 6-3),就是西汉时期匈奴民族使用的器物,现藏于辽宁省博物馆。图案为一匹马低首噬兽,而野兽也在奋力猛噬马的腿部,刻画生动逼真。这些铜牌和带钩中大量的马形象,正说明了草原游牧民族以马为信仰的图腾崇拜,马的形象已经在少数民族的日常生活中扮演了重要角色。“在我国西北、西南方,如四川省珙县洛表公社悬棺葬区所发现的石刻岩画内容计 19 处,其中有 14 处都有神物马的符号,均为马图腾

图6-1　马　内蒙古乌兰察布出土

图6-2　车马　内蒙古乌兰察布出土

[1] 张荣生:《非洲岩石艺术》,上海人民美术出版社,1982 年,第 59 页。

氏族及部落在这些地区的遗迹。”[1]一些氏族或部落甚至要定期举行隆重的马图腾祭祀仪式，每当战斗或狩猎之前，他们往往把自己化装成马的模样，表演马图腾歌舞，主要是模仿和再现马的种种动作和神态，并希望和祈求自己能像骏马那样矫健、剽悍、腾步如飞。

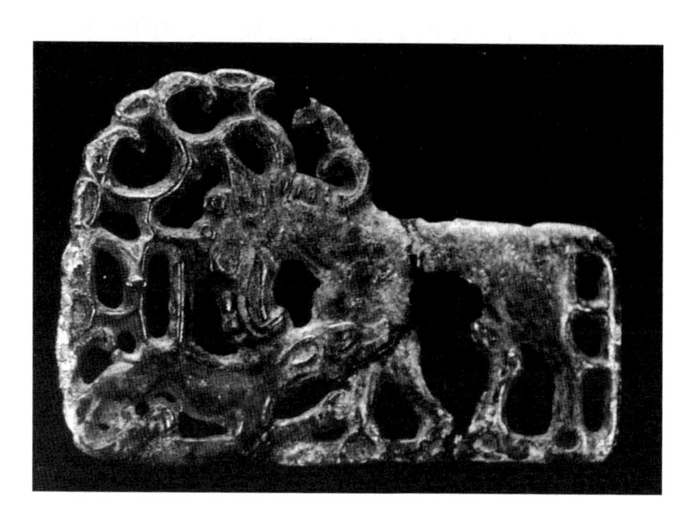

图6-3 兽噬马铜牌 辽宁省西丰县西岔沟出土

“原始人看见自然界的种种现象，如日月之运行，风霜雨雪之有时而降，以及动物之生死等等，都觉得很诧异。世界从哪里来的？万物从哪里来的？……这些问题，都是原始人最惊异而切求解答的。自然有科学家来回答这些问题，但是原始人没有科学，却只能创造出一个故事来解释宇宙间的神秘和万物的历史。”[2]马自身的自然属性，如飞奔的速度、矫健的身躯、持久的耐力，使得祖先们认为马不仅具有人的灵性，而且还具有超自然的神性，它们能上天入地，未卜先知，神秘莫测，善于变幻等。那些以马作为其氏族图腾的祖先便由此创作出了诸多关于马的神话故事和传说。我国西南地区自古以来盛产良马，品种繁多，例如滇池一带盛传“池中有神马，或交焉，即生骏

[1] 李盛铨：《〈山海经〉所见图腾及其与匈奴先族的关系》，载四川省民族研究所、四川省民族研究学会《民族论丛》第一辑，1981年。

[2] 茅盾：《神话研究》，百花文艺出版社，1981年，第5页。

驹,俗称之曰‘滇池驹’,日行五百里”。[1] 除了口头神话传说以外,在我国古代典籍中,也有许多关于马具有神秘力量的文字记载。如《山海经》中有很多与马相关的神话。“在山经中,《北山经》最多,共11则;其次是《西山经》,计6则。这两处共17则,几乎占《山海经》同类神话的三分之二。”[2]其中《山海经·海外北经》有记载:“北海内有兽,其状如马,名曰驹狳。”“有素兽焉,状如马,名曰蛩蛩。”这些“状如马”的野兽实际上是没有经过先民驯化的马,指当时草原上还很活跃的野马。那时野马生存的自然环境中没有人的社会因素,保留了马的原始野性,因而先民将其视为兽,并将其划入野兽一类。野马因少见而显神秘,神奇的说法也便产生。《山海经·北山经》有能飞之马:“马成之山,其上多文石,其阴多金玉。有兽焉,其状如白犬而黑头,见人则飞,其名曰天马,其鸣自訆。”叶舒宪认为“此处的‘天马’很可能就是古游牧民族犬戎‘天马’神话中的天马”。[3] 在《山海经·海内北经》中有关于犬戎的记载:“犬封国曰犬戎国,状如犬,有一女子方跪进杯食。有文马,缟身朱鬣,目若黄金,名曰吉量,乘之寿千岁。”晋郭璞注曰:“量一作良。”无独有偶的是,《山海经·海外西经》载:“奇肱之国在其北。其人一臂三目,有阴有阳,乘文马。有鸟焉,两头,赤黄色,在其旁。”地域不同却都出现了“文马”,晋郭璞注:“文马即吉良也。”“从语言上看,‘吉量’就是藏缅语‘马’的译音。”[4]谁若有幸乘上这种称作吉良的马便可活千岁。由此看来,乘天马获长生不老的思想并非空穴来风,它早已在先民的思想中隐隐闪现,一直延续到汉代。笔者认为犬戎的文马很可能就是汉代天马的原型。此处的“天马”“吉良”与西汉初出土的帛画非衣中描绘的两个兽面人身的坐骑极为相似,白色的身体,红色的鬃毛,眼睛像黄金一样,游走在天界间,凡人乘上这种马可以长寿千岁。

从图腾崇拜到口头神话,再到文献记载,马的形象早已深入到社会的各

---

[1] (晋)常璩:《华阳国志》,汪启明、赵静译注,四川大学出版社,2007年,第178页。
[2] 李炳海:《原始野性的展示、弱化和重现——先秦文学马意象的演变》,载《社会科学战线》2005年第6期。
[3] 叶舒宪、萧兵、[韩]郑在书:《山海经的文化寻踪》,湖北人民出版社,2004年,第2031页。
[4] 黄树先:《汉藏语论集》,华中科技大学出版社,2007年,第177页。

个领域，此种情形当是和马天生的优良品性密切相关的，人们对之美化加工，使马这一形象逐渐深入人心，为民所用了。

### （二）夏商周时期祀马之风

早在夏朝，人们对马就已不再是单纯的崇拜、敬畏。马开始进入人们的日常生活，成为人们陆地上的交通工具，古文献中就有把马与车并列记述的印记。夏朝中原地区的华夏民族以马为家庭“六畜”之一，并对马的饲养有一系列经营和管理措施。夏代时中原地区以农业为主，饲养和使用马的数量还不多，但自夏代以后，我国大漠南北先后有猃狁、鬼方、荤粥、戎、狄等游牧民族和部落出现大量饲养马和使用马的现象。这些游牧民族或部落与华夏民族在政治、经济及文化上都有着密切联系，它们经常把自己的良马作为贡品献给夏王朝，或者用良马以及其他牲畜去换取华夏民族的粮食和其他农副产品。产品交换逐渐成为各族之间经常性的活动，极大促进了马文化在中华各民族之间的相互交流、融合和发展。随着马对于人类社会影响的不断加深，人们在生活中深化了对马的功能性认识，增进了对马的情感，向着对马的神化意识与现实价值相结合的趋向发展。

在漫长的历史进程中，随着游牧民族与中原民族的交往越来越频繁密切，马的神化意识渐渐渗入中原地区，并植根于民族农耕意识之中，植根于中原帝王的文化之中。先民对祭祀活动十分重视，夏启时代就已用原始《九歌》进行郊祀。殷商时期，殷人“率民以事神，先鬼而后礼”。整个部族都匍匐在鬼神脚下，对上帝、祖先、日月星辰、山川百物等莫不祭拜，表现出淫祀的特点。至周代，祭祀之风大盛，但以祭拜祖先为主。这与当时的环境有关，周初，武王伐纣成功，经过武王、周公、成王的治理，国家呈现一片祥和景象，使国人对祖先更加虔诚祭祀。另外周初时，周公制礼作乐以礼治国，虽然不否认鬼神的存在，但却“敬鬼神而远之”[1]。由于马在人们的社会生活中发挥

[1]《四书集注·论语》。

着重要作用，现实的需要使周代人对马极为爱护，不准任意杀害，所以周人很少用马祭祀。《周礼》言及古代祭祀用“太牢”（牛羊猪）、“少牢”（羊猪），并没有提到用马来祭祀。这说明周人一般不用马为祭牲。周人不仅很少用马作为祭牲，而且还出现祭祀马祖的现象。这种对马神的祭祀在《周礼·春官·甸祝》记载为：“禂牲禂马。”《说文》曰：“祷牲马祭也。”郑玄注引杜子云：“禂，祷也。为马祷无疾。为田祷多获禽牲。”《诗经·小雅·吉日》云：“吉日维戊，既伯既祷。”《毛传》又进一步注为：“伯，马祖也。”这些记载翔实反映了周人祭祀马神的历史，祭礼是向马祖“伯证”祈求祷告，希望马祖保佑祈祷者的马无病无疾，无灾无难，体肥矫健。由此看来，马祖“伯证”很可能是周人祭马仪式中的马神。关于周朝马神的祭祀时间史书有详细的记载，《周礼·夏官·校人》：“春祭马祖，执驹；夏祭先牧，颁马攻特；秋祭马社，臧仆；冬祭马步，献马，讲驭夫。”四季祭马的礼制足以说明马在周代社会中的重要性及周人对马的崇拜。

虽然在周代很少用马作为祭品，但并非从不用马。周天子五年一巡狩，“人之情，食欲有刍豢，衣欲有文绣，行欲有舆马”。[1]“凡将事于四海山川，则饰黄驹；凡国之使者，共其币马；凡军事，物马而颁之。”[2]人们用马殉葬，用马祭祀山川神灵，不仅如此，在古代农耕意识中，马逐渐从一般的佐神之物变为具有神的地位，具有测试帝王天子德政的价值。所以便产生帝王“德至山陵，则泽出神马”[3]的观念，有“伏羲氏有天下，龙马负图出于河”[4]的记载，这对汉代崇尚天马产生了重要影响。“祭牲用马在春秋时的宋人都还有此遗习，《左氏》襄九年《传》：‘春，宋灾……祝宗用马于四墉，祀盘庚于西门之外。’”[5]《战国策·魏策一》记：“合从者，一天下，约为兄弟，刑白马以盟于洹水之上，以相坚也。”这是国家、民族间有重大盟誓祭告上天时用白马。由此可以看出，在周代，凡用马作为祭牲者，非为主司马之神，则必为方帝、水

[1]《荀子·荣辱》。
[2]《周礼·夏官·校人》。
[3][日]安居香山、中村璋八辑：《纬书集成》，河北人民出版社，1994年，第976页。
[4][日]安居香山、中村璋八辑：《纬书集成》，第399页。
[5]《左传·襄公九年》。

神、天神，必为重大事件。人们已经将马的力量与形象神化，它的功能逐步由生活转向宗教，这自然会产生各种各样的马神崇拜，并由此出现拜马神的活动。此时先民对马的崇拜已不再是单纯地对马自然力量的仰慕与渴求，而渗入了人为与社会的因素，由最初的原始崇拜转变为具有社会性、功利性的祭拜。在《中国通史》中范文澜说道："对民有益的人和物，才能被尊敬为神，神一定是聪敏、正直、不害民的。"[1]人们认为马是神圣、聪明的动物，具有神性，更为重要的是它对民有益。因此周人用马祭祀，甚至马也成为周人的祭祀对象，他们认为只有先祭马祖方能用马，以祈祷出行车马的顺利。"《小雅·吉日》在歌咏田猎之时，涉及对马祖的祭祀。而《鲁颂·駉》则是专祭马祖的乐歌。"[2]东汉郑玄注："马祖，天驷（房星）也。"《孝经说》曰："房为龙马。"《国语·周语下》："昔武王伐殷，岁在鹑火，月在天驷。"韦昭注："天驷，房星也。"用来比喻神马。丰富的文献记载，都不约而同地说明一个问题，就是马与天上的星宿有着直接联系，笔者认为本文论述的汉代天马艺术形象即来源于这种崇拜和传说。

在中国古代社会，人们编造了各种马的神话，如编造马与华夏之祖的神话、马与人类婚姻的神话、马寿限无比的神话，如此等等，都反映了中国古代先民们对马的崇敬之情。当人们认识马，并将它引入社会生活以后，古代社会的人们对于马就不仅仅停留在自然意识范畴上，而是深入到人们的社会意识范畴，深入到社会的文化范畴，成为精神的载体，具有更为深厚的人文意义。

### （三）秦汉时期崇马风尚

春秋时期建国于周王京畿的秦国继承了周人崇马的传统。《史记·秦本纪》记载，非子居于丘，因善于养马而美名远扬，于是周孝王把秦地（今甘肃张家川东）赐给非子，作为附庸。从此以后，秦地大力发展骑兵和马驾战的车

[1] 范文澜：《中国通史》，人民出版社，1994年，第150页。
[2] 许志刚：《诗经论略》，辽宁大学出版社，2000年，第229页。

兵，军队战斗力日益强大，到公元前221年，秦始皇一统中原，建立了我国历史上第一个中央集权制的封建王朝。秦朝中央政府极其重视发展马，马在秦朝历史上占有突出地位，并沿袭了周人祭祀马神的礼制。秦昭王时期的云梦秦简《日书》中《马篇》记载秦人祭祀马神为："禖，祝曰：'先牧日丙，马禖合神。东乡、南乡各一马……以为马禖。'"[1]《说文》曰："禖，祭也。从示，某声。祈子之祭也。"禖，是古人求子所祭的神，在秦代禖则成为能够赐予人们耳聪目明、足行千里的马神。

汉承秦制，出于当时社会政治、军事的需要，崇马之风愈加盛行。汉武帝时期，为了实现征服四夷统一天下的政治目的，用于远征作战的良马便成为必不可少的工具，马也就自然而然地成为保家卫国的重要组成部分。尤其在西汉初期征服北方匈奴游牧部落的长期争战中，优良的战马是决定战争胜利的一个重要因素。到了西汉中期以后，随着经济的繁荣，汉朝政府专门设立了马政，饲养了几十万匹优良的马匹。除此之外，良种马匹成为体现各级官僚等级身份和礼仪的标志，马逐渐演化为体现封建尊卑秩序的标志，所以就有了"夫行天莫如龙，行地莫如马，马者甲兵之本，国大之用，安宁则以别尊卑之序，有变则以济远近之难"[2]的记载。可见在汉代，马不仅被看作是国防力量的根本，局势动荡之时用之济远救近，还用来维护封建社会的秩序，作为尊卑之序的统治工具和标志。汉代对马的观念产生的一个重要变化，就是将马与车马分离开来，这一变化源于对先秦"千里马"认识的延续。在西汉初年这一特定的历史时期，黄老思想契合了西汉政府集团"休养生息"这一首要的政治目的，成为西汉皇权的统治思想。然而，当"休养生息"恢复社会经济的政治目的逐步达到时，一种新的融合了阴阳家、法家、黄老而建立的思想体系开始占统治地位，这就是董仲舒提出的"天人感应"说。当有"天子发书，《易》云：'神马当从西北来。'"[3]时，"唯天子受命于天，天下受命于天子"[4]的

[1] 李琳：《从青海出土木龙马看汉代马神崇拜》，《文博》1991年第1期。
[2] 《后汉书・马援列传》。
[3] 《史记・大宛列传》。
[4] 《春秋繁露・顺命》。

思想使张骞通西域成为必然。笔者认为汉武帝令张骞通西域，有政治上的目的，有经济上的需求，有军事上的需要，但这都不排除他对神秘的西域有着强烈的探索欲望。

张骞出使西域后，得知大宛国有一种非同寻常的马。《汉书音义》记载："大宛国有高山，其上有马，不可得，因取五色母马置其下，与交，生驹汗血，因号曰天马子。"我们去掉其中的神话色彩，便可明白，所谓"天马子"，实际上是一种经过杂交而产生的良种马，具有比其父本和母本更加强健的体魄，"天马"是人们对它的爱称。大宛马究竟有何与众不同之处？这种良马高大、威猛，除了体型上的显著优点，还有一个原因："大宛旧有天马种，踏石汗血。汗从前肩髆出，如血，号一日千里。"[1]大宛马在奔跑后，流出汗色如血，可见"天马"不是当时中原常见的普通的马，而是来自养马业非常发达的西域，是一种可以奔越万里的非凡的马。这对从未见过此现象的汉代人来说堪称"奇观"，也理所当然将"汗血"归结为其"一日千里"的原因，认为"汗血"是一种神秘的力量显示。

发现汗血宝马后，为了得到良马，汉武帝立即派使者前往当地，当得知"宛有善马在贰师城，匿不肯与汉使"[2]后，汉武帝"闻之甘心，使壮士车令等持千金及金马以请宛王贰师城善马"[3]。再遭拒绝，汉武帝于太初元年"拜李广利为贰师将军，发属国六千骑，及郡国恶少年数万人，以往伐宛"[4]。李广利讨伐大宛失利，正是赵破奴在浞野败于匈奴之时，当时大臣们主张罢击宛军，集中兵力攻打胡人，而汉武帝以"大夏之属轻汉，而宛善马绝不来，乌孙、仑头易苦汉使矣，为外国笑"[5]为由，准备继续增兵再次远征。汉武帝发动的这场战争历时四年，耗资无数的伐宛之战终于以胜利告终，汉武帝得到了梦寐以求的"天马"。

汉武帝为了得到汗血宝马一次又一次地发动战争，不惜付出如此沉重的

---

[1]《史记・乐书》。
[2]《史记・大宛列传》。
[3]《史记・大宛列传》。
[4]《史记・大宛列传》。
[5]《史记・大宛列传》。

代价，这段历史发人深省。在汉武帝得到了梦寐以求的“汗血马”之后立即命名其为“天马”。何谓“天马”？在《汉书·礼乐志·郊祀歌》中有两首关于“天马”的颂歌。其一是《天马歌》，又称《太一之歌》，歌曰：“太一况，天马下，沾赤汗，沫流赭。志俶傥，精权奇，籋浮云，晻上驰。体容与，迣万里，今安匹，龙为友。元狩三年马生渥洼水中作。”其二是《西极天马歌》：“天马徕，从西极，涉流沙，九夷服。天马徕，出泉水，虎脊两，化若鬼。天马徕，历无草，径千里，循东道。天马徕，执徐时，将摇举，谁与期？天马徕，开远门，竦予身，逝昆仑。天马徕，龙之媒，游阊阖，观玉台。太初四年诛宛王获宛马作。”《史记·大宛列传》曰：“初，天子发书《易》云：‘神马当从西北来’。得乌孙马好，名曰天马。及得大宛汗血马，益壮，更名乌孙马曰西极，名大宛马曰天马云。”可见在汉武帝时期，天马之名专门用于极为罕见的骏马，大宛汗血马与乌孙马相比更为神骏、强壮，所以，汉武帝将乌孙马更名为“西极马”，把“天马”的美名给了大宛汗血马，还亲自谱写了上面的《天马歌》。此时的天马，已经同此前神话传说中的天马、天驷、马神、神马产生了区别，它具有了另外一种含义，指现实生活中马匹中好得不能再好的良马，从此天马成为汉代社会生活中重要的组成部分。

经过上文的梳理，我们可以得知，汉代崇马风尚有着深厚的历史根基。从远古时期氏族部落的图腾崇拜，尤其是古游牧民族认为马具有超自然的神力，并将其视为氏族的保护神，到夏商周时期的祀马之风，如用马祭祀和祭祀马祖的习俗，都对汉代崇马产生了深远影响。特别是汉武帝得天马后，他的爱马、崇马、信马行为更为汉代天马形象的推广起到了积极的促进作用。

## 二、汉代天马形象考证

综上所述，汉代崇马的历史由来已久，加上汉武帝得“天马”的史实更是引发了汉代崇马的时代风尚。这一崇马现象也必将延伸到对马的艺术表现，纵观汉代艺术品，不难发现，在诸多艺术形式中都出现了形态各异的天马形象，特别是在以汉画为代表的丧葬艺术中，不仅出现了大量的车马出行图，还出现了体生羽翼的天马形象。这一变化是天马形象被艺术化的具体体现，原本没有羽翼的马的形象却被汉代工匠臆造出一双神奇的翅膀，这其中蕴含和承载的精神属性与审美价值值得我们去深入探讨。

## （一）有翼天马形象

根据目前的考古发掘和实地遗存，有翼天马大致存在于以下几个区域。我们可以通过图像志的分析，归纳出有翼天马的具体形态和精神内涵。

河南洛阳东北郊（图 6-4），邙山脚下出土的西汉画像砖，上限不超过武帝，下限不过新莽时期。这些画像砖中有很多天马的形象，马身健壮，胸前肩部生出卷曲丰满的翼，昂首挺立。笔者认为此马就是以汉代西域良马为原型，加上汉代人丰富的想象，使现实中的宝马艺术化，形成的新的艺术形象，这种变化的背后暗含着汉代人的美好寄托。翅膀的功能一定是能飞升上天，汉代人将马想象成可以飞翔的神马，一定是希望可乘天马在天界翱翔，飞入仙界成仙的愿望不言而喻。

河南洛阳还出土过一方被名为“马与仙鹤图”的汉画像砖（图 6-5），其画面右侧为一棵桑树，树下分别立有一马、一仙鹤，其中的立马肩生羽翼，昂首

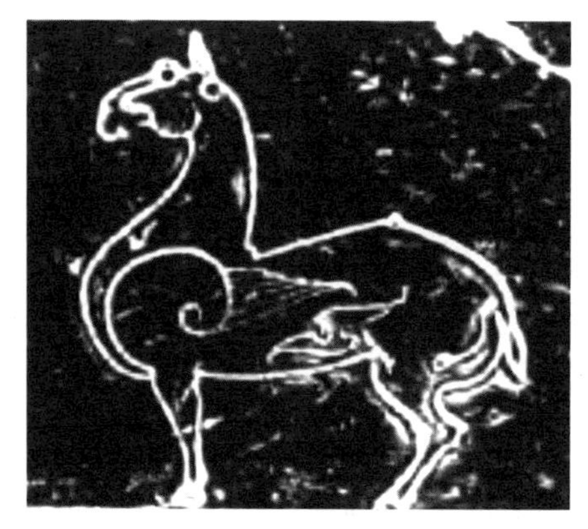

图6-4　天马

河南洛阳东北郊出土

图6-5　马与仙鹤

河南洛阳出土

挺立，与上图中天马造型极为相近，笔者认为应属于同一时期“天马”形象作品。在天马与桑树之间有一只单腿站立的仙鹤，仙鹤与天马都直视前方，整幅画面静穆庄严。画面将天马、仙鹤、桑树置于同一画面内，很显然是受了汉代升仙思想的影响，扶桑神树和仙鹤均为仙界中的祥瑞，而此时的马生有双翼，已经完全不再是现实中的宝马了。

在河南南阳市区出土了一幅东汉时期的天马、虎食鬼魅画像石（图6-6）。“图左侧刻一怪兽，似为鬼魅，中刻一虎，弓背、翘尾，瞪目张口噬食鬼魅左腿。鬼魅作恐惧状。右刻一天马，有翼，当为天马。其间饰云气。”[1]天马飞奔向前方，张口嘶鸣，羽翼有力，气宇轩昂，面对张牙舞爪的鬼魅显示出强大的震慑力。值得注意的是，到东汉时，河南地区天马的羽翼已发生变化，从原来紧贴腹部、多层次的羽毛演变为一个整体且伸出体外，不单有轻柔的羽毛，似又附加了有力的肌肉，有极强的运动感。这和南阳地区受楚文化的影响有关，楚人好巫鬼之风，楚文化的内涵本身就极富浪漫雄奇的夸张色彩，此处的天马飘逸灵动、张扬奔放的姿态完全展示了其佑护墓主的功能。

图6-6　天马、虎食鬼魅

河南南阳市区出土

江淮地区出土的天马形象略有不同。如淮北市北山乡梧桐村出土的东汉时期车马出行图（图6-7），画面上方为两匹带翼天马嘶鸣、飞行，其间云气环绕。有一羽人紧随其后，体生羽毛，身躬做驱赶天马状。天马前有一个腾云驾雾的孩童，又称明童，似在驱赶身前一匹体态娇小的马。下方有一轺

[1] 王建中、闪修山：《南阳两汉画像石》，文物出版社，1990年，第114页。

车，马在奔跑，轺车高撑华盖，车上两人，前为车驭，后为主人，车前方站立一小卒，似在引路。这是一幅升仙寓意十分明显的作品，天马、羽人、明童都是仙界的神灵，常常伴随在西王母的身边，他们出现在墓主人轺车的上方，俨然是一副引导亡灵的升仙之态。

图6-7 车马出行

淮北市北山乡梧桐村出土

四川地区的天马形象主要产生在东汉中晚期，且多出自石阙中。如建于东汉初平、兴平年间的四川绵阳杨氏阙石阙（图6-8），在石阙的左后角刻一带翼天马，昂首神游驰骋，肩部的翅膀与身体相比略显短小，但飞奔的姿态仍不失轻盈，天马前方有一行人，衣饰飘动，神态逍遥似仙女，仙女手中持有一株仙草，造型生动，有呼之欲出之感。同样在四川雅安高颐墓石阙上，也刻有仙人翼马（图6-9）。

画面右侧为一匹天马，丰满美丽的羽翼紧贴胸部，鬃毛耸立，后腿高抬，呈跳跃姿势，身后的仙人们手中拿着不同物品，应是乐器，天马似乎正在跟着

图6-8 天马与仙女

四川绵阳杨氏阙石阙

图6-9 仙人翼马

四川雅安高颐墓石阙石刻

节奏舞蹈，画面欢快和谐，趣味十足。这幅图描绘了仙界无忧无虑的生活景象，神仙和异兽相处和谐，都显露出喜悦的表情，整幅画面气氛轻松自然，使人们不禁向往自在逍遥的仙界生活。

重庆忠县邓家沱石阙出土了一幅带“天马”铭文的图像（图6-10、6-11）。整幅图案为一马昂首而立，马身饰卷曲云纹。“位于该阙左阙斗石的右侧，马背上部正中浮雕长方形榜题，榜文为汉隶‘天马’，‘天’字有‘王’字之形，但其下面横笔曲度颇大，故郝本性认为，应释作‘天马’。”[1]且该图与此阙左侧面的“天禄”图像相对应，所以此处无疑应为天马，这是迄今为止发

[1] 李锋：《重庆忠县邓家沱石阙的初步认识》，《文物》2007年第1期。

现的唯一有“天马”题铭的图像史料。该天马形象与其他地区出土的天马形象有所不同，体态高挑修长，马身布满云纹，马鬃高高竖立，尤其马尾，修长卷曲，像极了天界的仙草，这种艺术化的天马形象已与现实中的天马形象有明显区别，而这种变化标志着天马与众不同的地位，有着现实中凡马所不具有的力量与功能，与天禄相对应，表明其是仙界中的祥瑞。

图6－10　天马

重庆忠县邓家沱石阙出土

图6－11　天马

重庆忠县邓家沱石阙出土拓片

成都市郊金堂光明墓右侧耳室出土的东汉中晚期条形画像砖（图6－12），王子冯元马轺车图像，高8.5厘米，宽25.5厘米。画像左端为羽人骑天马，天马前方为阳刻元马二字铭文，右端为一轺车。元马胸前有肉翅三

图6－12　元马

四川成都市郊金堂光明墓出土

支，凡马拉着轺车，车内坐着现实生活中的王子冯，即墓主人。很明显此图的寓意是墓主人在天马和羽人的引导之下向仙界迈进。羊子山出土的汉画像石中（图 6－13），也有一匹肩生三支肉翅的天马。马身高大健硕，前右腿高抬，马尾翘起，肩部象征性的翅膀向空中翻起，似乎即将展翅欲飞。除四川地区以外，山西地区也有发现大量天马形象。

图 6－13　天马　成都羊子山出土

山西省离石马茂庄西圩塌梁出土的东汉时画像（局部），画面中层有一匹卧马（图 6－14），马嘴生须，背生双翅，与上文中“天马、虎食鬼魅”中天马羽翅相似，马尾散开于空中，此图中的天马嘴部生出长长的胡须，笔者认为应是受到龙形象的影响，将龙须安置到天马的嘴部，两形象的结合说明了天马的特殊地位，也正如汉武帝所称的“龙为友”“龙之媒”，显示了在汉代人心目中，龙马属同类的思想，因此天马在汉代有着极高的地位。另一例是离石马茂庄 2 号东汉墓前室西壁右侧画像（图 6－15），画面左右为勾连卷云纹，画面各异的祥瑞走兽分成五层横图，自上而下的一、三、四层均为肩生双翼的天马，第二层为云气纹饰，第五层为向左爬行的玄武。天马身材高大，羽翼短小，身前都有株仙草，周围云气缭绕，呈现出一派仙界祥和的理想世界。

图 6－14　天马

山西离石马茂庄西圩塌梁出土

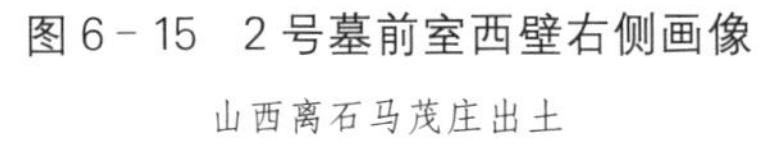

图 6－15　2 号墓前室西壁右侧画像

山西离石马茂庄出土

图 6－16　郑家汉墓门右立柱像

陕西榆林鱼河乡出土

几乎和山西同在一个地区内，陕西画像石中也发现了大量天马图像。如榆林市鱼河乡郑家汉墓门出土的东汉立柱上就刻有天马形象（图 6－16）。画面分左右两部分，右部为卷曲的云气纹，左部西王母高踞于神山仙树之上，顶罩华盖，下垂璎珞流苏，树干处站立一带翼天马正向远方眺望，两耳间有一冠，背部有一对翅膀，翅膀向上翘起，马蹄轻抬，似展翅欲飞，树下为一门吏。画面肃穆宁静，仙界神物各司其职，有序整齐。现实生活中森严的等级制度和尊卑秩序同样也出现在仙界，显然是统治阶层为维护其绝对权力的思想的体现。在神木出土的大保当墓门楣画像石则是另外一番情形，画像左上方为天马图（图 6－17），天马四蹄腾空，昂首嘶鸣，鬃毛竖立，长毛飞扬。马的眼部、嘴部及耳部施红彩，身图白彩，阴刻羽翼。天马前方是一方月轮，涂白彩，内阴刻爬行蟾蜍，涂以蓝彩。整幅画像物象间皆以飘带装卷云纹填空，流畅自然，洋溢着自由祥和的气氛。同时，在绥德东汉墓门楣画像中（图 6－18），画面左右各有一匹马前蹄抬起，微弯曲上翘，背上生有一对短小翅膀，但体态丰盈，健硕有力。两匹天马身后均有一轮圆日，周围饰有云气。陕北地区出土的画像石中，天马形象似乎多和日月图像一起出现，除了表明人神异界之外，当是和此地的崇日习俗有关。

图 6 - 17　大保当墓门楣画像石

陕西神木大保当乡出土

图 6 - 18　绥德墓门楣画像

陕西省绥德县出土

在山东地区，天马画像石也有发现。如沂南汉墓前室北壁横额画像（图 6 - 19），画面描绘各种珍奇异兽，在下层部分，有一匹展翅奔腾的天马，大概是飞行的速度很快，天马的鬃毛、羽翼和马尾都飘在空中，十分生动。此处天马形象更像是龙首马身，与上文提到的马茂庄 2 号东汉墓出土的天马有异曲同工之妙。看来，龙与马属近亲的观念已深入汉代人心中。

图 6－19　沂南汉墓前室北壁横额画像

山东省沂南县北寨村出土

图 6－20　玉仙人奔马

咸阳市渭城区周陵乡出土

通过考察河南、四川、山西、陕北和山东地区的画像石，我们不难发现，有翼天马的出现均是为了表明一个混杂的非人仙境，其带翼的图像功能一方面是为了表明马的神性，一方面是为了展示马在天国运动的速度。天马在汉代墓葬中大量出现，从一个侧面反映了汉代求仙思想的繁盛，而飞扬灵动的羽翼也展示了汉代人求仙的急切和渴望。除汉代画像石中出现大量有翼天马造型，这一图像也同样出现于汉代其他艺术品中。在咸阳市渭城区周陵乡，汉元帝渭陵附近的一座汉代礼制建筑遗址内发现了玉仙人奔马玉雕（图 6－20），其整体由奔马、骑者和底座组成，系圆雕、镂雕而成，玉质洁白无瑕，出土时用朱砂包裹。马呈奔驰腾空状，两侧阴刻飞翼；骑者头饰丫型发髻，身着短衣，双手扶马颈，右手还持有一束灵芝草；马下衬以底座，上线刻云纹图案。底座云纹说明羽人骑着马在天空中翱翔。这件玉雕构思新颖，雕琢极为精美，是楚汉浪漫主义的典型代表，它不仅反映了汉代玉雕的最高成就，而且也是中国古代玉器中可以数得上的艺术精品之一。[1] 羽人是升仙愿望的产物，天马与这一形象的同时出现，强有力地证明了天马也是天界的神物，羽人可乘天马飞往天界，人们也必然幻想着骑着天马通往仙界。

吉林榆树老河深鲜卑墓群出土的东汉鎏金神兽（图 6－21），此鎏金铜牌为汉代北方游牧民族文物，神兽形象近似飞马，头带尖角上翘，昂首扬尾，四蹄腾云，双翼上展，做奔腾状，为鲜卑族典型牌饰，与《魏纪·帝纪·序纪》所载鲜卑族的保护神“其形似马，其声似牛”大致相合，此地天马形象的出现，说明汉代崇马思想已相当广泛，影响致远，具有一定的普遍性。此兽牌饰与西亚草原出土文物的艺术风格十分相似，而马体生双翼也极有可能受到欧亚草原民族崇拜的“格里芬”影响，显示了汉代时各民族间的密切交流。

图 6－21　东汉鎏金神兽

吉林榆树老河深鲜卑墓群出土

[1] 昭明、利群编著：《古代玉器》，中国书店，1999 年，第 189 页。

陕西省西安市东郊霸桥出土的西汉时期彩绘陶卧马(图 6－22),颈背鬃毛直立,昂首挺胸,双耳后抿,肋生双翼,长尾下垂,四蹄曲卧。遍体白底,彩绘已脱落。此陶制卧马静穆神圣,被汉代人视为神物,可借它通往另一世界。圆雕中的天马形象更加立体丰满,无论坐卧还是飞奔,或是展翅欲飞,都给人以跃跃欲试的感觉,似乎这些作品中有一股内在的气息蠢蠢欲动,要冲破这塑造的外壳奔涌而出。除上述汉画像、圆雕艺术中,在汉代其他装饰器物上同样出现了天马形象。

图 6－22 彩绘陶卧马

陕西西安东郊霸桥出土

除了圆雕,在汉代其他装饰艺术中也有天马的身影,如河北定州出土的铜管错金银攻猎图(局部,图 6－23),此器物原是西汉中山王墓葬青铜车伞盖柄。由四段内容丰富的攻猎图组成,每段构图有一个中心情节,由上到下依次为:仙人骑象、骑士射虎、仙人骑骆驼、孔雀开屏,形象写实而略带夸张,生动而多变化。整幅画面以山峦云气为纽带,在风流云动的气氛中,描写瑞兽奇禽与狩猎景象。此器不仅是罕见的古代工艺精品,更是难得的绘画佳作。此图为局部,描绘了一幅天马驰骋在天界的雄奇华丽景象。天马四蹄腾空,曲颈昂首,背生羽翼,身上绘有花纹,周围有各种珍奇异兽,上方有一羽人飞翔。异彩纷呈的仙界景象显示了天马的神性地位、祥瑞象征，天马为仙界神物的思想已在汉代人心中定格。汉代天马形象不仅出现在墓室、装饰品中，令人惊奇的是，它还出现在货币中。这当是在中国货币史上首次出现马形图案的钱币。汉武帝元狩四年(公元前 119 年)铸白金三品，其中有重六两的方形马币值五百钱。如藏于上海博物馆的一枚马币(图 6－24)，货币正面为一匹天马，腿高抬前踢，尾翘起，肩部生有羽翼，昂首阔步，背面起伏的为云气。线条朦胧流畅，变化莫测的天马与云雾，充满飘逸、神秘、梦幻色彩。货币是统治者的象征，它体现了统治者的意志，天马形象在货币上出现，说明天马已成为权力的载体。

图 6－23　铜管错金银攻猎图(局部)　河北定州西汉墓出土

图 6－24　白金三品——马币

上述为有翼天马形象，被赋予翅膀的天马是艺术化的天马，这种艺术化较为明显，但我们在出土的汉代其他考古资料中发现，一些无翼天马形象也值得关注。

## （二）无翼天马形象

图6-25　神人、天马

徐州铜山苗山出土

汉画像石中除了有翼天马外，还存在无翼天马的一类，虽没有雕刻羽翼，却也能通过画面中仙界的其他元素来表明其神性。1956年徐州市铜山县苗山出土的东汉神人、天马画像（图6-25），位于苗山汉墓前室前壁墓门东侧。高150厘米，横64厘米，现藏于徐州汉画像石艺术馆。画面上方刻有一阳鸟旭日，旁边是熊首人身、体生羽翼的神人，下方刻有一天马腾空，马下刻一大象。天马虽未刻画羽翼，但与旭日神人同时现于空中，便寓意它在飞翔，笔者认为它与第一节的有翼天马相同，虽造型略有不同，但都属天马形象。其飘飞的身姿与自由的神态，与下方大象形成鲜明对比，足以说明此马飞扬的灵性和腾跃一切的超凡功能。

陕西省神木县大保当墓门楣画像石（局部，图6-26），整幅画像左右对称，分上下两阙。上阕为绶带穿玉璧纹，画像左右两端为向中心奔腾的飞马，黑鬃竖立，其前各有一骑鹿后仰羽人，羽人长发飘逸，红带束腰。鹿前各有一株嘉禾，绿彩勾边，红彩绘实。由于马伴有羽人、仙草，笔者认为此处也属天马形象。

图 6-26　大保当墓门楣画像石

陕西神木大保当乡出土

同地区的米脂墓门楣画像(图 6-27),画面分两层,上层左方刻有一日,布满气云,下层为珍禽异兽,左端刻有一屈膝羽人手捧仙草,似乎献给他正前方的天马。天马昂首阔步,口微张,欲衔羽人手中的仙草,天马两耳中间有一冠高耸,也许就是大宛宝马肉冠的夸张描绘。天马身后紧随异形神兽,上空飞翔的金乌有规则地将神兽分隔开,整幅画面生动而不失整齐。

图 6-27　米脂墓门楣画像

陕西省米脂县出土

在绥德东汉墓门楣画像上也有无翼天马出现(图 6-28),画面分两层,上层描写现实生活车马出行,下层描写仙界的珍禽异兽。下层右方也有一手捧仙草屈膝的羽人,一匹天马向他奔去,体态轻盈,与上层拉车之马,形成鲜明对比,充满灵气与神性。可见有翼和无翼并非区别天马的重要依据,可根据画面中其他仙界题材的元素来加以辨别,而解释这类现象大多要从汉代的社会背景中寻找答案。汉代人渴望仙界,并赋予天界神物双翼,表明他们对仙界的认知能力已达到一个较深的层次。此类现象不光发生在天马题材上,同样也存在于其他神兽之中,诸如翼虎、翼龙,均为了说明其神性。

图6-28　绥德墓门楣画像

陕西省绥德县出土

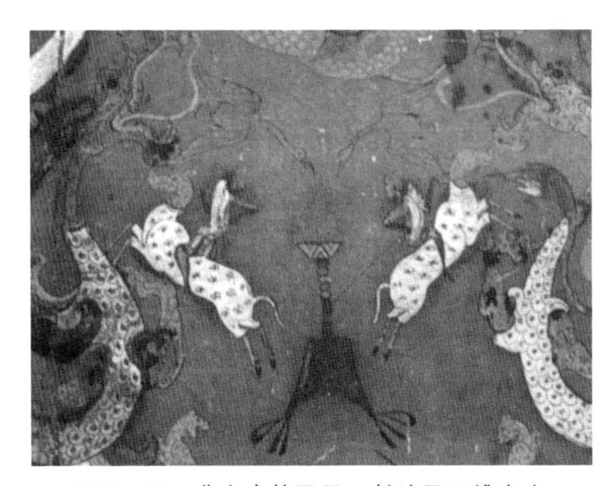

图6-29　非衣中的天马　长沙马王堆出土

除汉画像石外,天马形象在绘画中也有发现。在长沙马王堆1号汉墓出土的T型非衣帛画,出土时覆盖于内棺上,整幅画面呈T形。全画的内容,可分为上、中、下三部分,此图为上部天界景象的局部(图6-29)。画面中有两个兽面人身骑着似马异兽奔驰的神,分别用绳牵拉同一木铎,使之震响,应是天上的"司铎"。在本文第二节中,笔者提到犬戎的文马吉良,也即天马,与此处描绘的异兽极为相似,"缟身朱鬣,目若黄金",所以笔者断定此异兽就是天马。而非衣的天上部分是作品的最主要部分,体现全画的中心题意,灵魂升天,那么天马形象在此出现，笔者认为与《山经》中描述乘文马吉良，可寿达千岁的思想有着一定的继承性。

辛追的漆棺也绘有神灵骑天马的现象（图 6－30）。人身异首的神灵，骑着天马在云端穿梭。画面氛围神秘，有一种超自然的感染力，境界奇特，气度潇洒豪放。通过考察汉画中天马形象可知，它们虽然在形貌上存在一定的差异，但这些图案仍然在差异中存在共性，其在画面中表述的主旨仍旧为展现仙界的奇景意象，天马在墓室中大量出现，表现了墓主人渴望升仙的基本理想，天马也因此成了护卫墓主阴魂升仙的使者，它是连接人神、天地的重要交通工具。

图 6－30　辛追棺椁漆画中的天马　长沙马王堆出土

甘肃武威雷台墓出土的“马踏飞燕”铜雕（图 6－31），是一件造型非常精巧天马铜雕。天马张口嘶鸣、奋蹄狂奔，三足高腾于空中，一足踏在飞翔着的燕背上，轻灵的飞燕惊惧不已、回首顾盼，由此形成了天马行空、超越一切的高旷优美意境，显示了征服苍穹、无阻无碍的宏大豪迈气势，体现了作者奇伟的想象力和卓绝的表现力。天马无翼而腾空，除了展示汉代人奇伟超绝的想象力。同样，这一造型也超越了现世，成了汉代人观念形态中最为理想的形象。

图 6-31　马踏飞燕　甘肃武威雷台墓出土

西汉鎏金马(图 6-32),现藏于茂陵博物馆。1981 年于陕西兴平茂陵陪葬墓之一阳信长公主墓陪葬坑中发现。通体鎏金,金光闪闪。高 62 厘米,长 76 厘米,重 25.5 千克。铜马昂首站立,马口微张,双耳直竖,四肢粗壮,雄伟有力。从造型艺术角度看,它精美绝伦,筋骨匀称有规,线条流畅,比例匀称,

图 6-32　西汉鎏金马　陕西兴平茂陵陪葬墓出土

无故作张扬奔驰的样子，显得那么沉静、自然，却又蕴含着阳刚之美，有一种内在的动静相宜的韵味，华丽雍容。此马的原型当是汉代宫廷中铸造的“名马式”范型，这一实体逼真地展现了汉代人现实中良马的造型，也为天马形象提供了依据。

浙江绍兴出土的东汉龙虎瑞兽画像镜（图6-33），方格及乳钉将镜背分为四区，一区为骑马人物，骏马奋蹄疾驶，骑者手持纪绳，戴冠。一区为龙，头顶单角，张口吐舌，尾弯曲细长，龙身有圆圈纹和双短线纹。一区为虎，圆目，张口呲牙，身有双曲线纹，背上坐一羽人，羽人伸出右手抚弄虎颈毛。一区为双角兽，短斜线纹，连续云气纹缘。另一枚龙虎瑞兽画像镜（图6-34），极为相似，座外四乳分为四区，分别饰龙、虎、双角兽和马，马上骑一人。四兽奔驰，灵活生动。短斜线纹外连续云气纹缘。

图6-33 龙虎瑞兽画像镜

浙江绍兴出土

图6-34 龙虎瑞兽画像镜

浙江绍兴出土

从上文收集的汉代天马考古资料中，不难发现，汉代天马造型的刻画虽算不上穷尽马态，但是所描绘的马姿可谓丰富多彩，其最突出的特点便是动感流溢。尤其在汉画像中，天马大多呈飞奔姿势，汉代艺术家将马在快步跑动中的姿态以及由跑动所形成的动感表现得尤为生动。天马的姿态充满了力量，大多四肢齐伸，做凌空欲飞的动作，产生一种向前推动的运动感。这极具张扬的运动感、富于情态的艺术韵律，是汉代人在社会统一、人本位意识增强的时刻，个性张扬的展现。而另一面，一些天马形象被赋予了鸟儿的翅膀，轻盈的身姿、自由的神态足可以使我们领会它们畅游于天际之间的快乐。还有一些天马形象虽没有翅膀，却脚踏浮云，与日月同在，这就使天马形象显得格外精彩。这些天马形象动感强烈，双目炯炯有神，口、鼻张合欲动，让我们似乎听见它们有力的喘息，一股内在的力量呼之欲出，仿佛要向我们迎面走来。这些艺术作品传递给我们一种新的气息，大胆的夸张、丰富的想象、无限的激情。这些栩栩如生的艺术作品，无不向我们昭示汉代新儒术的推广、阴阳五行学说和神仙思想的盛行，天马在汉画、雕刻及其他造型艺术中的广泛存在，恰好说明了汉代人心灵世界的广阔和精神面貌的昂扬。在这样一种情况下，那些驾云气而腾飞的有翼天马和无翼而飞的神骏，其功能无非是引导汉代人的灵魂步入另一个仙气充盈的世界，这个世界连接了天界与人间、现世和未来，并将汉代人的精神世界充分展现在了我们面前。

## 三、汉代天马形象的文化内涵

汉代人崇马其渊源深远，马已经深入汉代生活的各个方面。汉代社会的大一统使得汉代统治者极度渴望在权力上彰显自己的成就，而“马”作为与军权和政治密切相关的动物，其功能更是被汉代君主无限扩大。在以董仲舒为代表的新儒家思想杂糅了神仙思想、阴阳五行和神仙方术之后，更是受到了汉代统治者的极度推崇。尤其是君权神授、天子代天受命的思想，在很大程度上迎合了汉代帝王的统治心理。为了给自己的权力寻得一个合理的解释，谶纬符命的观念便应运而生。马作为汉代人观念中的祥瑞，其功能在这样一个时代，最终被推上了神性的舞台。

### （一）天人感应

在汗血宝马前冠以“天”字来命名，笔者认为这与汉代人的崇“天”思想有着紧密联系。天人感应是董仲舒思想的核心，“天”这一概念在董仲舒的思想中，有两层含义："其一，'天'和人之间有主次、尊卑之分，天尊人卑。人必须以天意为准，如无视天的命令，天就会降灾异以示惩罚。其二，天人感应的相互性。人与天感应并不是一味地奉天，而是讲求与'天'交流，强调人的主动性。既能循天意，又能了解天意，改变天意。如灾异来临时，通过行政改变天意，使符瑞降至人间。"[1]所以天地阴阳与社会人生、四时四方与五常五行、自然万象与人类情感统统结合起来，建构了一个无所不包而又互通互感的天人感应理论体系。在这个体系中，天、地、人已经结为一个整体，构成了一个动态的平衡系统。董仲舒进一步提出了"国家将有失道之败，而天乃先出灾祸，以谴告之，不知自省，又出怪异，以警惧之，尚不知变，而伤败乃至"[2]，反之"王正则元气和顺，风雨时，景星见，黄龙下"[3]。由于"天"与"人"无法直接沟通，两者之间的相互感应必定要借助一定的媒介，灾祸出或黄龙下等罕见的自然现象成为天人感应的直接表现。

这些媒介中最为常见的便是祥瑞神物，这也就是祥瑞图像在艺术中出现的特定寓意。其实祥瑞观念早在《山海经》中就有鲜明体现，到西汉中期至东汉末这一段时期内，天人感应论使祥瑞这一观念得到空前的强化。《白虎通》总结了当时流行的世俗传说，延续了董仲舒的天人感应理论，该书认为王德纯洽，天地就会阴阳调和，万物有序，就会出现祥瑞。不同的祥瑞代表不同的意义，汉武帝时有"天子发书《易》，云'神马当从西北来'"的记载，有渥洼出神马的流传，而"马，(王者)清明尊贤者则至"[4]的象征，可见天降祥瑞中的天马在神秘事件中昭示了天下有贤明圣君。前文论及的龙虎瑞兽画像镜，龙、虎、双角兽都是祥瑞的神物，将天马与它们归为一类，证明天马也同样被时人认为是具有祥瑞象征的神兽。另一枚龙虎瑞兽画像镜，其中一区同样为人物骑天马，这面铜镜与上文的铜镜从出土时间与造型上看，制作年代应该不相上下，甚至是出自同一工匠之手，这不难表明天马在汉代的日常生活中，被视

[1] 马德普：《中西政治文化论丛》第1辑，天津人民出版社，2001年，第139页。
[2]《汉书·董仲舒传》。
[3]《春秋繁露·王道》。
[4] 俞伟超：《中国画像石全集·第1卷》，河南美术出版社，2000年，第10页。

为祥瑞神物已具有普遍性。

天人感应的另一种媒介是异常的自然现象，常以美丽罕见的自然天象作为天的感应。在汉画像中表现的天象，最常见的物象是带有金乌的太阳和内有蟾蜍的月亮以及西王母的形象。在这些天象和神灵的周围，常常伴随着天马的身影。如神木大保当墓门楣画像中，绘有一匹天马，天马前方是一方月轮，涂白彩，内阴刻爬行蟾蜍，涂以蓝彩。天马及蟾月四周遍施祥云，突出体现了天界的美丽景象和人的美好联想。相似的画面也出现在绥德墓门楣画像中，两匹天马身后各有一日，此处的太阳中没有刻画金乌，是对自然物象的客观描绘，在真实的自然客体旁加上虚幻的天马，这样的组合表明了汉代人期望这种天马行空的异常自然景象出现。“天”与“人”无法直接沟通，两者之间的相互感应总要借助一定的媒介。这些媒介通常是罕见的自然现象，天马行空便是其一。“天”以美丽的罕见的自然现象作为对人的奖赏，昭示人们地上万物有序、盛世太平已感应上天。所以天马形象蕴含了天人感应的观念，同时寄托了人们美好的愿望。

汉代工匠对天马形象的创作不是拘泥于现实实物的表现，而是对超越现实空间的大胆想象，并注重天马形象与万物的整体联系，使它与人、自然融为一体，在图形的表现中渗透着人的精神和情感，营造出丰富多彩、现实与浪漫相互交织的理想的生命空间，达到一种天、地、人、神之间相互感应、相互联系的境界，表现出浓重的生命色彩。

### （二）君权神授

董仲舒在《春秋繁露·郊祭》中说：“天者，百神之大君也。”“唯天子受命于天，天下受命于天子”，认为天子是天在人世的代表，天的旨意只有“天子”才能聆听到。“天子”既能事“天”，亦能治下，“接下称帝王者，得号天下至尊之称，以号令臣下也”。可见，天人感应是对君权神授的肯定。任何一种艺术形式的盛行都与当时社会的时代背景紧紧相连，天马形象是当时社会意识形态的需要和必然产物。众所周知，但凡是具有大一统性质的国家，都建有一套标识系统以表明国家强权的特殊地位。印度的阿育王在国内大规模兴建光滑的砂岩柱，皇家的狮子居于顶部，面向国家的四个方向，表示威服四方。汉族在上古时代就把龙作为崇拜的对象和图腾，在中国漫长的封建王朝中，曾长期把龙当作专制皇权的象征。早在春秋时，孔子就把老子比作龙，还有人把君臣比作龙蛇。战国时期，龙的观念逐渐深入，渐至将专制君主比作龙。秦朝末年，有人把秦始皇称为“祖龙”。这种说法便是继承和发展了战国以来把专制君主比作龙的习俗，但还没有把龙当作专制皇权的象征。到西汉初年，把龙当作皇权象征的习俗渐渐形成。相传刘邦为了让世人相信他是代表神灵来统治天下的真龙天子，便宣扬自己是龙种，其权力是神灵所赐予的。

龙是虚幻的形象，这种非实体的动物，在历代演变过程中，与马总是有着难以割断的联系。《周礼》中有记载：“马八尺以上为龙，七尺以上为騋，六尺以上为马。”可见当时的人们认为，当马达到一定的高度时就成为龙。到汉代仍有将马与龙相联系的记载。如王充《论衡·龙虚》云：“世俗画龙之象，马首蛇尾。由此言之，马、蛇之类也。”《汉书·礼乐志》应邵注曰：“訾黄，一名乘黄，龙翼而马身，黄帝乘之而仙。”这都证明马与后来被视为中华民族象征的龙之间有着不可分割的联系。特别在我国古代的星图上，龙与马也是密切相关的。星相学中的二十八宿就始于苍龙七宿——角、亢、氐、房、心、尾、箕，其中房宿的四颗星就被古人想象成拉车的四匹马，故又名天驷。纬书《瑞应图》说：“马为房星之精。”意即房星下凡变马。所以汉武帝求龙不得而求马，使社会上流行龙、马同类的观念，后得汗血宝马，立即命其为“天马”，在谶纬思想盛行的汉初，人们心中自然产生苍龙星下凡，昭示君权神授乃天意的心理联想。

但值得注意的，是本文前面所引《史记》《汉书》中在言及“天马”时对龙的特别垂青：“体容与兮迣万里，今安匹兮龙为友”；“天马徕，龙之媒，游阊阖，观玉台”。这表明在汉代人的心目中，唯有“神龙”才能与“天马”相匹配，天马以神龙相为媒，可以漫游天门，直升天国。而“天马”又被认为是尊为天神的“太一”所赐，在这种情况下，天马顺理成章地成为君权神授的代表，其实质是封建专制主义中央集权进一步巩固和国家大一统局面在宗教领域的反映。

艺术品中天马形象的出现与当时的社会形态相一致，同样体现了要为社会功能服务的原则。霍去病墓前的“马踏匈奴”中的马（图6-35），是为国效力现实中的天马，它对国家政权有着重要的现实意义，霍去病墓天马形象实际上就是其主人精神的体现，是汉代社会强盛大气的时代精神的充分展现。此马气宇轩昂，英姿勃发，一只前蹄把一个匈奴士兵踏倒在地，手执弓箭的士兵仰面朝天，露出死难临头的神情。这一雕刻是汉武帝为表彰纪念爱臣的战功而修建的。这类反映忠义、贤臣的图形显然带有为国家服务的目的。现实中的天马为保护国家做了贡献，也必然更加提高天马在汉代的地位，在谶纬思想盛行、天人感应占统治地位的汉初，人们认为天马是上天的恩赐，也就是汉武帝所写的“太一况，天马下”。汉武帝在得马之际便命人铸鎏金铜马，曰“名马式”，成为天下良马的缩影，也成为艺术创作的摹本。另外汉武帝在元狩四年（公元前119年）铸白金币，亦称“白金三品”，是用银锡合金制作而成的铸币。“分3种币形：(1)圆形龙纹币，重八两，每枚值三千钱；(2)方形马纹币，重六两，每枚值五百钱；(3)椭圆形龟纹币，重四两，每枚值三百钱。汉武造白金，用心良苦，本意是敛财，假托为祥瑞，以白金之白色应汉武获白麟之吉兆，币形以应天、地、人三方来规划：龙应天，马应地，以龙马之行喻货币流通。龟币之币文喻通灵识变，用于人事，椭圆形上隆下平，隆以象天，平以象地，又恰与龙、马二币相衬。因盗铸严重，白金币只行用了一年多就废止了。”[1]这是在货币史上首次出现马形图案的钱币，正面马踢前台，尾高翘，昂首阔步，肩部生有羽翼，背面凹凸不平，为云气，这显然是天马的形象。将天马的形象用在货币上，汉武帝君权神授的观念自是不言而喻了。除此之外，西汉又铸造了“马蹄金”，形为马蹄中空，底椭圆（图6-36）。《汉书·武帝纪》云：“诏曰：有司议曰，往者朕郊见上帝，西登陇首获白麟，以馈宗庙。渥洼水出天马，泰山见黄金，宜改故名。今更黄金为麟趾褭蹏，以协瑞焉。因以班赐诸侯王。”[2]褭蹏即马蹄之意，可见马蹄金是皇帝应祥瑞而制的，所以

---

[1] 张静、郑先炳：《金融新语、术语、俗语辞典》，中国经济出版社，1993年，第33页。

[2] [日]加藤繁著：《唐宋时代金银之研究——以金银之货币机能为中心》，中华书局，2006年，第275页。

异常精致，成为赏赐大臣的珍贵礼物。祥瑞的出现，是“神”的旨意，其实质就是民众心中的受命于统治阶级的“天”。因此，在汉代天马和天马形象的货币就是当时阶级社会的产物，充分体现了统治阶层将上天赋予的权利施予万民，而能得到民众拥护的统治意识。

图 6-35 马踏匈奴

陕西省兴平茂陵墓出土

图 6-36 马蹄金

河北定州 40 号墓出土

## （三）升天成仙

神的观念产生于原始社会后期，至西周之前，神鬼观念已极为普遍。战国中期出现了仙人世界的观念。从汉武帝起，追求长生之风气日益盛行，一直蔓延至西汉末期。进入东汉王朝，更是有过之而无不及。因此，无论是汉代的文献记载还是出土文物，都显示出祈求长生不老与死后升仙是汉代人的强烈愿望。死后能升入仙界，使升仙思想成为汉代丧葬一个重要组成部分；通往仙境的方式，成为两汉时代丧葬艺术表现的主题之一。

出于对现世的留恋和对死亡的恐惧，追求升仙成为当时的风尚和人们的重要精神支柱之一。他们将仙人世界描绘成一个自由浪漫、极其美好的理想世界。羽化思想在汉代发展成熟，进而达到顶峰，作为该思想的艺术表现形式，也得到了极大的推崇。汉代羽化图像是一个开放的系统，图中母题之间的结合不是固定不变的程式，而是呈现出一种较为复杂的构图样式。

天马在这个程式中扮演着什么样的角色呢？前有乘龙升仙的先例，《周礼·夏官·庾人》中说："马八尺以上为龙。"汉武帝耗资无数讨伐回来的汗血宝马，体态高大，壮硕，在两耳间生有一角状肉冠，比马耳还高。据《异物志》载："大宛马有肉角数寸。"显然，肉角，肉鬃，当指马之肉冠。据《相马经》说，这肉冠的大小，同奔驰的速度有关。其长一寸，日行三百，其长三寸，日行千里。突出高耸的肉冠，犹如龙脊，天马则成为汉代人升仙乘物不二之选。将天马置于这样一个信仰体系中加以考察，就不难发现它所具有的特殊寓意了。这类来自西域的良马，本是汉代凿通西域之后，与西域互动交流带来的一种珍禽异兽而已，除良马之外，很多中土没有的异兽同时传入，如狮子、大象、大鸟、犀牛等，它们属性没有什么两样，但是在汉代这样一个特殊的、神仙信仰色彩极其浓烈的历史文化背景之下，其意义在进入到中土之后却迅速地被神化和改造，与中国先秦以来的以升仙不死为核心的"昆仑"神话系统发生了密切关联。

这些西域的良马被赋予能够托举乘者登仙，通过昆仑、阊阖，最终进入"仙境"的超凡功能，因而被称为"天马"。在上文提到的《太一之歌》中，我们发现一些问题。颂歌本身虽在末尾一句说明了汉武帝写词的目的，说是为纪念渥洼生神马而作，但从歌曲的名称及歌曲的第一句"太一况，天马下"，又不难看出，在汉武帝心中渥洼之所以能生天马，真正的原因是得到太一天神的恩赐。"太一"本是先秦已有的祭祀之神，但汉武帝时期太一神的神格地位得到了提升，《史记》曰："天神贵者太一，太一佐曰五帝。古者天子以春秋祭太一东南郊，用太牢，七日，为坛，开八通之鬼道。"天马是被奉为天神中最尊贵的太一神所赐，必非同寻常，有某种神秘的力量。"今安匹，龙为友。"此句赞美了天马是没有他物能与之匹敌的良马，只有天上的龙才配与它为友。由此可知，天马能与龙为友，绝非凡物，一定具有神性。从此颂歌中可见，在大宛的汗血宝马到达中土之前，当时的社会上就已流行天马的神话。这无疑给后来引进中土的汗血宝马做了神秘色彩的渲染。

在汉武帝讨伐大宛得到汗血宝马后，兴致勃勃地作了这首《天马歌》，来庆祝这一乐事。这首颂歌的文字，后代流传与《汉书》记载有所不同，但无论如何，我们可以看到，汉武帝渴求“天马”并不是仅仅出于对珍奇宝物的一己之私，也不单纯为了驰骋万里降服四夷的雄心，还存有借以寄托“逝昆仑”“游阊阖”的情怀。无论阊阖还是昆仑，都是汉代神话中出现的仙界，所寄托的自然亦都不是现实意义上的。《史记正义》引韦昭云：“阊阖，天门也。”《淮南子》曰：“西方曰西极之山，阊阖之门。”无论是“天帝之所居”的“天门”，还是“天帝之下都”的“昆仑”都是通往天界的必经之路。由此可知，这些来自西极的良马在崇信神仙方术之说的汉武帝心目中，早已超越一般意义上可用于征战乘骑的优质马匹，是“太一”之神所赐给的能够“蹑浮云、游阊阖、登天门、逝昆仑”的天马，最终可以乘骑“天马”达到“天国”。

现藏于巴黎爱马仕博物馆的汉代错金丝青铜（图 6－37），铜锈斑斑的马面甲上，镶嵌着用银丝勾勒出的云纹和两个羽人。马面甲是战马“具装”的一部分，它不仅保护着战马，同时也保护着马上的骑士。战争中的实用品，却用羽人和云纹图案进行装饰。这种图解道家神仙之说的羽人纹饰与马具的结合，体现出马与羽人具有同样的通天的神性。这是一个实实在在的马上之人依附现实良马梦想升天成仙的例证。笔者认为，这幅马面甲后面的良马和上文所述的汉武帝时期的“天马”存有较大的关系。在丧葬艺术中，天马的形象被艺术化，助人升天成仙的思想更加显著。名扬四方的“马踏飞燕”，在出土时位于浩浩荡荡的车马队伍之首，将它置于列队的最前方，在等级森严、符合道从的车骑出行制度下，足以说明它非同寻常的身份。蹄下的飞燕，暗示人们马虽无羽翼却可自由翱翔于天际，从造型上看，它完全契合当时天马的造型，这样的场景在墓葬中出现，引领墓主“游阊阖，观玉台”的思想不言而喻。在淮北市北山乡梧桐村出土的“车马出行图”，与“马踏飞燕”有异曲同工之妙，飞驰的天马被艺术化，安插了翅膀，同时

图 6－37　云纹马面甲

羽人紧随其后，在汉代神仙信仰、羽化升仙观念盛行之下，天马形象的出现，其功能意义就在于引领轺车中的墓主人通往另一个世界。在汉代艺术品中，天马被视为引领人们升仙的例证还有很多，这里不再赘述。

通过上文分析可知，在当时特定的历史背景下，在汉初纷繁复杂的观念信仰中，马被赋予了丰富的文化内涵，这也使得汉代“天马”形象的创造能表达出汉代精神观念的深层内核。马也从早先的实用性逐渐过渡到汉代人的精神观念中，并被不断赋予神性的宗教色彩。在这样一个崇马至上的时代，马在汉代人心目中的实用功能逐渐淡化，更多体现的是浓郁的政治色彩和神话力量。从被统治阶层无限夸大和强化的天授君权，再到和汉代流行的谶纬符命思想相一致的天人感应理念，马最终从汉代人的观念中分裂为现实和理想两极。而在汉代这个极富想象力的时代，从现实到人间，从现世到来世，马的身影无处不在，它沟通人神、助人升仙，把汉代人的追求引向了一个理想的世界。

## 四、汉代天马形象的美学阐释

### （一）天马形象的符号象征

卡西尔认为创造与运用符号是人类的基本特征，各种文化都产生于人类的符号活动，各种文化现象都是以符号形式表示出来的人类经验。“文化的世界不是一个自然的对等物或模仿物，而是人创造的符号象征物。”[1]汉代艺术中的天马形象有着丰富多样的图像形式，这些图像历经了从写实造型到抽象符号化的演变过程。无论如何变化，其象征隐喻、寓意联想的初衷一直延续着。汉代产生的一系列天马形象，都已成为汉代文化缩影，成为当时具

［1］ 朱存明：《汉画像的象征世界》，第25页。

有文化意义的符号象征。"这些象征符号之体系不要仅仅被理解为和解释为趋于多种不同方向,而且弥散于我们精神生活领域与人类心灵的简单表露。它们尽管有其差异,但都具有一种内在的统一性。当然,这种统一性不能以实体化形而上学的方式被看作简单的、不可分割的实体。它不能用纯属实体性的方式去描述。它必须用功能的方式去理解与界定。"[1]那么在汉代艺术品中的天马符号,又包含哪些特殊的象征意义呢?在心理学层面上,心理学家分析认为,具有象征意义的图像不论在人们眼中还是在人们心里都是为了表现人的潜意识欲望,使人的压抑得到释放,这就如同弗洛伊德对梦的解析,弗洛伊德认为梦就是表达被压抑的欲望,梦境作为人脑中的图像具有非同一般的象征意义,因此我们不妨说,象征是人潜意识表现的必然方式,而象征的来源则可以从民族文化的渊源中去寻求。

同样,天马形象被赋予象征意义和符号化亦离不开汉民族文化丰饶的土壤。天马形象的象征意义首先体现在它所属的时代信仰。受道教思想影响,汉代盛行羽化升天、长生不死的思想,人们认为要达到脱离尘世、长生不老、飞升成仙的目的,就要修炼、轻身、服食丹药、生出毛羽。这种思想逐渐成为求"体生毛,臂变为翼,行于云则年增矣,千岁不死"[2]的"体道成仙"论。神仙世界在当时是人们想象和演化出来的,汉代人渴望羽化成仙、飞向天国,以摆脱死亡获得永生,于是天马的形象得以创新和发展。羽化思想在汉代发展成熟并达到了顶峰,作为该思想的艺术表现,也得到了极大的推崇。作为人们理想化的形象,能来往于天地之间的天马,具有超凡脱俗、飘逸逍遥的特质,同样出现了羽化现象。神仙思想在形式上的不断变化和充实,惊奇和迷惑了生活在现实中的人们,完善的升天理论体系很快被建立起来,从此"羽化升天成仙成为汉代的精神意志,一切行为思想的支配"。[3] 汉代人神混杂,源于人们努力使自己升仙的渴望,在神仙方术、阴阳五行、谶纬符命、神化儒教等思想的影响下,升天成仙一改原来的顶礼膜拜而成为社会的主流。其

[1] [德]恩斯特·卡西尔:《符号·神话·文化》,李小兵译,东方出版社,1988年,第25页。
[2] 《论衡·无形篇》。
[3] 杨孝鸿:《汉代羽化意志及其墓葬图像构造》,《朵云》1994年第3期。

次，天马形象的多样化状态也象征了升仙所要具备的条件，以及升仙的不同路径。汉代艺术中天马与羽人组合成一种象征图式极为多见，羽人的手中多持有仙丹、仙果、灵芝草，这些正是汉代人孜孜以求的“不死之药”。在四川绵阳杨氏石阙中，天马紧跟一御者身后，御者手持灵芝，好似正在送仙草的途中，天马则是手持灵芝羽人的坐骑。羽人成为保管和持有这些仙丹灵药的使者，天马则是护送羽人将仙丹灵药传送给逝者的坐骑。又如离石马茂庄二号墓前室西壁右侧画像，天马前方均有一株仙草，羽人手中持有灵芝，可见天马羽人和仙草灵芝业已逐渐演化为一种象征的图式且日益成熟。当然天马身生羽翼则是一种更为基本的象征图式，体现着汉代人对超脱凡尘自由飞翔的渴望。羽翼助天马自由游弋于天上人间，可以“游阊阖，观玉台”，同时还承担了迎送升仙之人去见西王母的任务，也体现出天马助人升仙的另外一种升仙的途径和方式。陕西省榆林市鱼河乡出土的榆林郑家汉墓门右立柱像就是很好的例子，虔诚的信仰和美好的向往使人们沉溺于升仙幻梦，执着地相信天马就是他们通往仙境的必要媒介。

另外，天马作为沟通天地两界的神物，成为神仙世界与人间世界的桥梁，它的形象不同于主神的离奇想象，而是有着更生活化的特征，有着更美好的象征意义。当羽化与升仙神草成为现实中遥不可及的事情时，汉代的人们便把希望寄托在能通往仙界的天马身上。在诸多汉代艺术作品中，如马王堆出土的非衣，更多表达的是意识所不能达到的超越时间、空间、物质以及感觉的另一世界，这种超感知的事物，只有通过象征才能表达出来。居于生命树下、与日月同现的天马，象征存在于宇宙中的另外一个世界，人们可以通过天马到达没有人间的苦痛恩怨，没有凡俗的生老病死，可以进献礼仪、拜谒主神的极乐世界。人们描画天马、刻画仙界情境，不惜花费巨大的财力物力用于墓地及墓室祠堂的建造，都是为了“事死如事生”、拉近和仙界的距离，象征自己能够摆脱死亡获得永生。天马就是沟通黑暗无常、虚幻痛苦的现实世界与“真、善、美”世界的桥梁。正如黑格尔所说：“象征首先是一种符号。不过在单纯的符号里，意义和它表现的联系是一种完全任意构成的拼凑。这里的表现，即感性事物或形象，很少让人只就它本身来看，而更多地使人想起一种本来外在于它的内容意义。”[1]可见，象征性符号的出现扩大了人类的精神世界。符号象征不在于它的本身，而是人类通过符号传达情感，它是人类知识结构的展现，这一结构体系不仅是理性的，还具有浪漫的诗性特征。天马形象的符号象征就是在实际生活理性层面的基础上发生的心理机制上的浪漫联想。天马形象来自现实生活但又不同于现实生活的真实存在。天马形象是象征艺术创造出的视觉形象，它建立在当时社会意识形态以及宗教文化特征之上，逐步形成稳定的图式，无论是插翅，还是踏云，都呈现出符号化的特征，有着明确的象征性。

天马既可以在天界翱翔，侍奉主神，也可以在人间驰骋，与凡人接触，有着自由和浪漫的特权，而这种特权无疑又代表了汉代人自然朴素的心灵依托。因而，汉代流行的天马形象，契合了人们告慰灵魂、满足理想的要求，象征了人们长生不死的理想归宿。天马形象在神仙信仰系统中的特殊地位和象征意义可见一斑。

### （二）天马形象的审美幻想

汉代人在艺术创作中表现出明确的宗教目的，是当时的人们表现另一世界的一种方式。巫鸿先生曾讲过：“汉画的贡献在于，它由过去的非纯粹艺术欣赏变成了视觉艺术。”天马形象的产生，同样表达了人们对另一世界的想象与向往，象征着天界的存在。这是一种近乎原始巫术行为和神话的思维，将想象的物象塑造出来，祈祷愿望的实现。“汉代画像的物象，从形象上讲有确定性，但从含义上讲，却具有一定的模糊性。”[2]现在看来，汉代艺术作为一种视觉图像艺术，它所要表达的是一种能够通过视觉感知的艺术形象所呈现出来的宗教幻想，其不确定的意义背后所充斥的是艺术创造过程中的审美幻想。汪小洋在《汉画像石宗教思想研究》一书中明确指出“汉代是我国人为宗

[1] [德]黑格尔：《美学》（卷二），朱光潜译，第10页。
[2] 罗二虎：《汉代画像石棺》，巴蜀书社，2002年，第169页。

教的起始阶段”，[1]汉代的艺术具有为宗教服务的性质，这样的艺术表现也就是宗教的艺术表现。汉代天马皆能在天界自由飞翔，是成仙的先导、工具，是两个世界沟通的媒介，而这种信仰为以后道教的完善和发展做了很好的铺垫。

汉代宗教的发展在东汉末道教诞生之前已经有了明确的性质，无论是神仙思想还是“天论”思想，在统治阶层和民间，都发生了巨大的变化。卡西尔曾说过“即便神话也遵从着它内在的规则。它不仅发明一种胡思乱想，它还具有一种组织其情感和想象力的能力。”[2]依据长生升仙主题的宗教内容，人们构建了一套以西王母为中心的神仙世界，这是一个充满宗教“神性”的天界仙境。在这个仙境中天马形象是非常多的，在画像中的组合亦有多种，天马或是出现于日月两侧，或是与仙界神兽同行，有的与仙人嬉戏遨游，有的站立在神仙树下，诸如此类，未可详尽。蒋述卓先生提到：“宗教艺术总体上说是以虚幻的幻想性超越现实，而去创造一种子虚乌有的宗教境界的，但由于它是在现实社会中产生的，并且要影响现实社会中的人，所以又总是带有现实的痕迹和世俗的气息。”[3]稍加深思，我们便可发现，汉代艺术的创作中，其造型思想和素材同样源自现实生活。正如卡西尔所言：“艺术是表现，但是，它不是一种消极的，而是一种积极的表现方式。它是想象，但是，它不是一种再现的想象，而是一种创造性想象。”[4]天马取材于现实中的良马，日月来源于是客体的自然世界，仙人的形象更是与凡人异曲同工，但这些素材通过艺术想象加工之后，又不拘于现实的约束，被赋予了宗教“神性”特征的审美幻想，就像“柱铢”是长生不死的象征，“羽人”则源于对飞天成仙的幻想等。

毫无例外，天马形象也源自对汉代宗教“神性”信仰进行的审美幻想。通过天马所表现的仙界，更能突出仙界那种无忧无虑和自由欢乐的状态，而这种意义的传达，对向往天界生活的人们来说显得尤为重要。首先，天马或肩

[1] 汪小洋：《汉画像石宗教思想研究》，天津人民美术出版社，2004年，第116页。
[2] [德]恩斯特・卡西尔：《符号・神话・文化》，李小兵译，第120页。
[3] 蒋述卓：《宗教艺术论》，暨南大学出版社，1998年，第10页。
[4] [德]恩斯特・卡西尔：《符号・神话・文化》，李小兵译，第105页。

生双翼，或腾云踏燕，自由穿梭于仙界与人间，引领人们实现升仙的理想，故而这原本专属鸟类的飞翔功能被赋予“神性”。在天马与仙人组合中，仙人常常手捧灵芝、仙草或者不死之药，或是仙人乘骑天马，手握仙草。在仙界拥有不死之药的仙人，要凭借天马的速度与力量，及时将不死之药送给凡人。天马还表现出更多的娱乐造型，如与仙人嬉戏图式，着意刻画的是自由、浪漫、无拘无束的仙境特征，也是人们追求的理想目标。升仙就可以获得快乐的长生，在西王母主神的庇护下，在没有邪恶鬼怪的仙境，是何等的自由自在！如此看来，当这些幻想因为宗教的虔诚而被逐步赋予审美特征的时候，汉代艺术的真正价值就得以充分体现。应该这样说，天马形象作为一个具有宗教性质的艺术行为，其审美幻想贯穿于艺术创作的每一个环节之中。天马在神秘的天国氛围中，自由翱翔，为亡者引导升仙之路，这样的种种创造无一不体现出审美幻想的特征，所代表的正是当时宗教信仰和崇拜的主要内容。如徐州市铜山县苗山出土的“神人天马画像”中，天马翱翔于天际时，回头张望身后的神人，上方一轮太阳，暗示天马神圣的地位，其轻盈飘逸的姿态与身下的大象形成鲜明对比，动感、美感都无与伦比，俨然一副“天马行空”的姿态。将神人、太阳、天马、大象组合在一起，也可以说是汉代审美幻想的完美体现。

“宗教美术是宗教行为，其神圣性和一般性的行为过程使它获得了仪式的性质。仪式的规范要求，规定了宗教美术程式化发展的方向。”[1]在审美幻想的创造中，宗教美术的发展不仅阐述了明确的程式和方向，还包含着艺术创造者的灵感和激情。艺术创作者的辛苦劳动，使得人们对神仙仙境的认可和向往更简洁明了，长生、升仙的途径和方式仿佛近在眼前，完善了升仙的幻想。图绘仙境形态寻求神灵的庇护，希望有一天能登天而去，从而“浮游天下，傲四海”，可以灵魂永生，长享荣华富贵。以表现天马为主的汉代艺术形象，大都造型丰富、手法流畅、色彩鲜明，并饱含创作者的激情与丰富的想象力，内蕴深刻，是宗教“神性”特征和审美幻想的结合体，形成了一个特定历史时期理想化的宗教美术现象。

---

[1] 汪小洋：《宗教美术发展的人类学思考》，《艺术人类学论坛》2007年第2期。

从现实的良马形象转而变化成虚无的天马形象，已成为汉代精神信仰的代表，其特有的造型模式展示了两汉时期人们的时代精神风貌，体现出汉代艺术非凡的创造性和丰富的想象力。养生长寿、羽化升仙是汉代人的梦想和追求，在这种专制统治下产生的意识形态逐步导致民间信仰的形成，有着朴素的风俗特征，其中又包含了儒家孝悌观念和道教养生思想。在当时的社会情境下，社会的稳定富足以及文化的繁荣为艺术营造了恢宏大度、淳朴雄健的整体氛围，尤其在东汉时期的观念和背景下，豪族和士人积极倡导和发展了死后升仙的模式。天马形象和其他汉代艺术形象一样，表现出的是一种精神自由，反映的是自上而下的精神生活的追求。

### （三）天马形象的生命反思

汉代天马形象有着特殊的意义，它是汉代宗教思想的反映，作为宗教符号的象征，这种汉代人创造力、想象力的产物表达着怎样的情感呢？天马形象意义与汉代的神仙信仰和道家思想是分不开的，早在汉代以前道家就有“长生久视”“谷神不死”“生死不变”“生死如一”的言论。而神仙信仰和道家思想最根本的来源在于人们对于生命的关注和探索，以及对长生不死的追求。面对死亡人们总是充满恐惧，而对于美好的生命人们总是留恋，基于对生之留恋死之恐惧，长寿不死自然成为人们共同的追求。这种生死思想直接影响了汉代的道家和神仙思想，为汉代盛行的神仙信仰提供了理论基础。

死亡与长生是一对矛盾的共同体，人们想得到长生，就必须避免死亡，但对于现实中的人，死亡是不能回避、不可避免的自然规律，人们为了化解这一对矛盾，寻求出路，获得慰藉，就产生了“化去不死”“体解成仙”的说法。汉代的厚葬思想，是对另一个神秘世界的探索，并没转向现实的人生。在早期的灵魂信仰中，人们认为它是以精神形式存在的，马林诺夫斯基说：“不死的信仰，乃是深切的感情启示的结果而为宗教所具体化者，根本在情感，而不在原始的哲学。人类对于生命继续的坚定信念，乃是宗教的无上赐予之一；因为有了这种信念，遇到生命继续的希望与生命消失的恐惧彼此冲突的时候，自存自保的使命才选择了较好的一端，才选择了生命的继续。相信生命的继续，相信不死，结果便相信了灵的存在。”[1]肉体虽然冥灭了，但灵魂可以进入另一个世界，死亡只是另一世界的大门，这另一世界便是来世。

生命意识是汉代社会普遍存在的一种信仰意识，是人类关注生命本体的一种体现，是一个普遍性的具有久远历史渊源的文化现象。“所谓生命意识是人类创造生命、孕育生命、延续生命、关注生命的思想意识，它是人类最原始、最基本的意识之一。中国民间文化的主体精神，就是生命意识。”[2]秦汉统一以来，国家政权初步取得稳定，使得统治者对生命意识高度关注，而绘画雕刻等造型艺术便是帝王将相羽化升仙，通往来世的最好媒介。在汉代社会战争相对频繁，人口寿命相对较低的条件下，人类自身的繁衍和对生命意识的关怀成为汉代人十分重视的问题，也是汉代人对生命永恒和生命传承的一种强烈认知和追求。

汉代独尊儒术，提倡孝道，厚葬之风盛行，上至帝王，下至百姓，均不惜财力，大兴土木来建造陵墓。汉代帝王不仅把陵墓看作今生在世权势的象征，也将其看作通向彼岸世界的出发地，他们渴望死后继续得到生前的待遇，竭力在陵墓中将生前的生活环境或期望的生活方式通过艺术的形式实现出来，进而将“事死如事生”“事亡如事存”的观念列入封建礼教和伦理道德的范畴。“然而宗教思维的产生却是另一番思路。它不再是恐惧和焦虑，不再是纯属屈从，纯属消极的遵从，而是较高级的宗教原则。我们在此看到的是另外一些情感，是信任和希望的情感，是爱戴和感激的情感。”[3]汉代人对另一世界的迷狂热恋达到了登峰造极的地步。对于长生不死与现世享乐的不懈追求，极大地丰富了人们的想象力。由想象力凭空创造出来的神仙境界，作为一种特殊的审美对象，反过来又进一步刺激了人类意识深处埋藏已久的生存渴求和享乐欲望，引发出汉人无穷无尽的联想，恍恍惚惚中，让生命力充盈了整个宇宙。天马形象在这种神仙信仰中充当连接现世与仙界的使者，成为人们通

[1] [英]马林诺夫斯基：《巫术、科学、宗教与神话》，李安宅译，中国民间文艺出版社，1986年，第33页。
[2] 宋长宏：《骐骥驰骋》，社会科学文献出版社，1998年，第214页。
[3] [德]恩斯特·卡西尔：《符号·神话·文化》，李小兵译，1988年，第123页。

往神仙世界的媒介。作为仙界的象征,“天马”被赋予了生命意义的情感色彩。汉代画像中出现的天马站立在扶桑树下,扶桑树代表太阳居住的地方,而太阳居住的地方就是人们向往的天界。此时的天马在等待墓主人的到来,带领他通向天界,开始新的生活。将天马与扶桑树超时空地重构在一起,其中所蕴含的观念,就是告知人们天马的独特地位,以及天马体现出的对生命轮回的向往。

这种搜奇猎异,逍遥畅神,充满浪漫色彩的外形,映射出对自我寿命超越的渴求,对生命延续的用心表达,更反映了汉代人对神仙信仰的爱戴与信任。可以说,汉代人的宗教信仰是一种关心生命价值的信仰,看到了人生的最大局限就在于生命的短促。为了改变这种局限,道教把眼光移向了浪漫的艺术世界,在这个世界里进行精心的营构。汉代人用艺术形式对天界的咏叹,实际上是对自我生命的讴歌,在尘世中得不到的生命的永恒在艺术世界里得到了充分的满足。英国诗人劳伦斯·比尼恩在《亚洲艺术中人的精神》谈道:“单单是秩序,以及对秩序的顺从,永远也不会使人的精神完全满足。在那种精神里,欲望经常隐藏起来,经常受到压抑,然而却一直持续不断,超越自己,它变得面目皆非。它逃避,它扩张,它创造。在某种意义上说,这是对自身命运的对抗,而这种欲望可以通过渴望摆脱日常生活那种桎梏人的环境这样一种形式表现出来。这就是浪漫精神,在行动的天地里激发着为冒险而冒险的精神,而在想象的领域里则渴求着美:它醉心于怪异的、遥远的、奇迹般的、不能达到的东西。或者它采取一种有力而又持久的形式,一心想超越自身的局限,使自己与外界存在物同化,最后它达到升华而与宇宙精神、与无所不在的生命精神合而为一。”[1]人类作为独立的精神生命,具有超越自然生命的意志和欲望,而汉代人的宗教信仰令生死更替这一迄今为止最是无能为力的宿命至少在精神的层面上受到频频挑战。由此观之,汉代天马形象所体现出的人类对生命恒远的追求是一种积极的形式,是在追求一个亘古不变的梦想。它不仅是汉代人的梦想,也是中国人乃至整个人类的美丽之梦。

---

[1] [美]劳伦斯·比尼恩:《亚洲艺术中人的精神》,孙乃修译,辽宁人民出版社,1988年,第20页。

## 五、结语

汉代天马形象是自远古先民饲马、崇马，乃至以马为图腾的宗教习俗中逐渐演化而来的，这一形象的产生，并非出自人们的主观臆造，而是有着深厚的历史与现实基础，特别是体生羽翼凌空而恃的翼马和仅凭祥云而能凭虚御风的神骏，更是在汉代被赋予了极为丰富的文化内涵。本文首先追溯了汉代人崇马的历史根源。远古时期的马岩画证明了马在很早就进入了人类的生活和视野，随着人类对马的不断认识，在古代的游牧民族中出现了马图腾崇拜，他们认为马具有神的灵性，由此便产生了关于马的诸多神话。到夏商周时期崇马之风愈加盛行，出现了祭祀马祖的现象，这都对汉代崇马的时代风尚产生了深远影响。

本文以汉代“天马”形象为研究对象，并将其分为有翼天马和无翼天马两大类别，在梳理以天马形象为题材的汉代艺术品时，分析了各类艺术品中天马图像的形态特征，发现这些已经艺术化的天马形象，实际上是包含了汉代人天、地、人相互关联相互渗透的宇宙观和审美方式。从天人感应到君权神授再到升天成仙，天马形象表现出来的不仅仅是天、地、人之间的秩序，还有着试图超越这种秩序束缚而展现出的奇伟想象。在这样一种状况下，天马形象在汉代人的视觉观念中体现出了独特的美学特征。

天马形象已经深入到汉代人的灵魂中，并逐渐成为汉代人升仙信仰的符号。这种观念虽然虚妄不实，但基于人们恋生惧死的本能和欲望，又显得自然而贴切。天马正如它的名字一样让人们充满惊奇与幻想，并给予人们步入仙境、灵魂永恒的慰藉和企盼。